R 딥러닝 쿡북

R 딥러닝 쿡북

텐서플로, H2O, MxNet으로 구현하는

PKS 프라카시 · 아슈튜니 스리 크리슈나 라오 지음

정지완 옮김

Packt> i!i 에이콘

| 지은이 소개 |

PKS 프라카시^{PKS Prakash}

데이터 과학자이자 작가다. 지난 12년 동안 신체 건강, 제조, 의약, 전자거래 분야 주요 기업에서 데이터 과학을 이용한 솔루션을 개발했다. 현재 ZS 어소시에이츠 ^{Associates}에서 근무 중이다.

ZS는 세계에서 가장 큰 사업 서비스 회사 중 하나다. ZS는 고급 분석에 기반을 둔 데이터 주도 전략으로 고객이 사업에 성공하고 필요한 곳에 역량을 집중하게 돕는다. 데이터 주도 전략을 사용해 판매, 마케팅 부서의 경쟁력을 높일 수 있다.

위스콘신 메디슨^{Wisconsin-Madison} 대학교에서 산업 및 시스템 엔지니어링으로 박사 학위를 취득했다. 그 후 영국 워릭 대학교^{University of Warwick}에서 두 번째 공학 박사 학위를 받았다. 미국 위스콘신 메디슨에서 석사 학위를 취득했고, 인도의 국립 제련 주조 공대^{NIFFT, National Institute of Foundry and Forge Technology}에서 학사 학위를 받았다. 워릭 대학교에서 박사 과정 때 연구한 내용을 바탕으로 워릭 분석 회사^{Warwick Analytics}를 공동 창업했다.

오퍼레이션 리서치^{operational research}와 관리, 소프트 컴퓨팅^{soft computing} 도구, 고급 알고리즘 등 폭넓은 연구 분야의 주요 학술지인 IEEE-Trans, EJOR, IJPR에 논문을 게재했다. <Intelligent Approaches to Complex Systems>의 한 회를 편집했고, 『Evolutionary Computing in Advanced Manufacturing』(Wiley, 2011)에 감수자로 참여했으며, 『R 데이터 구조와 알고리즘』(에이콘, 2017)의 공동 저자다.

내 아내 리티카 싱흐[Ritika Singh]와 딸 니시다 싱흐[Nishidha Singh]의 사랑과 지원 없이 이 책을 쓸 수 없었을 것이다. 또한 팩트 팀의 많은 분들께 감사한다. 이름을 다 쓸 수는 없지만, 진심으로 감사한다. 수집 편집자 아만 싱흐[Aman Singh]와 논의하면서 이 책을 시작했기 때문에 그가 없이는 이 책을 쓸 수 없었을 것이다. 끊임없이 재촉해서 책을 제때 출판하게 도와준 콘텐츠 개발 편집자 테하스 림카르[Tejas Limkar]에게 감사한다. 감수자들의 피드백이 책을 발전시키는 데 큰 도움이 되었기에 그들에게도 감사한다.

아슈튜니 스리 크리슈나 라오[Achytuni Sri Krishna Rao]

데이터 과학자겸 토목 공학자이고, 작가다. 지난 4년 동안 신체 건강, 의약, 제조 분야의 주요 기업에서 데이터 과학을 이용한 솔루션을 개발했다. 현재 ZS 어소시에츠에서 데이터 과학 기술 고문으로 일하고 있다.

싱가포르 국립대학교[National University of Singapore]에서 기업 분석과 머신 러닝으로 석사 학위를 받았다. 인도 와랑갈 국립공과대학[National Institute of Technology Warangal]에서 학사 학위를 받았다.

토목 공학 분야에서 폭넓게 기고했고, 『R 데이터 구조와 알고리즘』(에이콘, 2017)의 공동 저자다.

이 책을 쓰는 여정은 인상적이었다. 사랑하는 아내와 임신 중인 아이에게 영광을 돌리고 싶다. 배려심 많은 부모님과 사랑스런 동생에게도 감사한다. 팩트 팀 전체, 특히 수집 편집자 아만 싱흐와 콘텐츠 개발 편집자 테하스 림카르가 책을 제때 출판하게 도와준 데 감사한다. 감수자들의 피드백이 책을 발전시키는 데 큰 도움이 되었기에 그들에게도 감사한다.

| 기술 감수자 소개 |

바히드 미자리리^{Vahid Mirjalili}

소프트웨어 엔지니어이자 데이터 과학자다. 현재 미시건 주립대학교^{Michigan State University}에서 컴퓨터 과학으로 박사 과정을 밟고 있다. 통합 패턴 인식과 생물 측정^{i-PRoBE, integrated pattern recognition and biometrics} 센터에서 이미지 빅데이터셋을 사용해 얼굴 이미지 특성 분류법을 연구한다. 파이썬 프로그래밍을 가르치거나 데이터 분석과 데이터베이스 이해에 필요한 컴퓨터 과학 개념을 가르치기도 한다. 데이터 마이닝을 전문으로 하며, 데이터에서 영감을 얻고 모델로 결과를 예측하는 일에 관심이 매우 많다. 파이썬 개발자로서 오픈소스 커뮤니티에 자주 기여한다. 데이터 과학과 컴퓨터 알고리즘의 다양한 분야에서 튜토리얼을 즐겨 만들며, 개발된 결과는 https://github.com/mirjalil/DataScience에서 확인할 수 있다.

| 옮긴이 소개 |

정지완(fernwehtilldawn@gmail.com)

머신 러닝 연구를 통해 인간의 사고 과정에 대한 이해를 넓히려 하는 연구자다. 현재 서울대학교 컴퓨터공학과 시각 학습 연구실에서 연구원으로 근무 중이며, 머신QA와 자연어 처리에 관심을 두고 연구 중이다. 연세대학교에서 컴퓨터과학과를 이중 전공했으며, 영어영문학을 부전공했다.

| 옮긴이의 말 |

지난 7년간의 딥러닝 연구 발전 속도는 정말 놀랍습니다. 기계가 사진에서 사람, 동물, 물건을 확인하고 이름을 찾아주며, 일상적인 대화를 이해하고 외국어를 어느 정도 자연스럽게 번역하는 등 이전에는 미처 상상하지 못했던 일들을 해내고 있습니다. 아직은 보편적 인공지능을 달성하려면 갈 길이 까마득하지만 현재 가능한 기술로도 얼마든지 우리의 일상과 업무 환경을 바꿀 수 있습니다. 이 책은 이름에 걸맞게 구현된 코드 예시를 제공해주고 실습 후 코드에 담긴 이론을 설명해줍니다. 또한 책의 간결성 때문에 설명이 부족할 때는 담지 못한 개념을 어느 곳에서 더 알아봐야 할지도 알려줍니다.

이 책은 R 통계 언어를 사용하므로 프로그래밍 언어가 익숙하지 않은 사람도 쉽게 접근할 수 있습니다. 또한 다양한 R 패키지의 설치법과 사용법을 다루므로 딥러닝 패키지에 대한 전반적 지식을 얻게 도와줍니다. 현재 폭넓게 사용하는 CNN, 오토인코더, RNN, 전이 학습 등의 개념을 다루고 있기에 좋은 입문서가 될 것으로 생각합니다. 딥러닝을 만나는 즐거운 첫걸음이 되기를 기대합니다.

끝으로 책이 나오는 데 많은 도움을 주신 에이콘 출판사 사장님과 편집자분들, 그리고 게으름을 피울 때마다 옆에서 의지를 되살려준 유남이에게 감사의 마음을 전합니다.

| 차례 |

| 들어가며 |

딥러닝은 머신 러닝에서 가장 자주 논의되는 분야 중 하나다. 딥러닝을 사용해 복잡한 함수를 모델링하고 횡단면 데이터, 순차 데이터, 이미지, 텍스트, 오디오, 영상을 포함한 다양한 데이터 소스와 구조를 이용해서 모델을 학습할 수 있다. 또한 R은 데이터 과학 커뮤니티에서 가장 인기 있는 언어 중 하나다. 딥러닝의 발전에 따라 딥러닝과 R 사이의 관계도 엄청나게 발전하고 있다. 이 책의 목적은 다양한 딥러닝 모델 개발 방법을 집중 훈련하는 것이다. 구조가 있는 데이터, 구조가 없는 데이터, 이미지, 오디오 사례연구를 통해 딥러닝을 적용한다. 또한 전이 학습^{Transfer Learning}과 그래픽 처리장치^{GPU, Graphics Processing Unit}의 성능을 이용해 딥러닝 모델의 계산 효율을 높이는 방법도 다룬다.

■ 이 책의 구성

1장. 시작하기에서는 딥러닝 모델 개발에 사용되는 텐서플로, MxNet, H2O를 비롯한 다양한 패키지를 소개하고, 나중에 사용하할 수 있도록 이 패키지들을 설정해 놓는다.

2장. R 딥러닝에서는 인공 신경망^{Neural Network}과 딥러닝의 기초 개념을 소개한다. 또한 R의 다양한 도구들로 신경망을 개발하는 여러 방법을 다룬다.

3장. 콘볼루션 신경망에서는 이미지 처리와 분류를 통해 CNN 개발 방법을 다룬다.

4장. 오토인코더와 데이터 표현에서는 다양한 방법으로 기초 오토인코더를 개발하고, 데이터 압축과 노이즈 제거에 적용하는 방법을 다룬다.

5장. 딥러닝 생성 모델에서는 오토인코더 개념을 생성 모델로 확장한다. 나아가 볼츠만 머신Boltzman machine, 제한 볼츠만 머신RBM, Restricted Boltzman Machine, 심층 신경망DBN, Deep Belief Network를 개발해본다.

6장. 순환 신경망에서는 다수의 순환 신경망RNN, Recurrent Neural Network을 이용해 순차적 데이터셋을 처리하는 머신 러닝 모델 개발의 기반을 닦는다.

7장. 강화 학습에서는 마르코프 결정 과정MDP, Markov Decision Process 강화 모델 개발의 기초를 제공하고, 모델 기반 학습과 모델 자유 학습을 다룬다.

8장. 텍스트마이닝 딥러닝 응용에서는 텍스트 마이닝 분야에서 딥러닝을 구현하는 방법을 엔드투엔드로 다룬다.

9장. 신호 처리 딥러닝 응용에서는 신호 처리 분야에서 딥러닝이 활용되는 사례를 상세하게 분석한다.

10장. 전이 학습에서는 VGG16, 인셉션Inception 등 사전 훈련된 모델을 사용하는 방법과 GPU를 사용한 딥러닝 모델 학습 방법을 다룬다.

▌ 준비 사항

데이터 과학에서 단단한 기초를 쌓기 위해서는 호기심과 인내심, 열정이 매우 많이 필요하다. 딥러닝의 범위는 꽤 넓다. 따라서 이 책을 유용하게 쓰려면 다음과 같은 기초 사항이 필요하다.

- 머신 러닝과 데이터 분석 기초
- R 프로그래밍 숙련도
- 파이썬과 도커 기초

마지막으로 딥러닝 알고리즘을 깊이 이해하고 딥러닝의 다양한 영역에서 복잡한 문제를 어떻게 해결하는지 알아야 한다.

▌ 이 책의 대상 독자

데이터 과학 전문가 혹은 분석가를 대상으로 한다. 머신 러닝 과제를 끝내고 이제 딥러닝 구현에 따라오는 불편을 해결하기 위해 접근이 쉬운 참고서를 원하는 사람에게 적합하다. 다른 딥러닝 전문가보다 앞서가고 싶은 사람에게 유용할 것이다.

▌ 편집 규약

이 책에서는 독자의 이해를 돕고자 다루는 정보에 따라 글꼴 스타일을 다르게 적용했다. 이러한 스타일의 예제와 의미는 다음과 같다.

텍스트에서 코드 단어와 데이터베이스 테이블 이름, 폴더 이름, 파일 이름, 파일 확장자, 경로, 더미 URL, 사용자 입력, 트위터 핸들은 다음과 같이 표시한다.

"주피터 노트북에 R 커널을 설치하는 방법이 하나 더 있다. IRkernel 패키지를 사용하는 것이다."

코드 블록은 다음과 같이 표기한다.

```
[default]
exten => s,1,Dial(Zap/1|30)
exten => s,2,Voicemail(u100)
exten => s,102,Voicemail(b100)
exten => i,1,Voicemail(s0)
```

주목해야 하는 블록이나 줄 또는 항목은 굵은체로 표기한다.

```
[default]
exten => s,1,Dial(Zap/1|30)
exten => s,2,Voicemail(u100)
exten => s,102,Voicemail(b100)
exten => i,1,Voicemail(s0)
```

커맨드라인 입출력은 다음처럼 표시한다.

```
# cp /usr/src/asterisk-addons/configs/cdr_mysql.conf.sample
/etc/asterisk/cdr_mysql.conf
```

새로운 용어나 중요한 키워드는 고딕체로 표시한다. 애플리케이션의 메뉴나 대화상자에 나오는 텍스트는 다음과 같이 표시한다.

"다음 버튼을 누르면 다음 화면으로 넘어간다."

 경고나 중요한 내용은 이와 같이 나타낸다.

 팁이나 요령은 이와 같이 나타낸다.

▌ 독자 의견

독자로부터의 피드백은 항상 환영한다. 이 책에 대해 무엇이 좋았는지 또는 좋지 않았는지 소감을 알려주길 바란다. 독자 피드백은 앞으로 더 좋은 책을 발행하는 데 매우 중요하다.

일반적인 피드백을 우리에게 보낼 때는 간단하게 feedback@packtpub.com으로 이메일을 보내면 되고, 메시지의 제목에 책 이름을 적으면 된다.

여러분이 전문 지식을 가진 주제가 있고, 책을 내거나 책을 만드는 데 기여하고 싶다면 www.packtpub.com/authors에서 저자 가이드를 참고하길 바란다.

▌ 고객 지원

팩트출판사의 구매자가 된 독자에게 도움이 되는 몇 가지를 제공하고자 한다.

예제 코드 다운로드

이 책에 사용된 예제 코드는 http://www.packtpub.com의 계정을 통해 다운로드할 수 있다. 다른 곳에서 구매한 경우에는 http://www.packtpub.com/support를 방문해 등록하면 파일을 이메일로 직접 받을 수 있다.

예제 코드 다운로드 방법은 다음과 같다.

1. 팩트출판사 웹사이트(http://www.packtpub.com)에서 이메일 주소와 암호를 이용해 로그인하거나 계정을 등록한다.
2. 맨 위에 있는 SUPPORT 탭으로 마우스 포인터를 이동한다.
3. Code Downloads & Errata 항목을 클릭한다.
4. Search 입력란에 책 이름을 입력한다.

5. 코드 파일을 다운로드하려는 책을 선택한다.

6. 드롭다운 메뉴에서 이 책을 구매한 위치를 선택한다.

7. Code Download 항목을 클릭한다.

팩트출판사 웹사이트의 책(R Deep Learning Cookbook) 페이지의 Code Files 버튼을 클릭해서도 코드를 받을 수 있다. 이 페이지는 Search 박스에 책 이름을 검색해서 접근할 수 있다. 팩트 계정으로 로그인해야 코드를 받을 수 있다는 점에 유의하라.

파일을 다운로드한 후에는 다음과 같은 압축 프로그램의 최신 버전을 이용해 파일의 압축을 해제한다.

- **윈도우** WinRAR, 7-Zip
- **맥** Zipeg, iZip, UnRarX
- **리눅스** 7-Zip, PeaZip

코드는 https://github.com/PackPublising/R-Deep-Learning-Cookbook에서도 다운로드할 수 있다.

다음 주소에서 팩트출판사의 다른 책과 동영상 강좌의 코드도 다운로드할 수 있다.

https://github.com/PacktPublishing/

또한 에이콘출판사의 도서정보 페이지인 http://www.acornpub.co.kr/book/r-deep-learning-cookbook에서도 예제 코드를 다운로드할 수 있다.

컬러 이미지 다운로드

책에서 사용한 스그린샷/다이어그램의 컬러 이미지를 담고 있는 PDF 파일을 제공한다. 컬러 이미지를 보면 출력 결과의 변화를 더 쉽게 이해할 수 있다. https://www.packtpub.com/sites/default/files/downloads/RDeepLearningCookbook_ColorImages.

pdf에서 파일을 다운로드할 수 있다.

에이콘출판사의 도서정보 페이지 http://www.acornpub.co.kr/book/r-deep-learning-cookbook에서도 컬러 이미지를 다운로드할 수 있다.

정오표

내용을 정확하게 전달하기 위해 최선을 다했지만, 실수가 있을 수 있다. 팩트출판사의 도서에서 문장이든 코드든 간에 문제를 발견해서 알려준다면 매우 감사하게 생각할 것이다. 독자의 참여를 통해 다른 독자에게 도움을 주고, 다음 버전의 도서를 더 완성도 높게 만들 수 있다. 오탈자를 발견한다면 http://www.packtpub.com/submiterrata를 방문해 책을 선택하고, 구체적인 내용을 입력해주길 바란다. 보내준 오류 내용이 확인되면 웹사이트에 그 내용이 올라가거나 해당 서적의 정오표 부분에 그 내용이 추가될 것이다. http://www.packtpub.com/support에서 해당 도서명을 선택하면 기존 정오표를 확인할 수 있다.

한국어판은 에이콘출판사의 도서정보 페이지 http://www.acornpub.co.kr/book/r-deep-learning-cookbook에서 찾아볼 수 있다.

저작권 침해

인터넷에서의 저작권 침해는 모든 매체에서 벌어지고 있는 심각한 문제다. 팩트출판사에서는 저작권과 사용권 문제를 매우 심각하게 인식한다. 어떤 형태로든 팩트출판사 서적의 불법 복제물을 인터넷에서 발견한다면 적절한 조치를 취할 수 있도록 해당 주소나 사이트명을 알려주길 부탁한다.

의심되는 불법 복제물의 링크는 copyright@packtpub.com으로 보내주길 바란다. 저자와 더 좋은 책을 위한 팩트출판사의 노력을 배려하는 마음에 깊은 감사의 뜻을 전한다.

질문

이 책과 관련해 질문이 있다면 questions@packtpub.com으로 문의하길 바란다. 최선을 다해 질문에 답하겠다. 한국어판에 관한 질문은 이 책의 옮긴이나 에이콘 출판사 편집 팀(editor@acornpub.co.kr)으로 문의해주길 바란다.

01

시작하기

1장에서 다루는 내용은 다음과 같다.

- R과 IDE 설치
- 주피터 노트북 애플리케이션 설치
- R 머신 러닝 기초 시작
- R 딥러닝 도구/패키지 설치
- R MXNet 설치
- R 텐서플로 설치
- R H2O 설치
- 도커로 세 개의 패키지 한 번에 설치

▍ 소개

1장에서는 딥러닝 모델 개발을 위해 시스템을 설정하는 방법을 배우고, 딥러닝을 시작해본다. 동시에 이 책의 진행 방식과 책을 이해하는 데 필요한 선수 지식을 소개한다. 이 책은 빠르게 딥러닝 응용 분야에서 기초를 쌓고 싶은 학생과 전문가들을 대상으로 한다. R을 사용해 더욱 실용적이고 응용 중심적으로 딥러닝에 접근할 것이다.

 딥러닝 이론을 알고 싶다면 Goodfellow et al. 2016의 『Deep Learning』을 보자. 보편적인 머신 러닝에 관해서는 S.Raschka. 2015의 『Python Machine Learning』을 보면 좋다.

이 책에서는 딥러닝 애플리케이션 구현에 R 프로그래밍 언어를 사용한다. 따라서 다음과 같은 사전 지식이 필요하다.

- R 프로그래밍 기초
- 리눅스 기초. 우분투(16.04) 운영체제 사용법
- 머신 러닝 개념 기초
- 윈도우나 맥OS를 사용하기 위한 도커 기초 지식

▍ R과 IDE 설치

시작하기 전에 R 언어 IDE를 설치해보자. R 세계에서 가장 유명한 IDE는 Rstudio와 주피터다. Rstudio는 R 언어 전용이며, 주피터는 R을 비롯한 다양한 언어를 지원한다. 또한 주피터는 인터랙티브 환경을 제공하고, 코드, 텍스트, 그래픽을 노트북 하나에서 볼 수 있게 해준다.

준비

R은 윈도우와 맥OS X, 리눅스를 비롯한 다양한 운영체제를 지원한다. R 설치 파일은 CRAN^{Comprehensive R Archive Network}의 주소인 https://cran.r-project.org/에 있는 미러 사이트 중 어디서든 받을 수 있다. CRAN은 R 패키지들을 다운로드할 수 있는 주요 리포지토리이기도 하다. R 언어는 32비트와 64비트 아키텍처를 모두 지원한다.

예제 구현

1. r-base-dev는 사실상 필수적인 권장 사항이다. r-base-dev 패키지는 많은 내장 함수들을 제공하며, 특히 `install.packages()` 명령을 사용해 R 콘솔 내에서 CRAN 리포지토리의 R 패키지를 설치하고 컴파일하게 해준다. 기본 R 콘솔의 모습은 다음과 같다.

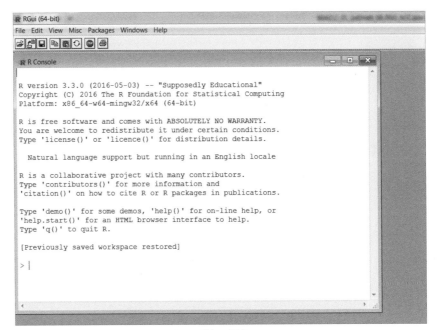

기본 R 콘솔

2. 프로그래밍 목적으로 사용하는 경우라면 생산성 향상을 위해서 통합 개발 환경IDE을 사용하는 편이 좋을 것이다. R 언어의 IDE로는 Rstudio가 자주 쓰인다. 또한 Rstudio는 R에서 웹 기반 환경을 구성하게 돕는 Rstudio Server도 제공한다. 다음 스크린샷에서 Rstudio IDE의 인터페이스를 체험해보자.

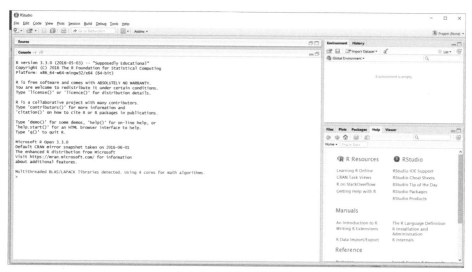

Rstudio R 통합 개발 환경

▌ 주피터 노트북 애플리케이션 설치

주피터 노트북 애플리케이션 또한 요즘 많이 쓰이는 에디터다. 주피터는 설명, 코드, 분석을 하나로 합친 노트북 문서를 만들어준다. 주피터 노트북은 R을 비롯한 다양한 커널을 지원하며, 인터넷 브라우저로 접근할 수 있는 서버이자 클라이언트인 웹 기반 애플리케이션이다.

예제 구현

다음 과정을 거쳐 주피터 노트북을 설치할 수 있다.

1. pip를 사용하는 경우

```
pip3 install --upgrade pip
pip3 install jupyter
```

2. Anaconda를 설치했다면 파이썬이 기본 커널로 설치된다. 같은 가상 환경 내에서 주피터에 R 커널을 설치하려면 터미널에 다음과 같은 명령을 입력한다.

```
conda install -c r-essentials
```

3. R 커널을 conda의 new-env라고 이름 지은 새 환경에 설치하려면 다음과 같이 입력한다.

```
conda create -n new-env -c r-essentials
```

4. 주피터 노트북에 R 커널을 설치하는 방법이 하나 더 있다. IRkernel 패키지를 사용하는 것이다. 이렇게 설치하려면 먼저 R IDE를 켠다. 첫 단계로 IRkernel 설치에 필요한 의존 패키지를 설치한다.

```
chooseCRANmirror(ind=55)      # 설치에 필요한 미러 사이트를 선택한다.
install.packages(c('repr', 'IRdisplay', 'crayon', 'pbdZMQ',
'devtools'), dependencies=TRUE)
```

5. CRAN에서 모든 의존 패키지를 설치했다면 깃허브에서 IRkernel 패키지를 설치한다.

```
library(devtools)
library(methods)
options(repos=c(CRAN='https://cran.rstudio.com'))
devtools::install_github('IRkernel/IRkernel')
```

6. 모든 필요 사항이 충족됐다면 다음과 같은 스크립트로 주피터 노트북에 R 커널을 붙일 수 있다.

```
library(IRkernel)
IRkernel::installspec(name = 'ir32', displayname = 'R 3.2')
```

7. 셸 혹은 터미널을 열어 주피터 노트북을 시작한다. 다음 명령을 실행하면 코드 밑의 스크린샷에 보이는 것처럼 브라우저에서 주피터 노트북 인터페이스가 실행된다.

```
jupyter notebook
```

R 계산 엔진을 사용하는 주피터 노트북

예제 분석

거의 모든 운영체제에서 R과 이 책에 사용된 패키지 대부분을 지원한다. 하지만 도커나 버추얼박스를 사용하더라도 이 책에 사용한 것과 유사한 환경을 설정할 수 있다.

도커를 설치하거나 설정에 관한 정보를 얻으려면 https://docs.docker.com/에서 운영체제에 맞는 도커 이미지를 선택한다. 마찬가지로 https://www.virtualbox.org/wiki/Downloads에서 버추얼박스 바이너리 파일을 다운로드해 설치할 수 있다.

▌ R 머신 러닝 기초 시작

딥러닝은 인간 뇌의 구조와 기능에서 영감을 받은 머신 러닝의 하위 분야다. 최근 딥러닝의 급격한 발전은 주로 계산력과 데이터셋의 크기 증가, (인공)지능적 학습 능력이 있는 알고리즘의 발달, 데이터 주도적 사고방식에 대한 관심에 따라 이뤄졌다. 딥러닝을 알아보기 전에 기초적 분석법인 머신 러닝의 기본 개념부터 이해해보자.

머신 러닝은 데이터에서 자연적인 패턴을 뽑아낼 수 있는 알고리즘의 경연장이다. 추출한 패턴으로 결과를 예측해 더 나은 결정을 내릴 수 있다. 결과 예측은 현실의 다양한 분야에 응용된다. 예를 들어 컴퓨터 생물학을 이용한 의료 진단, 컴퓨터 금융학을 이용한 실시간 주식 거래, 날씨 예측, 자연어 처리, 자동화와 제조 분야의 예지보전, 전자상거래 분야의 예측 추천이 있다.

다음 그림은 머신 러닝의 기본 기법인 지도 학습과 비지도 학습을 보여준다.

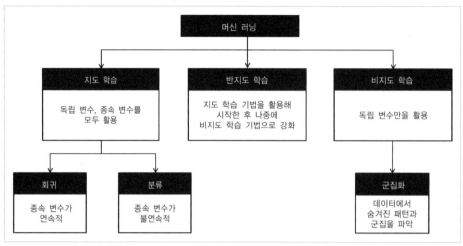

머신 러닝의 다양한 기법 분류

지도 학습(Supervised Learning) 지도 학습은 증거 중심 학습의 한 종류다. 증거는 입력의 알려진 결과 값으로, 예측 모델 학습에 사용한다. 모델은 결과 데이터 타입에 따라 회귀와 분류로 나뉜다. 회귀의 출력은 연속적이고, 분류의 출력은 불연속적이다. 회귀 모델의 대표적 예시는 주식 거래와 날씨 예측이고, 분류 모델의 대표적 예시는 스팸 발견, 음성 인식, 이미지 분류다.

회귀 알고리즘에는 선형 회귀[linear regression], **일반화 선형 모델**[GLM, Generalized Linear Model], 서포트 벡터 회귀[SVR, Support Vector Regression], 신경망, 결정 트리가 있다. 분류에는 로지스틱 회귀[logistic regression], **서포트 벡터 머신**[SVM, Support Vector Machine], **선형 판별 분석**[LDA, Linear Discriminant Analysis], 나이브 베이즈[naive Bayes], 최근접 이웃[nearest neighbor] 등이 있다.

반지도 학습(Semi-supervised Learning) 반지도 학습은 비지도 학습 기법을 사용하는 지도 학습의 일종이다. 반지도 학습 기법은 전체 데이터셋에 라벨을 붙이는 비용이 라벨이 없는 데이터를 얻고 분석하는 비용보다 현저히 클 때 유용하다.

비지도 학습(Unsupervised Learning) 비지도 학습은 결과가 알려지지 않은(지도받지 않는) 데이터에서 학습하는 기법이다. 비지도 학습은 주어진 데이터의 숨겨진 패턴과 고유한 군집에 기초해 학습하는 추론 학습의 일종이다. 응용 예로는 시장 패턴 인식, 유전자 군집화가 있다.

군집화^{Clustering}에 자주 쓰이는 알고리즘으로는 k-평균, 위계 분석, k-메도이드, 퍼지 C-평균, 은닉 마르코프^{hidden markov}, 신경망 등이 있다.

예제 구현

지도 학습 선형 회귀 모델을 살펴보자.

1. 간단한 선형 회귀 예시부터 시작하자. 사람의 키(cm 단위)와 몸무게(kg 단위)의 상관관계를 파악해볼 것이다. 다음 샘플 데이터는 임의의 남자 10명의 키와 몸무게를 보여준다.

```
data <- data.frame(
    "height" = c(131, 154, 120, 166, 108, 115, 158, 144, 131, 112),
    "weight" = c(54, 70, 47, 79, 36, 48, 65, 63, 54, 40))
```

2. 다음과 같이 선형 회귀 모델을 만들어보자.

```
lm_model <- lm(weight ~ height, data)
```

3. 다음 그림은 맞춤선에 따른 남자들의 키와 몸무게의 상관관계를 보여준다.

```
plot(data, col = "red", main = "키와 몸무게의 상관관계",cex = 1.7, pch = 1,
    xlab = "키(cm 단위)", ylab = "몸무게(kg 단위)")
abline(lm(weight ~ height, data))
```

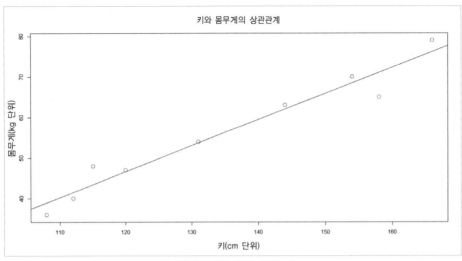

키와 몸무게의 선형 상관관계

4. 반지도 모델의 학습은 상대적으로 적은 양의 라벨이 있는 데이터로 시작하고, 더 많은 양의 라벨이 없는 데이터를 사용해 보강한다.

널리 사용되는 iris 데이터셋을 사용해서 비지도 학습에 속하는 K-평균 군집화를 수행해보자.

1. `iris` 데이터셋은 붓꽃^{iris} 세 종류(각 Setosa, Versicolor, Virginica)의 꽃받침 길이, 꽃받침 너비, 꽃잎 길이, 꽃잎 너비 특징으로 구성된다.

```
data(iris)
head(iris)
```

실행 결과는 다음과 같다.

```
  Sepal.Length Sepal.Width Petal.Length Petal.Width Species
1          5.1         3.5          1.4         0.2 setosa
2          4.9         3.0          1.4         0.2 setosa
```

3	4.7	3.2	1.3	0.2	setosa
4	4.6	3.1	1.5	0.2	setosa
5	5.0	3.6	1.4	0.2	setosa
6	5.4	3.9	1.7	0.4	setosa

2. 다음 그림은 붓꽃의 종류에 따른 특징 차이를 보여준다. 꽃잎 특징은 꽃받침 특징에 비해 뚜렷하게 구분되는 분포를 보여준다.

```
library(ggplot2)
library(gridExtra)
plot1 <- ggplot(iris, aes(Sepal.Length, Sepal.Width, color = Species))
    geom_point(size = 2)
    ggtitle("꽃받침 특징에 따른 분포")
plot2 <- ggplot(iris, aes(Petal.Length, Petal.Width, color = Species))
    geom_point(size = 2)
    ggtitle("꽃잎 특징에 따른 분포")
grid.arrange(plot1, plot2, ncol=2)
```

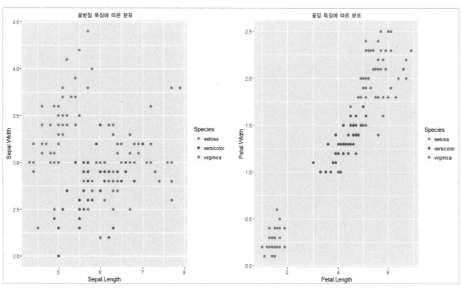

너비와 길이에 따른 꽃받침과 꽃잎 특징의 분포

3. 꽃잎 특징이 종류에 따라 좋은 분포를 보여주므로, 꽃잎 길이와 너비를 사용해 K-평균 군집화를 수행한다.

```
set.seed(1234567)
iris.cluster <- kmeans(iris[, c("Petal.Length","Petal.Width")],
    3, nstart = 10)
iris.cluster$cluster <- as.factor(iris.cluster$cluster)
```

4. 다음 코드는 군집과 붓꽃 종류 사이의 연관성을 보여준다. 일반적으로 군집 1이 setosa와 연관되고, 2가 versicolor와 연관되며, 3이 virginica와 연관된 것을 알 수 있다.

```
> table(cluster=iris.cluster$cluster,species= iris$Species)
```

실행 결과는 다음과 같다.

```
species
cluster setosa versicolor virginica
   1      50       0          0
   2       0      48          4
   B
   3       0       2         46
```

5. 다음 그림은 군집의 분포를 보여준다.

```
ggplot(iris, aes(Petal.Length, Petal.Width, color =
    iris.cluster$cluster)) + geom_point() + ggtitle("군집에 따른 분포")
```

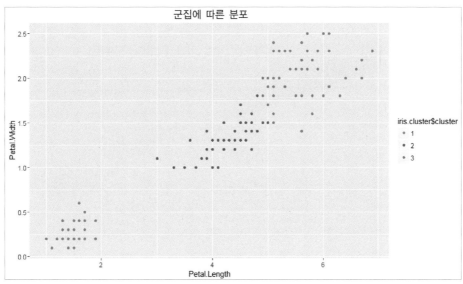

세 군집에 따른 붓꽃 분포

예제 분석

모델 평가는 모든 머신 러닝 과정의 핵심 단계다. 평가 방법은 모델 기법이 지도 학습인가 비지도 학습인가에 따라 다르다. 지도 학습 모델에서는 예측^{prediction}이 중요하고, 비지도 학습에서는 군집 내의 동질성^{homogenity}과 군집 사이의 이질성^{heterogenity}이 중요하다.

교차 검증을 포함해 선형 회귀 모델에서 평가에 자주 쓰이는 매개변수는 다음과 같다.

- 결정 계수$^{coefficient\ of\ determination}$
- 평균 제곱근 오차$^{root\ mean\ squared\ error}$
- 평균 절댓값 오차$^{mean\ absolute\ error}$
- 아카이케 정보 기준$^{AIC,\ Akaike\ Information\ Criterion}$ 혹은 베이지언 정보 기준$^{BIC,\ Bayesian\ Information\ Criterion}$

교차 검증을 포함해 분류 모델에서 평가에 자주 쓰이는 매개변수는 다음과 같다.

- 혼동 행렬confusion matrix로, 정확도accuracy, 정밀도precision, 재현율recall, F1 점수 F1-score를 포함한다.
- 이익 도표gain, lift chart
- ROCreceiver operating characteristic 곡선하면적
- 조화, 비조화비concordant, discordant ratio

군집화로 대표되는 반지도 학습 모델 평가에 자주 쓰이는 매개변수는 다음과 같다.

- 분할표contingency table
- 군집 객체와 군집 중심 혹은 도심의 제곱 오차 합
- 실루엣 값silhouette value
- 랜드 지수Rand index
- 매칭 지수matching index
- 정밀도와 민감도 짝 비교 혹은 교정 짝 비교로, 주로 자연어 처리NLP, Natural Language Processing에서 사용된다.

모든 반지도 학습 모델에는 편향bias과 분산variance이라는 두 가지의 중요한 오차 성분이 있다. 이 둘 사이의 균형이 모델 최적화와 선택에 결정적인 역할을 한다. 편향은 예측 모델이 결과를 학습하는 도중 잘못된 추측을 해서 발생하며, 분산은 훈련 데이터셋에 모델이 엄격rigid하게 반응하기 때문에 발생한다. 다른 말로 편향이 높으면 언더피팅 underfitting이 일어나고, 분산이 높으면 오버피팅overfitting이 일어난다.

편향의 경우 목표 함수의 형태를 추측한다. 선형 회귀나 로지스틱 회귀, LDA 등의 매개변수 모델은 입력된 변수의 함수 형태를 산출하므로 편향을 주로 사용한다.

반면 분산은 모델이 데이터셋의 변화에 얼마나 민감한지 보여준다. 일반적으로 목표 함수 형태가 분산을 조절한다. 결정 트리, 서포트 벡터 머신, K-최근접 이웃KNN,

K-Nearest Neighbors 등의 비매개변수 모델은 결과가 입력 변수의 함수로 직접 표현되지 않으므로 분산을 주로 사용한다. 다른 말로 비매개변수 모델의 초매개변수^{hyperparameter}에 따라 예측 모델이 오버피팅될 수 있다.

▌ R 딥러닝 도구/패키지 설치

주요 딥러닝 패키지는 효율을 고려해 C/C++로 개발됐다. 그리고 R로 래퍼^{wrapper}를 개발해 딥러닝 모델을 효율적으로 개발, 확장하고 실행할 수 있게 만들었다.

오픈소스 딥러닝 라이브러리가 다수 존재한다. 딥러닝 영역의 주요 라이브러리는 다음과 같다.

- 테아노^{Theano}
- 텐서플로^{TensorFlow}
- 토치^{Torch}
- 카페^{Caffe}

그 외에도 H2O, CNTK(Microsoft Cognitive Toolkit), darch, Mocha, ConvNetJS 등 사용 가능한 좋은 패키지가 많다. 딥러닝 모델 개발을 돕기 위해 이 패키지들 위에 개발된 래퍼 또한 많다. 파이썬에는 케라스^{Keras}, 라자냐^{Lasagne}가 있고, MXNet도 있다. 이 래퍼들은 모두 다양한 언어를 지원한다.

예제 구현

1. 1장에서는 MXNet과 텐서플로 패키지(GPU 퍼포먼스를 최저화하기 위해 C++과 CUDA로 개발됐다)를 다룬다.

2. 또한 일부 딥러닝 모델 개발을 위해서 h2o 패키지를 사용한다. R의 h2o 패키

지는 REST API로 구현돼, 자바 가상머신$^{\text{JVM, Java Virtual Machine}}$으로 동작하는 H2O 서버에 연결해 작동한다. 지금부터 이 패키지들의 설치법을 간단하게 알아본다.

▌ R MXNet 설치

이 절에서는 R에서 MXNet을 설치하는 방법을 알아본다.

준비

MXNet은 가벼운 딥러닝 아키텍처며, R, 파이썬, 줄리아^{Julia} 등 다양한 언어를 지원한다. 프로그래밍 관점에서 MXNet은 기호 프로그래밍과 명령형 프로그래밍의 조합이고, CPU와 GPU를 모두 지원한다.

R의 CPU 기반 MXNet은 미리 빌드된 바이너리 패키지로 설치하거나, 소스코드에서 직접 컴파일할 수 있다. 윈도우와 맥의 경우 R 콘솔에서 바로 바이너리 패키지를 설치할 수 있다. 이때 R 버전은 3.2.0 이상이어야 한다. 설치를 위해서는 CRAN에서 받을 수 있는 drat 패키지가 필요하다. drat 패키지는 R 리포지토리 관리를 도와주며, install.packages( ) 명령으로 설치할 수 있다.

리눅스(13.10 이상)에서 MXNet을 설치하기 위한 디펜던시^{dependency}[1]는 다음과 같다.

- **깃(Git)** 깃허브^{GitHub}에서 코드를 받기 위해 필요하다.
- **libatlas-base-dev** 선형 대수 연산을 위해 필요하다.
- **libopencv-dev** 컴퓨터 비전 관련 연산을 위해 필요하다.

GPU를 사용해 MXNet을 설치하려면 다음과 같은 디펜던시가 필요하다.

---

1. 특정 프로그램 사용이나 설치에 필요한 다른 패키지나 프로그램으로, 해당 프로그램 설치나 실행 시 의존하는 패키지의 로직을 사용한다. – 옮긴이

- 마이크로소프트 비주얼 스튜디오 2013
- 엔비디아 CUDA 툴킷
- MXNet 패키지
- **cuDNN** 심층 신경망 라이브러리 사용에 필요하다.

MXNet과 디펜던시를 함께 설치하는 또 다른 방법은 chstone 리포지토리의 미리 빌드된 도커 이미지를 이용하는 것이다. chstone/mxnet-gpu 도커 이미지는 다음 도구를 설치한다.

- R과 파이썬의 MXNet
- 우분투 16.04
- **CUDA** GPU를 사용할 경우 필요하다.
- **cuDNN** GPU를 사용할 경우 필요하다.

예제 구현

1. 다음 R 명령을 사용해 미리 빌드된 바이너리 패키지로 간편하게 MXNet을 설치한다. 그 후 **drat** 패키지를 사용해 깃의 **dlmc** 리포지토리를 연결하고, **mxnet**을 설치한다.

```
install.packages("drat", repos="https://cran.rstudio.com")
drat:::addRepo("dmlc")
install.packages("mxnet")
```

2. 다음 코드는 우분투(16.04 버전)에 MXNet을 설치한다. 처음 두 줄은 디펜던시를 설치하며, 나머지는 디펜던시가 만족된 후 MXNet을 설치한다.

```
sudo apt-get update
```

```
sudo apt-get install -y build-essential git libatlas-base-dev
    libopencv-dev
git clone https://github.com/dmlc/mxnet.git ~/mxnet --recursive
cd ~/mxnet
cp make/config.mk .
echo "USE_BLAS=openblas" >>config.mk
make -j$(nproc)
```

3. MXNet에서 GPU를 사용하려면 make 명령 이전에 다음 config를 수정해야
   한다.

```
echo "USE_CUDA=1" >>config.mk
echo "USE_CUDA_PATH=/usr/local/cuda" >>config.mk
echo "USE_CUDNN=1" >>config.mk
```

 다른 운영체제에서 MXNet을 설치하는 방법은 http://mxnet.io/get_started/setup.
html에 자세히 나와 있다.

4. 다음 명령으로 도커를 사용해 GPU 기반의 MXNet과 모든 디펜던시를 한 번에
   설치할 수 있다.

```
docker pull chstone/mxnet-gpu
```

▌R 텐서플로 설치

이 절에서는 또 다른 오픈소스 머신 러닝 패키지인 텐서플로를 다룬다. 텐서플로는
딥러닝 모델 개발에 매우 효과적이다.

준비

텐서플로는 데이터 흐름 그래프를 사용해 수치 계산 모델을 만들려는 목적으로 구글 브레인 팀에 의해 개발된 오픈소스 라이브러리다. 텐서플로의 코어는 C++로 개발됐고, 그 위에 파이썬 언어 래퍼를 구현했다. R의 tensorflow 패키지는 파이썬 모듈로 구성된 텐서플로 API에 접근해 계산 모델을 실행하게 도와준다. 텐서플로는 CPU와 GPU 기반 계산을 모두 지원한다.

R의 tensorflow 패키지는 파이썬 텐서플로 API를 통해 실행된다. R과 파이썬에 텐서플로 패키지를 설치해 R을 사용하려면 이 API가 필수적이다. 다음은 tensorflow 패키지의 디펜던시 목록이다.

- 파이썬 2.7/3.x
- R(3.2 이상)
- 깃허브에서 텐서플로를 설치하기 위한 R 개발 도구(devtools) 패키지
- 파이썬 텐서플로
- pip

예제 구현

1. 위 디펜던시를 모두 설치하고 나면 다음과 같이 install_github 명령으로 devtools에서 tensorflow를 설치할 수 있다.

```
devtools::install_github("rstudio/tensorflow")
```

2. R에서 tensorflow를 불러오기 전에 파이썬 경로를 환경 변수로 지정해야 한다. 다음 명령을 사용해 R 환경에서 직접 설정할 수 있다.

```
Sys.setenv(TENSORFLOW_PYTHON="/usr/bin/python")
library(tensorflow)
```

파이썬 tensorflow 모듈을 설치하지 않았다면 다음과 같은 오류가 발생할 것이다.

```
In [17]:  # Loading and setting placeholder in tensorflow
          Sys.setenv(TENSORFLOW_PYTHON="/usr/bin/python")
          require(tensorflow)
          x <- tf$placeholder(tf$float32, shape(NULL, 11L))

          Error: Python module tensorflow was not found.

          Detected Python configuration:

          python:         /usr/bin/python
          libpython:      /usr/lib/python2.7/config-x86_64-linux-gnu/libpython2.7.so
          pythonhome:     /usr:/usr
          version:        2.7.12 (default, Nov 19 2016, 06:48:10)  [GCC 5.4.0 20160609]
          numpy:          /usr/lib/python2.7/dist-packages/numpy
          numpy_version:  1.11.0
          tensorflow:     [NOT FOUND]

          python versions found:
           /usr/bin/python
           /usr/bin/python3

          Traceback:

          1. tf$placeholder
          2. `$.python.builtin.module`(tf, placeholder)
          3. py_resolve_module_proxy(x)
          4. stop(message, call. = FALSE)
```

파이썬 tensorflow을 설치하지 않은 경우 R에서 발생하는 오류

파이썬 tensorflow는 pip로 설치할 수 있다.

```
pip install tensorflow        # 파이썬 2.7, GPU를 사용하지 않음
pip3 install tensorflow       # 파이썬 3.x, GPU를 사용하지 않음
pip install tensorflow-gpu    # 파이썬 2.7, GPU를 사용함
pip3 install tensorflow-gpu   # 파이썬 3.x, GPU를 사용함
```

예제 분석

텐서플로는 계산 모델을 구성하려 방향 그래프directed graph 철학을 따른다. 수학 연산을 노드node로 표현하고, 각 노드는 하나 이상의 입력과 출력을 지원한다. 선edge은 노드 사이의 데이터 전달을 나타낸다. 텐서플로에는 데이터 플로를 나타내지 않는 선인 컨트롤 디펜던시control dependency도 있다. 대신 이 선은 디펜던시 조절과 관련된 정보를

전달한다. 예를 들어 컨트롤 디펜던시가 출발한 노드는 그 선이 향한 노드가 실행을 시작하기 전의 작업을 완료해야 한다.

예를 들어 다음 그림은 로지스틱 회귀 점수화 텐서플로 그래프를 보여준다.

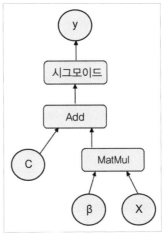

로지스틱 회귀의 텐서플로 그래프

위 그림은 최적 가중치에 따라 로지스틱 회귀를 점수화하는 텐서플로 그래프를 보여준다.

$$y = \frac{1}{1 + e^{-(\beta X + C)}}$$

Matmul 노드는 입력 특징 행렬 X와 최적화된 가중치 β의 행렬 곱을 계산한다. 그다음으로 Matmul 노드의 출력 값에 상수 C를 더한다. Add의 출력 값을 시그모이드^{sigmoid} 함수를 통해 변환해 $Pr(y=1|X)$를 출력한다.

참고 사항

http://rstudio.github.io/tensorflow/의 자료를 이용해 R에서 텐서플로를 시작해보자.

▌ R의 H2O 설치

H2O 또한 딥러닝 모델 개발에 자주 사용하는 오픈소스 라이브러리다. H2O는 H2O.ai 에서 개발했으며, R과 파이썬 등 다양한 언어를 지원한다. H2O 패키지는 분산 환경에 서 빅데이터로 알고리즘을 실행하기 위해 개발된 다용도 머신 러닝 라이브러리다.

준비

H2O를 설치하려면 다음과 같은 시스템이 필요하다.

- 64비트 자바 런타임 환경(버전 1.6 이상)
- 최소 2GB 램

R에서는 h2o 패키지로 H2O를 설치할 수 있다. h2o 패키지의 디펜던시는 다음과 같다.

- RCurl
- rjson
- statmod
- survival
- stats
- tools
- utils
- methods

curl-config가 설치되지 않은 기기에서는 R의 RCurl 디펜던시 설치가 실패할 것이 다. 이 경우에는 R 외부에서 curl-config를 설치해야 한다.

예제 구현

1. H2O는 CRAN에서 바로 설치할 수 있다. CRAN과 관련된 h2o 패키지의 디펜던시를 모두 설치하려면 디펜던시 매개변수를 **TRUE**로 설정한다. 다음 명령은 h2o 패키지에 필요한 모든 R 디펜던시를 설치한다.

```
install.packages("h2o", dependencies = T)
```

2. 다음 명령은 현재 R 환경에서 h2o 패키지를 부른다. h2o 패키지를 처음 설치하면 다음 스크린샷처럼 H2O 실행 전 JAR 파일이 자동으로 다운로드된다.

```
library(h2o)
localH2O = h2o.init()
```

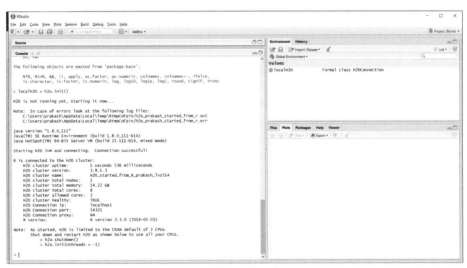

H2O 클러스터 시작

3. H2O 클러스터는 클러스터 ip와 포트 정보로 접근할 수 있다. 현재 H2O 클러스터는 다음 스크린샷처럼 로컬 호스트의 54321번 포트에서 실행 중이다.

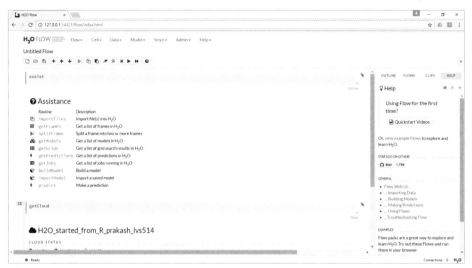

브라우저에서 실행 중인 H2O 클러스터

 TIP H2O의 모델은 브라우저에서 인터랙티브하게 개발하거나 R에서 스크립트를 작성해 개발할 수 있다. H2O 모델 개발은 주피터 노트북 생성과 비슷한 과정을 거친다. 그러나 데이터 가져오기, 데이터 분할, 모델 구성, 평가 등 다양한 연산으로 데이터 흐름을 작성한다는 점이 다르다.

예제 구현

H2O 브라우저로 인터랙티브하게 로지스틱 회귀 모델을 개발해보자.

1. 다음 스크린샷처럼 새 flow를 시작한다.

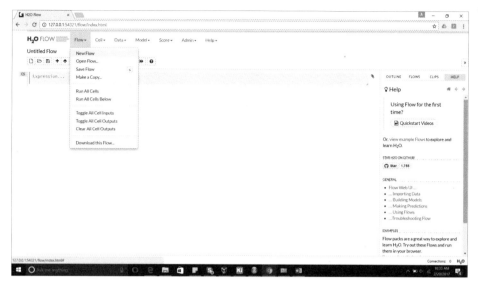

H2O 새 flow 만들기

2. Data 메뉴를 눌러 다음 스크린샷처럼 데이터셋을 불러온다.

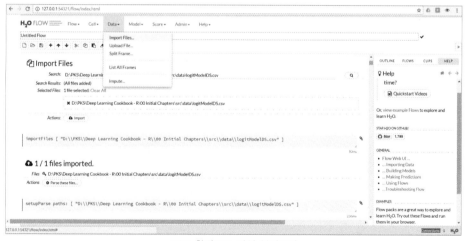

H2O 환경으로 파일 불러오기

3. H2O로 불러온 파일은 Parse these files 액션을 사용해 헥스^hex 형식으로 파싱 스^parse할 수 있다(파싱은 데이터 구문을 분석해 의도한 데이터 형식으로 번역하는

과정을 말한다 – 옮긴이). 헥스는 H2O의 기본 파일 형식이다. 해당 버튼은 파일을 H2O 환경으로 불러온 후 나타날 것이다.

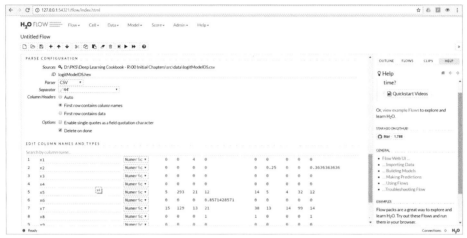

파일을 헥스 형식으로 파싱

4. 파싱한 데이터프레임은 Data 메뉴의 Split Frame 액션을 이용해 훈련과 평가 데이터로 분할할 수 있다.

데이터셋을 훈련과 평가로 분할

5. Model 메뉴에서 모델을 고르고 모델에 따라 매개변수를 설정한다. 다음 스크린샷에서 GLM 모델의 예를 볼 수 있다.

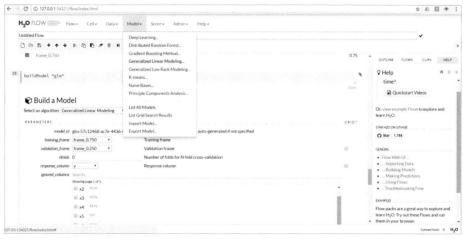

H2O에서의 모델 생성

6. Score 메뉴의 predict 액션으로 H2O의 다른 데이터프레임의 점수를 매길 수 있다.

H2O에서의 점수화

예제 분석

전처리가 많이 필요한 복잡한 경우 R에서 바로 H2O를 부를 수 있다. 이 책은 주로 R에서 직접 H2O의 모델을 만들 것이다. H2O가 로컬 호스트 외의 다른 장소에 있다면 R 내에서 클러스터가 실행 중인 서버의 **ip**와 **port**(포트)를 알맞게 입력해 연결할 수 있다.

```
localH2O = h2o.init( ip = "localhost", port = 54321, nthreads = -1)
```

모델 생성에 사용되는 스레드 수도 중요한 매개변수다. 기본적으로 스레드 수는 −2로 설정돼 있는데, 코어 2개를 사용한다는 뜻이다. −1 값은 사용 가능한 코어를 전부 사용한다.

 H2O를 인터랙티브 모드로 사용하려면 http://docs.h2o.ai/h2o/latest-stable/index.html#gettingstarted 링크를 살펴보면 좋다.

▌도커로 세 패키지 한 번에 설치

도커[Docker]는 소프트웨어 안에서 작동하는 플랫폼이다. 도커는 다수의 소프트웨어나 앱을 각각 독립된 컨테이너[container]에서 동시에 작동시켜 연산 밀집도를 높인다. 가상 머신과 달리 도커 컨테이너는 모든 소프트웨어에 필요한 라이브러리와 설정만으로 구현했음에도 불구하고 운영체제를 통째로 묶어 제공하지 않으므로 가볍고 효율적이다.

준비

세 패키지를 모두 설치하려면 운영체제에 따라 번거로운 과정이 필요할 수 있다. 다음과 같은 도커파일^{dockerfile} 코드로 GPU 기반의 tensorflow와 mxnet, 그리고 h2o를 모든 디펜던시와 함께 설치한 환경을 설정할 수 있다.

```
FROM chstone/mxnet-gpu:latest
MAINTAINER PKS Prakash <prakash5801>

# 디펜던시 설치
RUN apt-get update && apt-get install -y
    python2.7
    python-pip
    python-dev
    ipython
    ipython-notebook
    python-pip
    default-jre

# pip와 주피터 노트북 설치
RUN pip install --upgrade pip &&
    pip install jupyter

# 주피터 커널 R 설치
RUN Rscript -e "install.packages(c('repr', 'IRdisplay', 'crayon',
    'pbdZMQ'), dependencies=TRUE, repos='https://cran.rstudio.com')" &&
    Rscript -e "library(devtools); library(methods);
options(repos=c(CRAN='https://cran.rstudio.com'));
devtools::install_github('IRkernel/IRkernel')" &&
    Rscript -e "library(IRkernel); IRkernel::installspec(name = 'ir32',
    displayname = 'R 3.2')"

# H2O 설치
RUN Rscript -e "install.packages('h2o', dependencies=TRUE,
    repos='http://cran.rstudio.com')"
```

```
# 프록시 포트 수정과 텐서플로 설치
RUN pip install tensorflow-gpu
RUN Rscript -e "library(devtools);
devtools::install_github('rstudio/tensorflow')"
```

현재 버전의 이미지는 chstone/mxnet-gpu 도커 이미지 위에 만들어졌다.

 chstone/mxnet-gpu는 도커허브(docker hub) 리포지토리다. https://hub.docker.com/r/chstone/mxnet-gpu/에서 해당 이미지를 찾을 수 있다.

예제 구현

다음 단계를 거쳐 도커와 모든 디펜던시를 설치할 수 있다.

1. 앞의 코드를 저장하고, 파일 이름을 기억하자. 예를 들어 여기서는 Dockerfile 이라 한다.

2. 커맨드라인에서 파일 위치로 이동한 후 다음 명령을 입력한다. 코드 밑의 스크린샷에서 실행 과정을 볼 수 있다.

```
docker run -t "TagName:FILENAME"
```

도커 이미지 빌드

3. docker images 명령으로 다음과 같이 만들어진 이미지에 접근한다.

도커 이미지 보기

4. 도커 이미지는 다음 명령으로 실행한다.

---

docker run -it -p 8888:8888 -p 54321:54321 <<IMAGE ID>>

도커 이미지 실행

옵션 -i는 인터랙티브 모드로 이미지를 실행하고, -t는 -tty를 할당한다. 옵션 -p는 포트 포워딩에 사용한다. 주피터를 8888번 포트에 사용하고, H2O를 54321번 포트에 사용할 것이므로 두 포트를 로컬 브라우저에서 접근할 수 있게 포트 포워딩했다.

예제 분석

이외의 도커 옵션은 docker run --help 명령으로 확인할 수 있다.

02

R 딥러닝

2장에서는 인공 신경망의 기초를 확립하고, 딥러닝 기초와 트렌드를 파악한다. 2장에서 다루는 내용은 다음과 같다.

- 로지스틱 회귀 시작
- 데이터셋 소개
- H2O를 이용한 로지스틱 회귀
- 텐서플로를 이용한 로지스틱 회귀
- 텐서플로 그래프 시각화
- 다층 퍼셉트론 시작
- H2O 인공 신경망 준비
- H2O 그리드 서치를 이용한 초매개변수 조정

- MXNet 인공 신경망 준비
- 텐서플로 인공 신경망 준비

▌ 로지스틱 회귀 시작

인공 신경망과 딥러닝 모델을 탐구하기 전에 단층 인공 신경망인 로지스틱 회귀를
살펴보자. 로지스틱 회귀에서 자주 쓰이는 시그모이드 함수도 인공 신경망의 활성화
함수로 쓰인다.

준비

로지스틱 회귀는 이항 혹은 다항 범주의 분류를 다루는 지도 학습 접근법이다.

예제 구현

로지스틱 회귀는 시그모이드를 활성화 함수로 활용하는 복잡한 인공 신경망 모델의
구성 요소로 사용할 수 있다. 로지스틱 함수(시그모이드)는 다음과 같이 표현한다.

$$y = \frac{1}{1 + e^{-z}}$$

위의 시그모이드 함수는 [0, 1] 범위 사이의 값에서 연속 곡선을 형성한다. 다음 스크린
샷은 해당 곡선의 그래프를 보여준다.

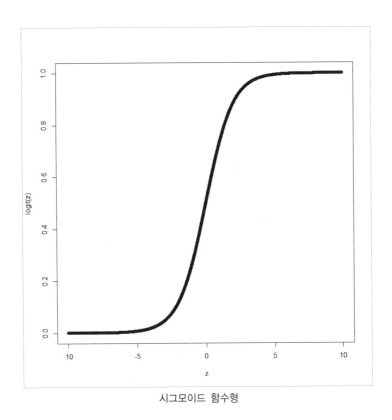

시그모이드 함수형

로지스틱 회귀 모델의 수식은 다음과 같다.

$$\Pr(y = 1|\mathbf{X}) = \frac{1}{1 + e^{-(W^T X + b)}}$$

위 수식에서 W는 특징 $X = [\ x_1,\ x_2,\ \dots,\ x_m]$에 연결된 가중치를 나타내고, b는 모델의 절편 혹은 모델 편향을 나타낸다. 모델의 목적은 주어진 손실 함수, 예를 들어 크로스 엔트로피cross entropy로 가중치 W를 최적화optimize시키는 것이다. 다음 그림에서 해당 로지스틱 회귀 모델이 $Pr(y=1+\mathbf{X})$을 산출하는 과정을 볼 수 있다.

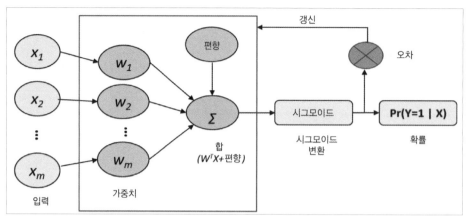

시그모이드 활성화 함수 로지스틱 회귀 아키텍처

▌ 데이터셋 도입

다양한 모델을 실험하기 위해 데이터셋을 준비하는 방법을 알아보자.

준비

로지스틱 회귀는 선형 분류기이기 때문에 독립 변수와 로그 확률$^{log\ odds}$ 사이의 선형성을 가정한다. 따라서 이 모델은 독립 특징이 로즈 확률에 선형 종속적인 경우 잘 작동한다. 비선형적 경향을 포착하기 위해 고차 특징을 포함할 수도 있다. 1장에서 다룬 주요 딥러닝 패키지를 사용해 로지스틱 회귀 모델을 만들어보자. UCI 리포지토리에서 데이터셋을 다운로드하기 위해 인터넷 연결이 필요하다.

예제 구현

여기서는 UC 어바인 머신 러닝 리포지토리$^{UC\ Irvine\ ML\ repository}$에서 제공하는 객실 사용 측정 데이터셋$^{Occupancy\ Detection\ dataset}$을 사용해 로지스틱 회귀와 인공 신경망 모델을 만들어본다. 해당 데이터셋은 주로 이진 분류에 사용하는 실험용 데이터셋이다. 예를 들어 다음 표에 나열된 다변수 예측량을 활용해 방이 차 있는지(1), 비어 있는지(0) 예측할 수 있다. 데이터셋은 UMONS의 루이스 칸다네도[Luis Candanedo]가 제작했다.

 데이터셋은 다음 링크에서 다운로드한다.

https://archive.ics.uci.edu/ml/datasets/Occupancy+Detection+

다운로드할 수 있는 데이터셋은 총 3가지다. 그러나 여기서는 datatraining.txt 파일을 훈련과 교차 검증에 사용하고, dataset.txt 파일을 검증에 사용한다.

해당 데이터셋에는 (결과 값인 객실 사용 여부를 포함해) 7개의 속성과 20,560개 항목이 있다. 다음 표는 특징 정보를 간략히 보여준다.

속성	설명	데이터형
Date time	연-월-일 시간:분:초 형식	날짜 시간, 날짜
Temperature	섭씨 단위 기온	실수
Relative Humidity	% 단위 상대 습도	실수
Light	럭스(Lux) 단위 광량	실수
CO2	ppm 단위 이산화탄소 농도	실수
Humidity ratio	기온과 상대 습도로 계산한 수증기 kg/공기 kg 단위 절대 습도	실수
Occupancy	객실 사용 여부. 0이면 비어있고 1이면 찬 상태	이항 클래스

▌ H2O 로지스틱 회귀

일반화 선형 모델$^{GLM, Generalized linear models}$은 로지스틱 혹은 분류 기반 예측 분석에 자주 쓰인다. 일반화 선형 모델은 최대 우도^{likelihood}를 사용해 최적화하며, 큰 데이터셋에서도 잘 작동한다. H2O의 GLM은 (일래스틱넷$^{elastic net}$을 포함해) L1 페널티와 L2 페널티를 모두 다룰 수 있다. 종속 변수의 경우에는 가우시안, 이항, 푸아송, 감마 분포를 지원한다. 범주 변수를 다루거나 완전 일반화$^{full regularization}$를 계산하고, 모델 오버피팅을 조정하기 위해 분산 n겹 교차 검증을 수행하는 데 효율적이기도 하다. 초매개변수, 예를 들어 일래스틱넷(α) 같은 값은 예측 특성 계수의 상하한을 조절함과 동시에 분산 그리드 서치$^{grid search}$를 수행해 최적화하는 기능을 지원한다. 자동 결측 값 대체도 가능하다. 최적화에는 확률적 경사 하강법$^{stochastic gradient descent}$의 병렬형인 호그와일드법$^{Hogwild method}$을 사용한다.

준비

1장에서 실제 용례를 통해 R에 H2O를 설치하고 웹 인터페이스로 접속하는 방법을 알아봤다. 모델링 시작을 위해 R 환경에서 **h2o** 패키지를 불러온다.

```
require(h2o)
```

다음으로 h2o.init( ) 함수로 8코어 단일 노드 H2O 인스턴스를 생성한다. 그리고 동시에 **localhost** IP 주소의 **54321**번 포트에 서버와 연결된 클라이언트 모듈을 생성한다.

```
localH2O = h2o.init( ip = "localhost", port = 54321, startH2O = TRUE,
    min_mem_size = "20G", nthreads = 8)
```

H2O 패키지를 사용하려면 자바 JRE가 필요하다. 따라서 생성 명령을 실행하기 전 먼저 설치해둬야 한다.

예제 구현

이 절은 H2O를 사용해 GLM 모델을 만드는 과정을 보여준다.

1. R에 객실 사용 훈련과 검증 데이터셋을 불러온다.

```
# 객실 사용 데이터 불러오기
occupancy_train <-
    read.csv("C:/occupation_detection/datatraining.txt",
    stringsAsFactors = T)
occupancy_test <-
    read.csv("C:/occupation_detection/datatest.txt",
    stringsAsFactors = T)
```

2. 다음 독립 변수(x)와 종속 변수(y)로 GLM을 모델링한다.

```
# 입력 변수(x)와 출력 변수(y) 정의
x = c("Temperature", "Humidity", "Light", "CO2", "HumidityRatio")
y = "Occupancy"
```

3. H2O의 요구 사항에 따라 종속 변수를 팩터[factor]로 변환한다.

```
# 결과 변수를 인자로 변환
occupancy_train$Occupancy <- as.factor(occupancy_train$Occupancy)
occupancy_test$Occupancy <- as.factor(occupancy_test$Occupancy)
```

4. 다음으로 데이터셋을 H2OParsedData 객체로 변환한다.

```
occupancy_train.hex <- as.h2o(x = occupancy_train, destination_frame
    = "occupancy_train.hex")
occupancy_test.hex <- as.h2o(x = occupancy_test, destination_frame =
    "occupancy_test.hex")
```

5. 데이터 불러오기와 변환이 끝났다면 h2o.glm 함수로 GLM 모델을 실행한다.
   현재 5겹 교차 검증, 일래스틱넷 일반화(α=5), 최적 일반화 강도(lambda_search
   = TRUE) 등 매개변수를 사용해 훈련시키도록 설정돼 있다.

```
# 모델 훈련
occupancy_train.glm <- h2o.glm(x = x,              # 예측 변수명 벡터
    y = y,                                          # 반응 또는 종속 변수명
    training_frame = occupancy_train.hex,           # 훈련 데이터
    seed = 1234567,                                 # 랜덤 시드
    family = "binomial",                            # 결과 변수
    lambda_search = TRUE,                           # 최적 일반화 람다
    alpha = 0.5,                                    # 일래스틱넷 일반화
    nfolds = 5                                      # n겹 교차 검증
)
```

6. 위 명령 이외에 모델 성능을 세밀히 조절하기 위해 다른 매개변수를 정의할
   수도 있다. 다음 목록은 주요 기능적 매개변수 일부를 다룬다. 모든 매개변수
   의 목록은 h2o 패키지 문서에서 볼 수 있다.

   ○ **교차 검증 샘플 생성 전략 지정** 랜덤, 계층stratified, 모듈로modulo 샘플링 혹은
     fold_assigment를 사용한 자동(선택)이 있다. 열 이름을 fold_column으로
     지정해 필요한 특징에만 샘플링을 수행할 수도 있다.
   ○ **편향된 결과(불균형 데이터)를 다루는 옵션** 각 항목의 가중치를 weights_
     column으로 지정하거나 balance_classes로 오버 샘플링 혹은 언더 샘플
     링을 수행한다.

- 결측 값을 평균으로 대체하거나 missing_values_handling으로 관찰 항목을 누락시키는 옵션
- non_negative로 계수가 음수가 되지 않게 제한하거나 beta_constraints로 값에 제한을 두는 옵션
- 반응의 평균이 현실(이전 결과)과 동떨어진 경우 샘플 데이터에 기존 확률 y==1(로지스틱 회귀의 경우)을 제공하는 옵션
- 인터랙션에 고려할 변수를 지정

예제 분석

모델의 성능은 다양한 기준으로 측정할 수 있다. 예를 들어 정확도^accuracy, 곡선하면적 AUC, Area Under Curve, 오분류율(%), 오분류 횟수, F1 점수, 정밀도^precision, 재현율^recall, 특이도^specificity 등이 있다. 2장에서는 AUC로 모델 성능을 측정한다.

다음은 학습한 모델의 훈련 정확도와 교차 검증 정확도다.

```
# 훈련 정확도(AUC)
> occupancy_train.glm@model$training_metrics@metrics$AUC
[1] 0.994583
```

```
# 교차 검증 정확도(AUC)
> occupancy_train.glm@model$cross_validation_metrics@metrics$AUC
[1] 0.9945057
```

이제 검증 데이터로 모델 성능을 평가하자. 다음 코드로 검증 데이터의 결과 예측을 수행할 수 있다.

```
# 검증 데이터 예측
yhat <- h2o.predict(occupancy_train.glm, occupancy_test.hex)
```

다음으로 실제 검증 결과로 AUC 값을 평가하자.

```
# 검증 정확도(AUC)
> yhat$pmax <- pmax(yhat$p0, yhat$p1, na.rm = TRUE)
> roc_obj <- pROC::roc(c(as.matrix(occupancy_test.hex$Occupancy)),
            c(as.matrix(yhat$pmax)))
> auc(roc_obj)
```

Area under the curve: 0.9915

다음 코드 아래의 그림처럼 H2O로 GLM 모델의 변수 중요도를 계산할 수도 있다.

```
# 변수 중요도와 성능 계산
h2o.varimp_plot(occupancy_train.glm, num_of_features = 5)
```

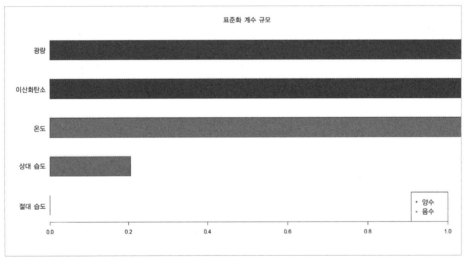

H2O의 변수 중요도

참고 사항

TIP 다음 링크에서 h2o.glm의 기능적 매개변수를 더 찾아볼 수 있다. https://www.rdocumentation.org/packages/h2o/versions/3.10.3.6/topics/h2o/gbm

▌ 텐서플로 로지스틱 회귀

이 절에서는 텐서플로를 사용해 로지스틱 회귀 모델을 구성하는 방법을 다룬다. H2O 모델 설정에서 사용한 것과 유사한 데이터셋을 활용하겠다.

준비

1장에서 텐서플로 설치법을 다뤘다. 앞으로 다룰 코드는 리눅스 환경에서 작성했지만 모든 운영체제에서 작동 가능하다. 모델링을 시작하려면 R 환경에서 tensorflow 패키지를 불러온다. R이 기본 텐서플로 환경 변수를 불러오고 np 변수에 파이썬 NumPy 라이브러리를 불러올 것이다.

```
library("tensorflow")    # 텐서플로 불러오기
np <- import("numpy")    # NumPy 라이브러리 불러오기
```

예제 구현

R의 기본 함수로 다음 코드와 같이 데이터를 불러오자.

1. read.csv 파일에서 데이터를 불러와 행렬 형식으로 변환한다. 다음으로 xFeatures와 yFeatures 변수에 정의한 것처럼 특징을 선택한다. 다음 단계

로 최적화를 수행할 그래프를 준비한다.

```r
# 입력 데이터와 검증 데이터 불러오기
xFeatures = c("Temperature", "Humidity", "Light", "CO2",
    "HumidityRatio")
yFeatures = "Occupancy"
occupancy_train <-
    as.matrix(read.csv("datatraining.txt",stringsAsFactors = T))
occupancy_test <-
    as.matrix(read.csv("datatest.txt",stringsAsFactors = T))

# 모델링을 위해 특징의 부분집합을 취해 숫자형 값으로 변환
occupancy_train<-apply(occupancy_train[, c(xFeatures, yFeatures)],
    2, FUN=as.numeric)
occupancy_test<-apply(occupancy_test[, c(xFeatures, yFeatures)], 2,
    FUN=as.numeric)

# 데이터 차원수 얻기
nFeatures<-length(xFeatures)
nRow<-nrow(occupancy_train)
```

2. 그래프를 만들기 전에 먼저 다음 명령으로 그래프를 리셋한다.

```r
# 그래프 리셋
tf$reset_default_graph()
```

3. 더해서 인터랙티브 세션을 시작해 세션 대 세션 객체를 참조하지 않고도 변수를 실행할 수 있게 만든다.

```r
# 인터랙티브 세션 시작
sess<-tf$InteractiveSession()
```

4. 텐서플로 안에서 로지스틱 회귀 모델을 정의한다.

```
# 로지스틱 회귀 그래프 생성
x <- tf$constant(unlist(occupancy_train[, xFeatures]),
    shape=c(nRow, nFeatures), dtype=np$float32) #
W <- tf$Variable(tf$random_uniform(shape(nFeatures, 1L)))
b <- tf$Variable(tf$zeros(shape(1L)))
y <- tf$matmul(x, W) + b
```

5. 입력 특징 x는 모델의 입력 값이므로 상수로 정의한다. 가중치 W와 편향 b는 최적화 과정에서 최적화할 변수로 정의한다. y는 x, W, b를 사용하는 심볼릭 표현으로 정의한다. 가중치 W는 무작위 정규 분포로 초기화하고, b는 0으로 초기화한다.

6. 다음으로 로지스틱 회귀 손실 함수를 만든다.

```
# 손실 함수와 최적화 함수 생성
y_ <- tf$constant(unlist(occupancy_train[, yFeatures]),
    dtype="float32", shape=c(nRow, 1L))
cross_entropy<-
    tf$reduce_mean(tf$nn$sigmoid_cross_entropy_with_logits(
        labels=y_, logits=y, name="cross_entropy"))
optimizer <-
    tf$train$GradientDescentOptimizer(0.15)$minimize(cross_entropy)
```

y_는 반응 변수다. 이 로지스틱 회귀는 크로스엔트로피를 손실 함수로 사용한다. 0.15의 학습률로 손실 함수가 경사 하강 최적화 함수에 전달된다. 최적화를 실행하기 전에 전역 변수를 초기화하자.

```
# 세션 시작
init <- tf$global_variables_initializer()
```

```
sess$run(init)
```

7. 크로스엔트로피를 손실 함수로 사용해 가중치를 최적화하는 경사 하강 알고리즘을 실행한다.

```
# 최적화 실행
for (step in 1:5000) {
    sess$run(optimizer)
    if (step %% 20== 0)
        cat(step, "-", sess$run(W), sess$run(b), "==>",
            sess$run(cross_entropy), "n")
}
```

예제 분석

AUC로 모델 성능을 측정할 수 있다.

```
# 훈련 시 성능
library(pROC)
ypred <- sess$run(tf$nn$sigmoid(tf$matmul(x, W) + b))
roc_obj <- roc(occupancy_train[, yFeatures], as.numeric(ypred))

# 검증 시 성능
nRowt<-nrow(occupancy_test)
xt <- tf$constant(unlist(occupancy_test[, xFeatures]), shape=c(nRowt,
    nFeatures), dtype=np$float32)
ypredt <- sess$run(tf$nn$sigmoid(tf$matmul(xt, W) + b))
roc_objt <- roc(occupancy_test[, yFeatures], as.numeric(ypredt))
```

pROC 패키지의 plot.auc 함수를 사용해 AUC를 시각화할 수 있다. 다음 코드 아래의 스크린샷에서 시각화된 AUC를 볼 수 있다. 훈련과 검증 데이터(남겨둔 데이터)의 성능이 서로 상당히 유사하다.

```
plot.roc(roc_obj, col = "green", lty=2, lwd=2)
plot.roc(roc_objt, add=T, col="red", lty=4, lwd=2)
```

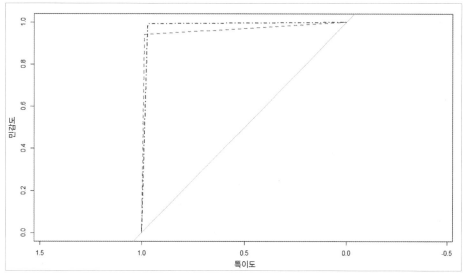

텐서플로 로지스틱 회귀 성능

▌ 텐서플로 그래프 시각화

텐서보드^{TensorBoard}를 사용해 텐서플로 그래프를 시각화할 수 있다. 텐서보드는 텐서플로 이벤트 파일을 이용해 텐서플로 모델을 그래프로 보여주는 서비스다. 텐서보드의 그래프 모델 시각화를 텐서플로 모델 디버깅에 이용하기도 한다.

준비

텐서보드는 터미널에서 다음 명령으로 시작할 수 있다.

```
$ tensorboard --logdir home/log --port 6006
```

텐서보드의 주요 매개변수는 다음과 같다.

- **--logdir** 텐서플로 이벤트가 저장된 디렉토리를 지정
- **--debug** 더 자세한 로그 정보 옵션
- **--host** 수신할 호스트 지정. 기본 값은 로컬 호스트(127.0.0.1)
- **--port** 텐서보드가 실행될 포트 번호 지정

위 명령을 실행하면 다음 스크린샷처럼 로컬 호스트의 **6006**번 포트에서 텐서플로 서비스가 실행될 것이다.

텐서보드

텐서보드의 탭은 그래프 실행 중 생성된 관련 데이터를 보여준다.

예제 구현

텐서보드로 텐서플로 모델과 결과 값을 시각화하는 방법을 다룬다.

1. 요약과 그래프를 시각화하려면 텐서플로의 데이터를 summary요약 모듈에서 제공하는 **FileWriter** 명령으로 내보내야 한다. 다음 명령으로 기본 세션 그래프를 추가할 수 있다.

```
# 로그 정보 기록에 사용할 Writer 객체 생성
log_writer = tf$summary$FileWriter('c:/log', sess$graph)
```

다음 스크린샷에서 위 코드로 생성된 로지스틱 회귀 그래프를 확인할 수 있다.

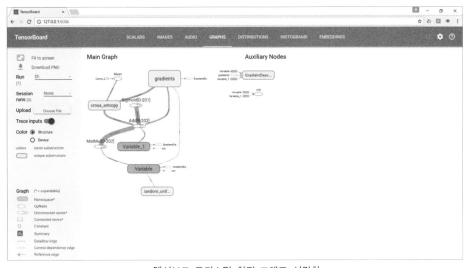

텐서보드 로지스틱 회귀 그래프 시각화

TIP 다음 링크에서 텐서보드 심볼에 대한 자세한 설명을 볼 수 있다.

https://www.tensorflow.org/get_started/graph_viz

2. 같은 방식으로 다음 코드처럼 알맞은 요약을 사용해 다른 변수의 요약 내용을 텐서보드에 추가할 수 있다.

```
# 가중치와 편향 변수의 히스토그램 요약을 추가
w_hist = tf$histogram_summary("weights", W)
b_hist = tf$histogram_summary("biases", b)
```

요약은 모델 성능을 파악하기에 매우 효율적인 방법이다. 예를 들어 위의 사례에서 테스트와 훈련의 손실 함수를 분석해서 최적화 성능과 수렴 여부를 이해할 수 있다.

3. 검증 데이터의 크로스엔트로피 평가를 생성하자. 다음 명령에서 검증과 훈련 크로스엔트로피 손실 함수를 생성하는 예시 스크립트를 볼 수 있다.

```
# 검증 크로스엔트로피 설정
nRowt<-nrow(occupancy_test)
xt <- tf$constant(unlist(occupancy_test[, xFeatures]),
    shape=c(nRowt, nFeatures), dtype=np$float32)
ypredt <- tf$nn$sigmoid(tf$matmul(xt, W) + b)
yt_ <- tf$constant(unlist(occupancy_test[, yFeatures]),
    dtype="float32", shape=c(nRowt, 1L))
cross_entropy_tst<-
    tf$reduce_mean(tf$nn$sigmoid_cross_entropy_with_logits(labels=
    yt_, logits=ypredt, name="cross_entropy_tst"))
```

위 코드는 다른 데이터셋으로 크로스엔트로피 연산을 학습하는 것과 유사하다. 함수가 텐서 객체를 반환하게 하면 중복된 연산을 최소화할 수 있다.

4. 수집할 요약 변수를 더한다.

```
# 데이터 수집을 위한 요약 옵션 추가
w_hist = tf$summary$histogram("weights", W)
```

```
b_hist = tf$summary$histogram("biases", b)
crossEntropySummary<-tf$summary$scalar("costFunction",
    cross_entropy)
crossEntropyTstSummary<-tf$summary$scalar("costFunction_test",
    cross_entropy_tst)
```

위 스크립트는 파일에 기록될 요약 이벤트를 정의한다.

5. 기록 객체인 **log_writer**를 열자. c:/log 위치에 기본 그래프가 작성된다.

```
# 로그 기록 객체 생성
log_writer = tf$summary$FileWriter('c:/log', sess$graph)
```

6. 최적화를 실행하고 요약을 수집한다.

```
for (step in 1:2500) {
    sess$run(optimizer)

    # 50회 반복 후 훈련과 검증 데이터 성능 평가
    if (step %% 50== 0){

        ### 훈련 시 성능
        ypred <- sess$run(tf$nn$sigmoid(tf$matmul(x, W) + b))
        roc_obj <- roc(occupancy_train[, yFeatures],
            as.numeric(ypred))

        ### 검증 시 성능
        ypredt <- sess$run(tf$nn$sigmoid(tf$matmul(xt, W) + b))
        roc_objt <- roc(occupancy_test[, yFeatures],
            as.numeric(ypredt))
        cat("train AUC: ", auc(roc_obj), " Test AUC: ", auc(roc_objt),
            "n")

        # 편향과 가중치 요약 저장
        log_writer$add_summary(sess$run(b_hist), global_step=step)
```

```
        log_writer$add_summary(sess$run(w_hist), global_step=step)
        log_writer$add_summary(sess$run(crossEntropySummary),
          global_step=step)
        log_writer$add_summary(sess$run(crossEntropyTstSummary),
          global_step=step)
    }
}
```

7. 요약 모듈의 `merge_all` 명령으로 텐서 하나에 모든 요약을 수집한다.

```
summary = tf$summary$merge_all()
```

8. `log_writer` 객체를 이용해 요약을 로그 파일에 기록한다.

```
log_writer = tf$summary$FileWriter('c:/log', sess$graph)
summary_str = sess$run(summary)
log_writer$add_summary(summary_str, step)
log_writer$close()
```

예제 분석

여기서는 텐서보드로 모델 성능을 시각화하는 방법을 다뤘다. 다음 스크린샷에서 볼 수 있듯이 SCALARS 탭에 훈련과 검증 데이터셋의 크로스엔트로피 값이 기록돼 있다.

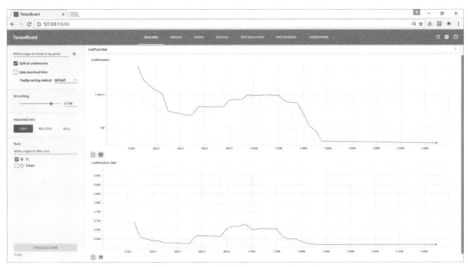

훈련과 검증 데이터의 크로스엔트로피

목적 함수에 따르면 훈련과 검증 손실 함수가 비슷한 경향을 보인다. 따라서 이 모델은 주어진 입력 값에 대해 안정적이며, 수렴은 1600회 반복 근처에서 발생한다.

▌ 다층 퍼셉트론 시작

이 절에서는 로지스틱 회귀 개념을 인공 신경망으로 확장한다.

> **TIP** 신경망 혹은 인공 신경망(ANN, Artificial Neural Network)는 생물학적 뇌의 신경 구조에 영감을 받은 계산 패러다임이다.

준비

인공 신경망은 데이터로 간단한 연산을 수행하는 인공 뉴런(신경세포)들의 조합이다. 각 뉴런의 결과 값은 다른 뉴런으로 전달된다. 각 뉴런의 결과 값을 해당 뉴런의 활성화 함수activation function라 부른다. 다음 그림에서 다층 퍼셉트론 모델의 예를 볼 수 있다.

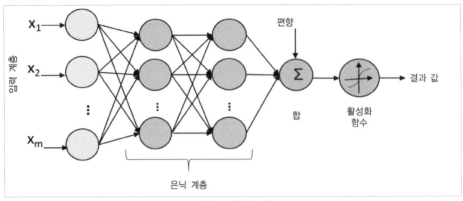

다층 신경망의 예

위 그림의 각 연결선은 뉴런에서 처리할 가중치를 나타낸다. 다음 그림처럼 각 뉴런을 입력으로 받아 다음 계층 위로 출력을 전달하는 계산 단위로 생각할 수 있다.

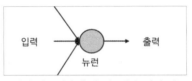

입력 값 3개와 출력 값 1개 뉴런의 예

위 그림은 세 입력 값이 뉴런에서 합쳐져 다음 뉴런으로 전달 가능한 결과 값으로 변환되는 과정을 보여준다. 뉴런에서 수행하는 처리는 입력 값을 가중치와 곱한 후 합하는 간단한 연산부터 시그모이드 활성화 함수와 같은 변환 연산까지 다양하다.

예제 구현

여기서는 다층 퍼셉트론 모델에서 사용되는 활성화 함수의 종류를 다룬다. 활성화는 인공 신경망의 입력 값에 따른 노드의 출력 값을 결정하므로 매우 중요한 요소다. 인공 신경망을 만들 때는 다양한 활성화 함수를 사용한다.

- **시그모이드** 시그모이드 활성화 함수나 로지스틱 함수는 연속 함수며, 형태는 $1/(1+exp(-x))$와 같다. 시그모이드 함수는 훈련 시에 역전파[backpropagation] 요소들을 0으로 만들어 반응을 포화[saturation]시키는(변하지 않게 만드는) 단점이 있다. 텐서플로의 시그모이드 활성화 함수는 `tf.nn.sigmoid` 함수로 정의한다.

- **ReLU(Rectified linear unit)** 가장 유명한 연속적이지만 매끈[smooth]하지 않은 함수다. 인공 신경망에서는 비선형성을 반영하는 활성화 함수로 사용한다. ReLU 함수는 $max(0, x)$로 정의한다. 텐서플로의 ReLU 활성화 함수는 `tf.nn.relu`로 정의한다.

- **ReLU6** ReLU 함수를 6에서 제한한다. 정의는 $min(max(0, x), 6)$과 같다. 따라서 결과 값이 매우 작거나 클 수 없다. 텐서플로에서는 `tf.nn.relu6`로 정의한다.

- **tanh** 하이퍼탄젠트[Hypertangent] 함수도 매끈한 활성화 함수다. 결과 값이 [-1, 1] 사이로 제한되며 `tf.nn.tanh`로 구현됐다.

- **소프트플러스(softplus)** ReLU의 연속적인 변형이다. 따라서 미분 가능하며, $log(exp(x)+1)$ 형태다. 텐서플로의 소프트플러스는 `tf.nn.softplus`로 정의한다.

예제 분석

인공 신경망의 주요 구조는 다음과 같다.

- **피드포워드 인공 신경망(Feedforward ANN)** 정보의 흐름이 입력부터 출력의 단방향인 인공 신경망 모델 종류다. 따라서 그래프에 순환[cycle]이 없다. 다음 그림에서 피드포워드망의 예를 볼 수 있다.

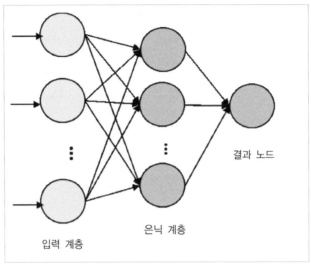

피드포워드 인공 신경망 구조

- **피드백 인공 신경망(Feedback ANN)** 엘만 순환 신경망^{Elman recurrent network}으
  로 불리기도 한다. 결과 노드의 오류를 피드백으로 사용해 순차적으로 오류를
  최소화하게 갱신한다. 다음 그림에서 단층 피드백 신경망 구조를 볼 수 있다.

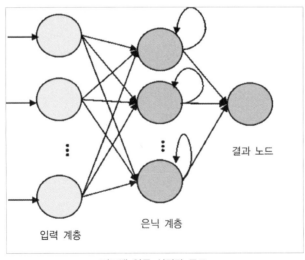

피드백 인공 신경망 구조

- **측방 인공 신경망(lateral ANN)** 피드포워드 신경망과 피드백 신경망 중간에 해당하는 신경망 범주다. 측방 인공 신경망의 뉴런들은 계층 내부에서만 상호 작용한다. 측방 인공 신경망 구조의 예를 다음 그림에서 볼 수 있다.

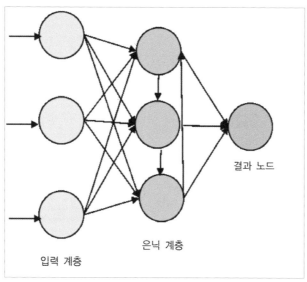

측방 인공 신경망 구조

참고 사항

다음 링크에서 텐서플로가 지원하는 활성화 함수를 더 볼 수 있다. https://www.tensorflow.org/versions/r0.10/api_docs/python/nn/activation_functions_.

▌ H2O 인공 신경망

이 설에서는 H2O를 사용해 인공 신경망을 구성한다. 로지스틱 회귀와 유사한 데이터 셋을 활용한다.

준비

먼저 다음 코드로 필요한 패키지를 전부 불러온다.

```
# 필요 패키지 불러오기
require(h2o)
```

다음으로 h2o.init( ) 함수를 사용해 8코어 단일 노드 H2O 인스턴스를 초기화한다. 그리고 동시에 localhost IP 주소의 54321번 포트에 연결된 클라이언트 모듈을 만든다.

```
# 단일 노드 H2O 인스턴스 초기화
localH2O = h2o.init(ip = "localhost", port = 54321,
    startH2O = TRUE,min_mem_size = "20G",nthreads = 8)
```

예제 구현

여기서는 H2O로 인공 신경망을 만드는 방법을 보여준다.

1. R에서 객실 사용 훈련과 검증 데이터셋을 불러온다.

```
# 객실 사용 데이터 불러오기
occupancy_train <-
    read.csv("C:/occupation_detection/datatraining.txt",
    stringsAsFactors = T)
occupancy_test <- read.csv("C:/occupation_detection/datatest.txt",
    stringsAsFactors = T)
```

2. 다음 독립 변수(x)와 종속 변수(y)로 GLM을 모델링한다.

```
# 입력 변수(x)와 종속 변수(y) 정의
x = c("Temperature", "Humidity", "Light", "CO2", "HumidityRatio")
y = "Occupancy"
```

3. H2O의 요구 사항에 따라 종속 변수를 팩터로 변환한다.

```
# 결과 변수를 팩터로 변환
occupancy_train$Occupancy <- as.factor(occupancy_train$Occupancy)
occupancy_test$Occupancy <- as.factor(occupancy_test$Occupancy)
```

4. 다음으로 데이터셋을 H2OParsedData 객체로 변환한다.

```
# 훈련과 검증 데이터셋을 H2O 객체로 변환
occupancy_train.hex <- as.h2o(x = occupancy_train,
    destination_frame = "occupancy_train.hex")
occupancy_test.hex <- as.h2o(x = occupancy_test,
    destination_frame = "occupancy_test.hex")
```

5. 데이터 불러오기와 변환이 끝났다면 h2o.deeplearning 함수로 다층 피드포 워드 인공 신경망을 만든다. 현재 다음과 같은 매개변수로 인공 신경망 모델 을 만들게 설정돼 있다.

- hidden을 이용한 단층 5개 뉴런 은닉 계층
- epochs를 이용한 50회 반복
- 고정 학습률(rate) 대신 적응 학습률(adaptive_rate) 사용
- ReLU에 기반을 둔 Rectifier 활성화 함수
- nfold를 이용한 5겹 교차 검증

```
# H2O 기반 모델 훈련용 인공 신경망
occupancy.deepmodel <- h2o.deeplearning( x = x,
                        y = y,
                        training_frame = occupancy_train.hex,
                        validation_frame = occupancy_test.hex,
                        standardize = F,
                        activation = "Rectifier",
                        epochs = 50,
                        seed = 1234567,
                        hidden = 5,
                        variable_importances = T,
                        nfolds = 5,
                        adpative_rate = TRUE )
```

6. 'H2O 로지스틱 회귀' 절에서 설명한 명령에 더해 모델 성능을 세밀히 조정하
   는 다른 매개변수를 정의할 수 있다. 다음 목록은 중요한 기능적 매개변수만
   을 다룬다. h2o 패키지 설명서에서 모든 매개변수의 목록을 확인할 수 있다.

   ○ 미리 훈련한 오토인코더autoencoder 모델로 초기화하는 옵션
   ○ 적응 학습률을 미세 조정하는 기능. 시간 감쇠 팩터(rho), 매끄러움 팩터
     (epsilon)를 바꿀 수 있는 옵션이다. 고정 학습률(rate)의 경우 어닐링 비율
     (rate_annealing)과 계층 간 감쇠 비율(rate_decay)을 수정하는 옵션이 있다.
   ○ 가중치 분포와 비례에 따라 가중치와 편향을 초기화하는 옵션
   ○ 범주 분류의 경우 오차 분수, 회귀의 경우 평균 제곱 오차에 기반을 둔
     종료 기준(각각 classification_stop과 regression_stop). 이른 종료를 수행
     하는 옵션도 있다.
   ○ 분산 모델 수렴을 향상시키는 옵션으로, 일반화 강도나 이동률 등의 매개
     변수를 사용해 일래스틱 평균화법을 수행한다.

예제 분석

모델의 성능은 다양한 기준으로 측정할 수 있다. 예를 들어 정확도, 곡선하면적, 오분류율(%), 오분류 횟수, F1 점수, 정밀도, 재현율, 특이도 등이 있다. 2장에서는 AUC로 모델 성능을 측정한다.

다음은 학습된 모델의 훈련과 교차 검증 정확도를 보여준다. 훈련과 교차 검증 AUC는 각각 0.984, 0.982다.

```
# 훈련 정확도(AUC)
> train_performance <- h2o.performance(occupancy.deepmodel,train = T)
> train_performance@metrics$AUC
[1] 0.9848667

# 교차 검증 정확도(AUC)
> xval_performance <- h2o.performance(occupancy.deepmodel,xval = T)
> xval_performance@metrics$AUC
[1] 0.9821723
```

이미 검증 데이터셋을 모델 검증에 사용했으므로, 검증 데이터에 대한 성능을 알 수 있다. AUC는 0.991이다.

```
# 검증 정확도(AUC)
> test_performance <- h2o.performance(occupancy.deepmodel,valid = T)
> test_performance@metrics$AUC
[1] 0.9905056
```

▌ H2O 그리드 서치를 활용한 초매개변수 조정

H2O 패키지로 그리드 서치(h2o.grid)를 이용해 초매개변수를 조정할 수도 있다.

준비

먼저 다음 코드로 H2O 패키지를 불러온 후 초기화한다.

```
# 필요 패키지 불러오기
require(h2o)

# 단일 노드 H20 인스턴스 초기화
localH20 = h2o.init(ip = "localhost", port = 54321, startH20 =
TRUE,min_mem_size = "20G",nthreads = 8)
```

예제 구현

여기서는 그리드 서치로 H2O의 초매개변수를 최적화하는 데 초점을 둔다.

1. 활성화 함수, 은닉 계층 개수(각 계층의 뉴런 수를 포함해), **epochs**(반복 횟수),
   일반화 람다(l1과 l2)로 최적화한다.

```
# 초매개변수 조정 수행
activation_opt <- c("Rectifier","RectifierWithDropout",
    "Maxout","MaxoutWithDropout")
hidden_opt <- list(5, c(5,5))
epoch_opt <- c(10,50,100)
l1_opt <- c(0,1e-3,1e-4)
l2_opt <- c(0,1e-3,1e-4)

hyper_params <- list(activation = activation_opt,
        hidden = hidden_opt,
        epochs = epoch_opt,
        l1 = l1_opt,
        l2 = l2_opt)
```

2. 그리드 서치의 탐색 기준은 다음과 같다. 다음 목록 이외에 종료 기준의 종류, 최소 종료 허용 값, 최대 종료 반복 횟수를 지정할 수도 있다.

```
# 탐색 기준 지정
search_criteria <- list(strategy = "RandomDiscrete", max_models=300)
```

3. 이제 다음과 같이 훈련 데이터로 그리드 서치를 수행한다.

```
# 훈련 데이터로 그리드 서치 수행
dl_grid <- h2o.grid(x = x,
        y = y,
        algorithm = "deeplearning",
        grid_id = "deep_learn",
        hyper_params = hyper_params,
        search_criteria = search_criteria,
        training_frame = occupancy_train.hex,
        nfolds = 5)
```

4. (예시의 경우 216개 모델에 대한) 그리드 서치가 끝나면 다양한 기준에 따른 최고의 모델을 고를 수 있다. 사용 가능한 성능 측정 기준에는 로그 손실, 잔차 편차^{residual deviation}, 평균 제곱 오차, AUC, 정확도, 정밀도, 재현율, F1 점수 등이 있다. 여기서는 AUC가 가장 높은 모델을 고르자.

```
# AUC가 가장 높은 모델 선정
d_grid <- h2o.getGrid("deep_learn",sort_by = "auc", decreasing = T)
best_dl_model <- h2o.getModel(d_grid@model_ids[[1]])
```

예제 분석

다음 코드는 그리드 서치로 찾은 모델의 훈련과 교차 검증 데이터셋 성능을 보여준다. AUC가 훈련과 교차 검증의 경우 동일하게 1 단위 증가한 것을 알 수 있다. 그리드 서치 이후 훈련과 교차 검증 데이터에 대한 AUC는 각각 0.996, 0.997이다.

```
# 그리드 서치 후 훈련 데이터 성능
> train_performance.grid <- h2o.performance(best_dl_model,train = T)
> train_performance.grid@metrics$AUC
[1] 0.9965881

# 그리드 서치 후 교차 검증 데이터 성능
> xval_performance.grid <- h2o.performance(best_dl_model,xval = T)
> xval_performance.grid@metrics$AUC
[1] 0.9979131
```

이제 그리드 서치로 찾은 최고 모델의 성능을 검증 데이터로 측정해보자. AUC가 0.25 단위 증가한 것을 볼 수 있다. 검증 데이터의 AUC는 0.993이다.

```
# 검증 데이터셋 결과 예측
yhat <- h2o.predict(best_dl_model, occupancy_test.hex)

# 검증 데이터셋에 대한 그리드 서치 최고 모델 성능
> yhat$pmax <- pmax(yhat$p0, yhat$p1, na.rm = TRUE)
> roc_obj <- pROC::roc(c(as.matrix(occupancy_test.hex$Occupancy)),
    c(as.matrix(yhat$pmax)))
> pROC::auc(roc_obj)
Area under the curve: 0.9932
```

▌ MXNet 인공 신경망

1장에서 실제 용례를 통해 R에 MXNet을 설치하고 웹 인터페이스로 접속하는 방법을 알아봤다. 모델링을 시작하기 위해 R 환경에서 MXNET 패키지를 불러오자.

준비

필요 패키지를 불러온다.

```
# 필요 패키지 불러오기
require(mxnet)
```

예제 구현

1. R에 객실 사용 훈련과 검증 데이터셋을 불러온다.

   ```
   # 객실 사용 데이터 불러오기
   occupancy_train <-
       read.csv("C:/occupation_detection/datatraining.txt",
       stringsAsFactors = T)
   occupancy_test <-
       read.csv("C:/occupation_detection/datatest.txt",
       stringsAsFactors = T)
   ```

2. 다음 독립 변수(x)와 종속 변수(y)로 GLM을 모델링한다.

   ```
   # 입력 변수(x)와 출력 변수(y) 정의
   x = c("Temperature", "Humidity", "Light", "CO2", "HumidityRatio")
   y = "Occupancy"
   ```

3. MXNet의 요구 사항에 따라 훈련과 검증 데이터셋을 행렬로 변환하고, 결과 변수의 클래스가 (H2O의 팩터^{factor} 대신) 숫자형^{numeric}이 되게 한다.

```
# 훈련 데이터를 행렬로 변환
occupancy_train.x <- data.matrix(occupancy_train[,x])
occupancy_train.y <- occupancy_train$Occupancy

# 검증 데이터를 행렬로 변환
occupancy_test.x <- data.matrix(occupancy_test[,x])
occupancy_test.y <- occupancy_test$Occupancy
```

4. 이제 인공 신경망을 직접 설정해보자. 먼저 심볼릭 변수의 이름을 지정한다. 다음으로 단층 5개 뉴런 은닉 계층을 포함한 완전 연결망을 심볼릭 방식으로 설정한다. 차례로 소프트맥스 활성화 함수와 로짓^{logit} 손실(크로스엔트로피 손실)을 설정하자. 다른 활성화 함수를 사용해 추가적인 완전 연결 은닉 계층을 만들 수도 있다.

```
# 인공 신경망 구조 설정
smb.data <- mx.symbol.Variable("data")
smb.fc <- mx.symbol.FullyConnected(smb.data, num_hidden=5)
smb.soft <- mx.symbol.SoftmaxOutput(smb.fc)
```

5. 신경망 설정이 끝나면 mx.model.FeedForward.create 함수로 피드포워드 신경망 모델을 학습시켜보자. MXNet에서는 모델 훈련을 모델 만들기^{create}로 부른다. 예시의 모델은 반복 횟수 혹은 에포크(100), 평가 기준(분류 정확도), 각 반복 횟수 혹은 에포크의 크기(100 항목), 학습률(0.01) 등의 매개변수 값을 사용한다.

```
# 신경망 학습
model.nn <- mx.model.FeedForward.create(symbol = smb.soft,
                         X = occupancy_train.x,
```

```
y = occupancy_train.y,
ctx = mx.cpu( ),
num.round = 100,
eval.metric = mx.metric.accuracy,
array.batch.size = 100,
learning.rate = 0.01)
```

예제 분석

이제 훈련과 검증 데이터셋으로 모델의 성능을 평가해보자. 훈련 데이터의 AUC는 0.978이고, 검증 데이터의 AUC는 0.982다.

```
# 훈련 정확도(AUC)
> train_pred <- predict(model.nn,occupancy_train.x)
> train_yhat <- max.col(t(train_pred))-1
> roc_obj <- pROC::roc(c(occupancy_train.y), c(train_yhat))
>pROC::auc(roc_obj)
Area under the curve: 0.9786

# 검증 정확도 (AUC)
> test_pred <- predict(nnmodel,occupancy_test.x)
> test_yhat <- max.col(t(test_pred))-1
> roc_obj <- pROC::roc(c(occupancy_test.y), c(test_yhat))
> pROC::auc(roc_obj)
Area under the curve: 0.9824
```

▌ 텐서플로 인공 신경망

텐서플로를 이용해 2계층 신경망 모델을 구성해본다.

준비

모델링을 시작하기 위해 R 환경에 **tensorflow** 패키지를 불러온다. R은 기본 **tf** 환경 변수와 **np** 변수가 가리키는 파이썬의 NumPy 라이브러리를 불러온다.

```
library("tensorflow")          # 텐서플로 불러오기
np <- import("numpy")          # NumPy 라이브러리 불러오기
```

예제 구현

1. 다음 코드처럼 R 기본 함수로 데이터를 불러온다. read.csv 파일에서 데이터를 불러와 행렬 형식으로 변환한다. 다음으로 xFeatures와 yFeatures에 정의한 대로 모델이 사용할 특징을 선택한다.

```
# 입력 데이터와 검증 데이터 불러오기
xFeatures = c("Temperature", "Humidity", "Light", "CO2",
    "HumidityRatio")
yFeatures = "Occupancy"
occupancy_train <-
    as.matrix(read.csv("datatraining.txt",stringsAsFactors = T))
occupancy_test <-
    as.matrix(read.csv("datatest.txt",stringsAsFactors = T))

# 특징 선택과 숫자형 값으로 변환
occupancy_train<-apply(occupancy_train[, c(xFeatures, yFeatures)],
    2, FUN=as.numeric)
occupancy_test<-apply(occupancy_test[, c(xFeatures, yFeatures)], 2,
    FUN=as.numeric)

# 데이터 차원수 얻기
nFeatures<-length(xFeatures)
nRow<-nrow(occupancy_train)
```

2. 이제 신경망과 모델 매개변수를 모두 불러온다. 망 매개변수는 신경망의 구조를 정의하고, 모델 매개변수는 조정 기준을 정의한다. 이전에 말한 것처럼 이 절에서는 2계층 5개 뉴런 은닉 계층을 포함한 신경망을 만든다. n_input 매개변수로 독립 변수 개수를 정의하고, n_classes로 결과 범주 개수보다 하나 작은 수를 정의한다. 결과 변수가 원핫^{one-hot} 벡터(원핫 벡터는 범주 데이터에서 해당 범주의 값을 1로, 나머지를 전부 0으로 설정한 벡터 표현형을 의미한다 – 옮긴이)인 경우(객실 사용 중 특징 하나와 객실 비어있음 특징 하나), n_classes는 2L이 된다(원핫 벡터로 표현된 특징의 수와 동일). 모델 매개변수 중 학습률은 0.001이며, 반복 횟수(에포크)는 10000이다.

```
# 망 매개변수
n_hidden_1 = 5L          # 계층 1 특징 수
n_hidden_2 = 5L          # 계층 2 특징 수
n_input = 5L             # 특성 5개
n_classes = 1L           # 이진 클래스

# 모델 매개변수
learning_rate = 0.001
training_epochs = 10000
```

3. 다음 단계로 최적화를 실행할 그래프를 준비한다. 그래프를 만들기 전에 다음 명령으로 그래프를 리셋한다.

```
# 그래프 초기화
tf$reset_default_graph( )
```

4. 나아가 인터랙티브 세션을 시작해서 세션 대 세션 객체를 참조하지 않고도 변수를 실행할 수 있게 만든다.

```
# 인터랙티브 세션 시작
```

```
sess<-tf$InteractiveSession()
```

5. 다음 스크립트는 그래프 입력 변수를 정의한다(독립 변수 x, 종속 변수 y). 입력 특징 x는 모델의 입력 값이므로 상수로 정의한다. 유사하게 결과 변수 y도 float32 형식의 상수로 정의한다.

```
# 그래프 입력 값
x = tf$constant(unlist(occupancy_train[,xFeatures]),
    shape=c(nRow, n_input), dtype=np$float32)
y = tf$constant(unlist(occupancy_train[,yFeatures]),
    dtype="float32", shape=c(nRow, 1L))
```

6. 이제 2계층 은닉 계층이 있는 다층 퍼셉트론 모델을 만든다. 두 은닉 계층 모두 ReLU 활성화 함수를 이용하며, 출력 계층은 선형 활성화 함수를 이용한다. 가중치와 편향은 최적화 과정에서 최적화할 것이므로 변수로 정의했다. 초깃 값은 정규 분포에서 랜덤하게 선택했다. 다음 스크립트를 사용해 은닉 계층 의 가중치와 편향을 초기화한 후 저장하고, 다층 퍼셉트론 모델을 생성한다.

```
# 은닉 계층 가중치와 편향 초기화, 저장
weights = list(
    "h1" = tf$Variable(tf$random_normal(c(n_input, n_hidden_1))),
    "h2" = tf$Variable(tf$random_normal(c(n_hidden_1, n_hidden_2))),
    "out" = tf$Variable(tf$random_normal(c(n_hidden_2, n_classes)))
)biases = list(
    "b1" = tf$Variable(tf$random_normal(c(1L,n_hidden_1))),
    "b2" = tf$Variable(tf$random_normal(c(1L,n_hidden_2))),
    "out" = tf$Variable(tf$random_normal(c(1L,n_classes)))
)

# 모델 생성
multilayer_perceptron <- function(x, weights, biases){
```

```
# ReLU 활성화 함수 은닉 계층
layer_1 = tf$add(tf$matmul(x, weights[["h1"]]), biases[["b1"]])
layer_1 = tf$nn$relu(layer_1)
# ReLU 활성화 함수 은닉 계층
layer_2 = tf$add(tf$matmul(layer_1, weights[["h2"]]),
        biases[["b2"]])
layer_2 = tf$nn$relu(layer_2)
# 선형 활성화 함수 출력 계층
out_layer = tf$matmul(layer_2, weights[["out"]]) + biases[["out"]]
return(out_layer)
}
```

7. 이제 초기화한 가중치와 편향을 사용해 모델을 구성한다.

```
pred = multilayer_perceptron(x, weights, biases)
```

8. 다음으로 cost(손실 함수)와 optimizer(최적화 함수)를 정의한다.

```
# 손실과 최적화 정의
cost = tf$reduce_mean(tf$nn$sigmoid_cross_entropy_with_logits(
    logits=pred, labels=y))
optimizer = tf$train$AdamOptimizer(learning_rate=
    learning_rate)$minimize(cost)
```

9. 예시의 신경망은 크로스엔트로피를 손실 함수로 사용한다. 0.001의 학습률로 손실 함수가 경사 하강 최적화 함수(Adam)에 전달된다. 최적화를 실행하기 전에 다음과 같이 전역 변수를 초기화한다.

```
# 전역 변수 초기화
init = tf$global_variables_initializer()
sess$run(init)
```

10. 전역 변수와 손실 함수, 최적화 함수를 초기화한 후 훈련 데이터셋으로 학습을
    시작하자.

```
# 훈련 반복
for(epoch in 1:training_epochs){
    sess$run(optimizer)
    if (epoch %% 20== 0)
        cat(epoch, "-", sess$run(cost), "n")
}
```

예제 분석

예시 모델의 성능을 AUC로 평가해보자.

```
# 훈련 데이터 성능
library(pROC)
ypred <- sess$run(tf$nn$sigmoid(multilayer_perceptron(x, weights, biases)))
roc_obj <- roc(occupancy_train[, yFeatures], as.numeric(ypred))

# 검증 데이터 성능
nRowt<-nrow(occupancy_test)
xt <- tf$constant(unlist(occupancy_test[, xFeatures]), shape=c(nRowt,
    nFeatures), dtype=np$float32)
ypredt <- sess$run(tf$nn$sigmoid(multilayer_perceptron(xt, weights,
    biases)))
roc_objt <- roc(occupancy_test[, yFeatures], as.numeric(ypredt))
```

pROC 패키지의 plot.auc 함수로 AUC를 시각화할 수 있다. 다음 그림은 시각화 결과
를 보여준다. 훈련과 검증 데이터의 결과가 서로 상당히 유사하다.

```
plot.roc(roc_obj, col = "green", lty=2, lwd=2)
```

```
plot.roc(roc_objt, add=T, col="red", lty=4, lwd=2)
```

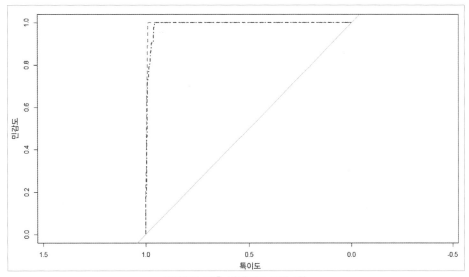

텐서플로 다층 퍼셉트론 모델 성능

예제 분석

인공 신경망은 뇌의 구조에서 영감을 받았다. 하지만 실제 뇌에는 천억 개 가량의 뉴런이 있고, 각 뉴런은 다른 만 개의 뉴런과 연결돼 있다. 인공 신경망은 90년대 초에 개발됐지만 계산과 알고리즘의 한계 때문에 심층적 구조를 만드는 데 어려움을 겪었다.

빅데이터, 계산 자원(예를 들어 GPU), 알고리즘의 발전 덕분에 딥러닝이란 개념이 나타났고, 텍스트, 이미지, 오디오를 비롯한 다양한 데이터의 좀 더 깊은 구조를 파악할 수 있게 됐다.

- **딥러닝 트렌드** 딥러닝은 기술 발전에 힘입어 발달한 인공 신경망 구조다. 딥러닝이 인공지능 분야에서 지배적인 영역으로 발전할 수 있었던 주요 원인

은 다음과 같다.

- **계산력** 무어의 법칙은 하드웨어의 발전 속도가 매년 2배 증가한다고 말한다. 무어의 법칙이 지속적으로 지켜져 온 까닭에 더 많은 계층과 더 큰 데이터를 시간제한 안에서도 학습시킬 수 있게 됐다.

- **저장장치와 발전된 압축 알고리즘** 압축 알고리즘의 발전과 저렴한 저장장치 덕분에 큰 모델을 저장할 수 있게 됐다. 따라서 이미지, 텍스트, 오디오, 비디오 형식 실시간 데이터에 초점을 두는 모델 구현이 가능해졌다.

- **확장성** 간단한 컴퓨터에서 데이터센터로 확장하는 능력과 GPU 장치의 효과 덕분에 딥러닝 모델을 훨씬 빠르게 학습시킬 수 있게 됐다.

- **딥러닝 구조** CNN 등의 새로운 구조 덕분에 강화 학습으로 학습 가능한 문제의 영역이 확장됐고, 학습률을 높일 수 있게 됐다.

- **크로스플랫폼 프로그래밍** 다양한 플랫폼에서 동일하게 작동하는 아키텍처에서 프로그래밍하고 모델을 만들 수 있게 됐다. 따라서 사용자 집단이 상당히 커졌으며, 딥러닝 분야가 급격하게 발전했다.

- **전이 학습(Transfer Learning)** 미리 학습된 모델을 재사용할 수 있게 됐고, 나아가 학습 시간을 상당히 줄여줬다.

03

콘볼루션 신경망

3장에서 다루는 내용은 다음과 같다.

- 이미지 데이터셋 다운로드와 설정
- CNN 분류기 구조 이해
- 가중치와 편향 초기화 함수 정의
- 새 콘볼루션 계층 생성 함수 정의
- 콘볼루션 계층 평탄화 함수 정의
- 완전 연결 계층 평탄화 함수 정의
- 플레이스홀더 변수 정의
- 첫 번째 콘볼루션 계층 생성
- 두 번째 콘볼루션 계층 생성

- 두 번째 콘볼루션 계층 평탄화

- 첫 번째 완전 연결 계층 생성

- 첫 번째 완전 연결 계층의 드롭아웃 적용

- 드롭아웃을 사용한 두 번째 완전 연결 계층 생성

- 소프트맥스 활성화를 사용한 클래스 예측

- 최적화를 위한 손실 함수 정의

- 경사 하강 손실 최적화

- 텐서플로 세션에서의 그래프 실행

- 검증 데이터상 성능 평가

▌ 소개

콘볼루션 신경망^{CNN, Convolution neural network}은 이미지 인식과 자연어 처리 기반 분류 모델에 주로 사용되는 딥러닝 신경망의 일종이다.

> CNN은 LeNet와 유사한 구조를 계승한다. LeNet은 주로 숫자, 우편번호 등의 문자를 인식하게 개발됐다. 일반적 인공 신경망과 달리 CNN은 3차원 공간(너비, 깊이, 높이)에 배열된 뉴런 계층으로 구성된다. 각 계층은 2차원 이미지를 3차원 입력 볼륨으로 변환한다. 다음으로 뉴런 활성화를 통해 입력 볼륨을 3차원 출력 볼륨으로 변환한다.

CNN은 주로 3가지 주요 활성화 계층 클래스인 콘볼루션 계층 ReLU, 풀링^{pooling} 계층, 완전 연결^{fully-connected} 계층으로 구성된다. 콘볼루션 계층은 입력 벡터(이미지)로부터 특징(픽셀 간의 공간적 관계)을 추출해 가중치(그리고 편향)와의 내적(dot product는 벡터 간 inner product를, inner product는 좀 더 보편적인 행렬 간 내적을 의미한다 - 옮긴이)을 구한 후 저장한다. 저장한 값을 다음 단계의 처리에 사용한다.

콘볼루션 다음에는 ReLU^{Rectified Linear Unit}를 사용해 연산을 비선형적으로 만든다.

비선형화에 이용하는 연산은 각 콘볼루션 특징 맵에 적용하는 원소 단위 연산이다(예로 한계 값 함수, 시그모이드, tanh가 있다). 다음 단계로 풀링 계층(최댓값, 평균, 합 등 연산)을 사용해 정보 손실을 최소화하면서 각 특징 맵 차원을 축소^{reduce}시킨다. 이 차원 축소 연산을 통해 오버피팅을 조정하고 신경망이 작은 왜곡이나 변환에 더 견고^{robust}하게 만든다. 그다음으로 풀링 계층의 결과 값을 전통적 다층 퍼셉트론(또는 완전 연결 계층)에 연결한다. 퍼셉트론 계층에서는 분류 기반 CNN 모델을 만들 때 소프트맥스 혹은 SVM 등의 활성화 함수를 이용한다.

3장에서는 R 텐서플로를 사용해 이미지 분류용 CNN을 만드는 데 초점을 둔다. 3장에서는 전형적인 CNN의 개요를 다루지만, 다른 목적으로 CNN을 사용한다면 필요에 따라 매개변수를 변형하는 것이 좋다.

▌ 이미지 데이터셋 다운로드와 설정

이 절에서는 CIFAR-10 데이터셋을 사용해 이미지 분류용 CNN을 만든다. CIFAR-10 데이터셋은 각 6,000개 이미지의 10개 클래스로 분류한 32×32 픽셀 이미지 60,000개로 이뤄져 있다. CIFAR-10은 또다시 각 10,000개 이미지로 구성된 훈련 배치 5개와 테스트 배치 1개로 나뉜다.

각 클래스에서 이미지를 무작위로 1,000개씩 뽑아 테스트 배치를 구성했다. 훈련 배치에는 나머지 이미지가 순서에 무관하게 들어있다. 그러나 훈련 배치 몇 개에는 특정 클래스의 이미지가 더 많다. 훈련 배치를 합치면 각 클래스의 이미지가 5,000개씩 들어있다. 결과 클래스는 10개며, 비행기, 자동차, 새, 고양이, 사슴, 개, 개구리, 말, 배, 트럭으로 구성된다. 각 클래스는 완전히 상호배타적이다. 그리고 각 데이터셋의 형식은 다음과 같다.

- **첫 번째 열** 10개 클래스의 라벨: airplane, automobile, bird, cat, deer, dog, frog, horse, ship, truck

- **다음 1024개 열** 0부터 255까지 범위의 빨강 픽셀
- **다음 1024개 열** 0부터 255까지 범위의 초록 픽셀
- **다음 1024개 열** 0부터 255까지 범위의 파랑 픽셀

준비

이 절의 내용을 실행하려면 `data.tabl`과 `imager` 등의 R 패키지와 R이 필요하다.

예제 구현

1. R을 실행한 후(Rstudio나 도커를 활용) 필요 패키지를 불러온다.
2. http://www.cs.toronto.edu/~kriz/cifar.html에서 바이너리 형식 데이터셋을 직접 다운로드하거나 다음 함수로 R 환경 내에서 데이터를 다운로드한다. 다음 함수는 작업 디렉토리 혹은 다운로드된 데이터셋의 경로를 입력 매개변수로 사용한다(data_dir).

```
# 바이너리 파일 다운로드
download.cifar.data <- function(data_dir) {
    dir.create(data_dir, showWarnings = FALSE)
    setwd(data_dir)
    if (!file.exists('cifar-10-binary.tar.gz')){
        download.file(url='http://www.cs.toronto.edu/
            ~kriz/cifar-10-binary. tar.gz',
            destfile='cifar-10-binary.tar.gz', method='wget')
        untar("cifar-10-binary.tar.gz")          # 압축 해제
        file.remove("cifar-10-binary.tar.gz")   # 압축 파일 삭제
    }
    setwd("..")
}
```

```
# 데이터 다운로드
download.cifar.data(data_dir="Cifar_10/")
```

3. 데이터셋 다운로드와 압축 해제가 끝나면 R 환경에서 데이터셋을 훈련과 검증
   데이터셋으로 나눠 읽어온다. 다음 함수는 훈련과 검증 배치 데이터셋의 파일
   이름(filenames)과 각 배치 파일당 불러올 이미지 수(num.images)를 입력 매개
   변수로 받는다.

```
# cifar 데이터 읽기
read.cifar.data <- function(filenames,num.images){
    images.rgb <- list()
    images.lab <- list()
    for (f in 1:length(filenames)) {
        to.read <- file(paste("Cifar_10/",filenames[f], sep=""), "rb")
        for(i in 1:num.images) {
            l <- readBin(to.read, integer(), size=1, n=1, endian="big")
            r <- as.integer(readBin(to.read, raw(), size=1, n=1024,
                endian="big"))
            g <- as.integer(readBin(to.read, raw(), size=1, n=1024,
                endian="big"))
            b <- as.integer(readBin(to.read, raw(), size=1, n=1024,
                endian="big"))
            index <- num.images * (f-1) + i
            images.rgb[[index]] = data.frame(r, g, b)
            images.lab[[index]] = l+1
        }
        close(to.read)
        cat("completed :", filenames[f], "\n")
        remove(l,r,g,b,f,i,index, to.read)
    }
    return(list("images.rgb"=images.rgb,"images.lab"=images.lab))
}
```

```
# 훈련 데이터셋
cifar_train <- read.cifar.data(filenames =
        c("data_batch_1.bin","data_batch_2.bin",
        "data_batch_3.bin","data_ba tch_4.bin", "data_batch_5.bin"))
images.rgb.train <- cifar_train$images.rgb
images.lab.train <- cifar_train$images.lab
rm(cifar_train)

# 검증 데이터셋
cifar_test <- read.cifar.data(filenames = c("test_batch.bin"))
images.rgb.test <- cifar_test$images.rgb
images.lab.test <- cifar_test$images.lab
rm(cifar_test)
```

4. 위 함수는 각 이미지마다 라벨과 빨강, 초록, 파랑 픽셀 데이터프레임 리스트
   를 출력한다. 다음 함수를 사용해 데이터를 데이터프레임 2개(입력, 출력 각
   1개씩)로 평탄화flatten하자. 매개변수는 입력 변수 리스트(x_listdata)와 출력
   변수 리스트(y_listdata) 두 가지다.

```
# 데이터 평탄화 함수
flat_data <- function(x_listdata,y_listdata){

    # 입력 x 변수 평탄화
    x_listdata <- lapply(x_listdata,function(x){unlist(x)})
    x_listdata <- do.call(rbind,x_listdata)

    # 출력 y 변수 평탄화
    y_listdata <- lapply(y_listdata,function(x){a=c(rep(0,10));
        a[x]=1; return(a)})
    y_listdata <- do.call(rbind,y_listdata)

    # 평탄화 후 x y 변수 리턴
    return(list("images"=x_listdata, "labels"=y_listdata))
}
```

```
# 평탄화 훈련과 검증 데이터셋 생성
train_data <- flat_data(x_listdata = images.rgb.train, y_listdata =
    images.lab.train)
test_data <- flat_data(x_listdata = images.rgb.test, y_listdata =
    images.lab.test)
```

5. 입력, 출력 훈련과 검증 데이터프레임 리스트 생성 후 이미지와 라벨을 연결해서 그려 이미지가 제대로 변환됐는지 확인해보자. 다음 함수는 강제 매개변수 2개(index: 이미지 행 번호, images.rgb: 평탄화 입력 데이터셋)와 임의 매개변수 1개(images.lab: 평탄화 출력 데이터셋)를 사용한다.

```
labels <- read.table("Cifar_10/batches.meta.txt")

# 사진과 라벨 정상성 확인 함수
drawImage <- function(index, images.rgb, images.lab=NULL) {
  require(imager)

  # 파싱 테스트: 각 색 계층을 행렬로 변환
  # rgb 객체로 변환 후 그림으로 표시
  img <- images.rgb[[index]]
  img.r.mat <- as.cimg(matrix(img$r, ncol=32, byrow = FALSE)
  img.g.mat <- as.cimg(matrix(img$g, ncol=32, byrow = FALSE)
  img.b.mat <- as.cimg(matrix(img$b, ncol=32, byrow = FALSE))
  img.col.mat <- imappend(list(img.r.mat,img.g.mat,img.b.mat),"c")

  # 색 채널 3개 합치기
  # 라벨 추출
  if(!is.null(images.lab)){
      lab = labels[[1]][images.lab[[index]]]
  }

  # 그림, 라벨 출력
  plot(img.col.mat,main=paste0(lab,":32x32 size",sep=" "),xaxt="n")
  axis(side=1, xaxp=c(10, 50, 4), las=1)
```

```
        return(list("Image label" =lab,"Image description" =img.col.mat))
    }

    # 훈련 데이터셋에서 무작위 이미지를 뽑아 라벨과 함께 그림
    drawImage(sample(1:50000, size=1), images.rgb.train,
            images.lab.train)
```

6. 이제 미니맥스$^{min-max, minimax}$ 표준화 기법으로 입력 데이터를 변환시키자. 패키지의 **preProcess** 함수를 정규화에 이용한다. 메소드의 **"range"** 옵션으로 다음과 같이 미니맥스 정규화를 수행한다.

```
# 데이터 정규화 함수
Require(caret)
normalizeObj<-preProcess(train_data$images, method="range")
train_data$images<-predict(normalizeObj, train_data$images)
test_data$images <- predict(normalizeObj, test_data$images)
```

예제 분석

위 과정을 자세히 살펴보자. **2단계**에서는 CIFAR-10 데이터셋이 주어진 경로나 작업 디렉토리에 없을 경우에 대비해 링크에서 데이터셋을 다운로드했다. **3단계**에서는 압축 해제된 파일을 훈련과 검증 데이터셋으로 R 환경에 불러왔다. 훈련 데이터셋은 50,000개 이미지와 라벨 리스트며, 검증 데이터셋은 10,000개 이미지와 라벨 리스트다. 다음으로 **4단계**에서는 훈련과 검증 데이터셋을 데이터프레임 리스트 2개로 평탄화했다. 입력 변수(이미지)의 길이는 3072(빨강 1024, 초록 1024, 파랑 1024)이며, 출력 변수(라벨)의 길이는 10(각 클래스마다 이진수)이다. **5단계**에서는 훈련과 검증 데이터셋의 그림을 생성해 데이터셋이 제대로 불러왔는지 확인했다. 다음 그림은 훈련 이미지 6개와 각 이미지의 라벨을 보여준다. 마지막으로 **6단계**에서 입력 데이터를 미니맥스 표준화 기법으로 변환했다. 다음 그림에서 CIFAR-10 데이터셋의 범주 예를 볼 수 있다.

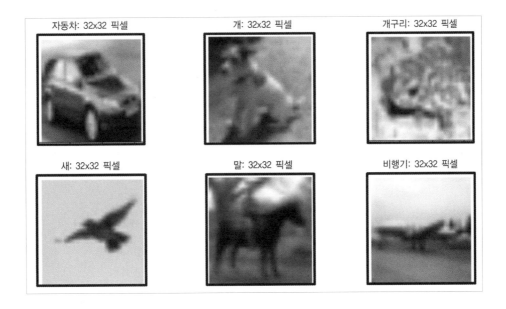

자동차: 32x32 픽셀   개: 32x32 픽셀   개구리: 32x32 픽셀

새: 32x32 픽셀   말: 32x32 픽셀   비행기: 32x32 픽셀

참고 사항

다음은 이 책의 참고 문헌 중 하나다.

Learning Multiple Layers of Features from Tiny Images, Alex Krizhevsky, 2009
(http://www.cs.toronto.edu/~kriz/learning-features-2009-TR.pdf)

▌ CNN 분류기 구조 이해

3장의 CNN 분류기는 2계층 콘볼루션 계층 뒤에 2계층 완전 연결 계층이 연결된 구조다. 해당 신경망의 계층들 중 마지막 완전 연결 계층이 소프트맥스 활성화 함수를 사용하는 분류기로 작동한다.

준비

이 절의 내용을 실행하려면 CIFAR-10 데이터셋이 필요하다. 따라서 CIFAR-10 데이터셋을 다운로드한 후 R 환경에 불러와야 한다. 이미지 크기는 32×32 픽셀이어야 한다.

예제 구현

CNN 분류기를 다음과 같이 설정하자.

1. 각 입력 이미지(CIFAR-10)는 32×32 픽셀 크기며, 10개 클래스 중 하나의 라벨이 붙어있다.

```
# CIFAR 이미지는 32x32 크기
img_width = 32L
img_height = 32L

# 배열 구조 변경을 위한 이미지 너비와 높이 튜플
img_shape = c(img_width, img_height)

# 클래스 개수. 각 이미지는 그중 하나의 클래스를 가진다.
num_classes = 10L
```

2. CIFAR-10 데이터셋 이미지는 채널이 3개(빨강, 초록, 파랑)다.

```
# 이미지의 색 채널 수. 빨강, 초록, 파랑 3개
num_channels = 3L
```

3. 이미지는 다음 길이(img_size_flat)의 1차원 배열에 저장한다.

```
# 해당 길이의 1차원 배열에 이미지 저장
img_size_flat = img_width * img_height * num_channels
```

4. 첫 번째 콘볼루션 계층의 필터 크기(너비×높이)는 5×5(filter_size1) 픽셀이며, 필터 깊이(수)는 64(num_filters1)다.

```
# 첫 번째 콘볼루션 계층
filter_size1 = 5L
num_filters1 = 64L
```

5. 두 번째 콘볼루션 계층의 필터 크기와 깊이는 첫 번째 콘볼루션 계층과 같다.

```
# 두 번째 콘볼루션 계층
filter_size2 = 5L
num_filters2 = 64L
```

6. 첫 번째 완전 연결 계층의 출력도 두 번째 완전 연결 계층의 입력과 같다.

```
# 완전 연결 계층
fc_size = 1024L
```

예제 분석

1단계는 입력 이미지의 차원을 보여주고, 2단계는 입력이미지의 특성을 보여준다. 모든 입력 이미지는 콘볼루션 계층 내의 4, 5단계에서 정의한 필터 집합을 사용해 처리한다. 첫 번째 콘볼루션 계층은 64개(집합 필터당 하나씩) 이미지 집합을 산출한다. 나아가 이미지 해상도도 반으로 줄어든다(2×2 최댓값 풀링에 따라). 정확히는 32×32 픽셀에서 16×16 픽셀로 변한다.

두 번째 콘볼루션 계층은 이 이미지 64개를 받아 해상도가 더 줄어든 새 이미지 64개를 출력한다. 결과 해상도는 8×8 픽셀(다시 2×2 최댓값 풀링에 따라)이다. 두 번째 콘볼루션 계층에서는 총 64×64 = 4096개 필터를 생성한다. 생성된 필터는 차례로 콘볼루션을 통해 결과 이미지(혹은 채널) 64개로 변환된다. 이 이미지 64개가 입력 이미지 하나에 상응한다는 점을 떠올려보자.

그리고 3단계에서 정의한 것처럼 이 8×8 픽셀 이미지 64개는 4096(8×8×64) 길이의 단일 벡터로 변환된다. 차례로 이 단일 벡터를 6단계에서 정의한 것처럼 완전 연결 계층의 입력으로 사용한다. 이 4096개 원소 단일 벡터를 1024 뉴런으로 구성된 첫 번째 완전 연결 계층에 입력한다. 출력 뉴런의 값을 다시 10개 뉴런으로 구성된 두 번째 완전 연결 계층에 입력한다. 이 10개 뉴런은 각 클래스 라벨을 표현하며, 이미지의 최종 클래스 판별에 사용한다.

먼저 콘볼루션과 완전 연결 계층의 가중치를 끝(분류 단계)까지 무작위로 초기화한다. 이때 분류 오차를 실제 클래스와 예측 클래스의 차이에 기반을 두고 계산한다(이 방식을 크로스엔트로피라 부른다).

다음으로 미분 연쇄 법칙을 사용한 최적화 함수가 오차를 콘볼루션망에 역전파한다. 이 과정에서 오차를 최소화하는 방향으로 각 계층(혹은 필터)의 가중치를 갱신한다. 정방향과 역방향 전달이 한 번씩 이뤄지면 반복이 한 번 진행된 것이다. 이러한 반복을 분류 오차가 충분히 작아질 때까지 수천 번 수행한다.

 보통 이러한 반복은 계산 효율 때문에 이미지 하나보다 이미지 배치(batch, 뭉치) 단위로 수행한다.

다음 그림은 3장의 CNN을 보여준다.

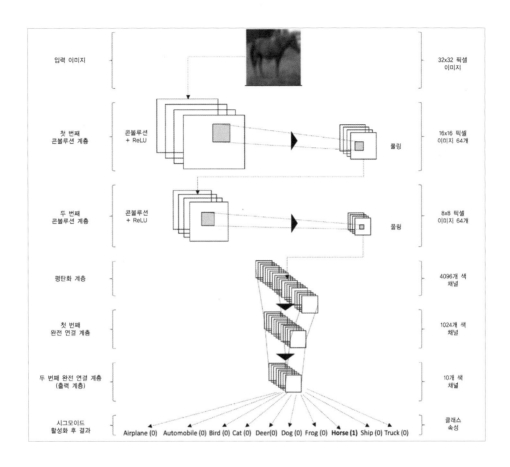

입력 이미지	32x32 픽셀 이미지
첫 번째 콘볼루션 계층	콘볼루션 + ReLU · 풀링 · 16x16 픽셀 이미지 64개
두 번째 콘볼루션 계층	콘볼루션 + ReLU · 풀링 · 8x8 픽셀 이미지 64개
평탄화 계층	4096개 색 채널
첫 번째 완전 연결 계층	1024개 색 채널
두 번째 완전 연결 계층 (출력 계층)	10개 색 채널
시그모이드 활성화 후 결과	클래스 속성

Airplane (0) Automobile (0) Bird (0) Cat (0) Deer(0) Dog (0) Frog (0) **Horse (1)** Ship (0) Truck (0)

▌ 가중치와 편향 초기화 함수 정의

심층 신경망을 최적화할 때 가중치와 편향을 빼놓을 수 없다. 여기서는 가중치와 편향을 자동으로 초기화하기 위해 함수 몇 개를 정의한다. 대칭성과 0값 경사를 방지하기 위해 가중치를 초기화할 때 약간의 잡음을 삽입하는 습관을 들일 필요가 있다. 또한 초기 편향을 작은 양의 값으로 두면 ReLU 활성화 뉴런에서 발생할 수 있는 초기 비휼성화를 피할 수 있다.

준비

가중치와 편향은 모델 컴파일 이전에 초기화해야 하는 모델 계수다. 그러려면 입력 데이터셋에 기초해 shape 매개변수를 결정해야 한다.

예제 구현

1. 다음 함수는 무작위로 초기화된 가중치를 리턴한다.

```
# 가중치 초기화
weight_variable <- function(shape) {
    initial <- tf$truncated_normal(shape, stddev=0.1)
    tf$Variable(initial)
}
```

2. 다음 함수는 상수 편향을 리턴한다.

```
bias_variable <- function(shape) {
    initial <- tf$constant(0.1, shape=shape)
    tf$Variable(initial)
}
```

예제 분석

위 함수들은 나중에 텐서플로 그래프에 이용할 텐서플로 변수를 리턴한다. shape는 콘볼루션 계층의 필터를 정의하는 특성 리스트로 정의한다. shape에 대해서는 다음 절에서 다룬다. 가중치는 표준 편차 0.1을 따라 무작위로 초기화하며, 편향은 상수 0.1로 초기화한다.

▍새 콘볼루션 계층 생성 함수 정의

CNN 텐서플로 계산 그래프를 만들려면 먼저 콘볼루션 계층을 만들어야 한다. 다음 함수는 최적화 시 사용할 텐서플로 그래프의 수식을 앞서 정의한다.

준비

입력 데이터셋을 정의하고 불러왔다. 이 절의 create_conv_layer 함수는 다음의 입력 매개변수 5개를 받으며, 콘볼루션 계층을 설정하는 동안 정의해둬야 한다.

- **Input** 입력(이미지)과 각 이미지의 높이(여기서는 32L), 너비(32L), 채널 수(3L: 빨강, 초록, 파랑)의 4차원 텐서(리스트)
- **Num_input_channels** 첫 번째 콘볼루션 계층에서는 색 채널 수로, 나머지 콘볼루션 계층에서는 필터 채널 수로 정의
- **Filter_size** 콘볼루션 계층 내의 각 필터 너비와 높이. 여기서는 사각형 필터를 가정한다.
- **Num_filters** 주어진 콘볼루션 계층의 필터 수
- **Use_pooling** 2×2 최댓값 풀링에 사용하는 바이너리 변수

예제 구현

1. 다음 함수를 실행해 새 콘볼루션 계층을 만든다.

```
# 새 콘볼루션 계층 생성
create_conv_layer <- function(input,
        num_input_channels,
        filter_size,
        num_filters,
        use_pooling=True)
```

```
{
    # 콘볼루션 필터 가중치의 모양
    shape1 = shape(filter_size, filter_size, num_input_channels,
            num_filters)

    # 새 가중치 생성
    weights = weight_variable(shape=shape1)

    # 새 편향 생성
    biases = bias_variable(shape=shape(num_filters))

    # 콘볼루션 텐서플로 연산 생성
    layer = tf$nn$conv2d(input=input,
            filter=weights,
            strides=shape(1L, 1L, 1L ,1L),
            padding="SAME")

    # 콘볼루션 결과에 편향 더하기
    layer = layer + biases

    # 풀링(이항 플래그)으로 이미지 해상도 축소
    if(use_pooling){
        layer = tf$nn$max_pool(value=layer,
                ksize=shape(1L, 2L, 2L, 1L),
                strides=shape(1L, 2L, 2L, 1L),
                padding='SAME')
    }

    # ReLU로 비선형성 부여
    layer = tf$nn$relu(layer)

    # 계층과 갱신된 가중치 리턴
    return(list("layer" = layer, "weights" = weights))
}
```

2. 다음 함수를 실행해 콘볼루션 계층의 그림을 생성한다.

```
drawImage_conv <- function(index, images.bw,
        images.lab=NULL,par_imgs=8) {
    require(imager)
    img <- images.bw[index,,,]
    n_images <- dim(img)[3]
    par(mfrow=c(par_imgs,par_imgs), oma=c(0,0,0,0),
        mai=c(0.05,0.05,0.05,0.05),ann=FALSE,ask=FALSE)
    for(i in 1:n_images){
        img.bwmat <- as.cimg(img[,,i])

        # 라벨 추출
        if(!is.null(images.lab)){
            lab = labels[[1]][images.lab[[index]]]
        }

        # 그림 생성과 라벨 출력
        plot(img.bwmat,axes=FALSE,ann=FALSE)
    }
    par(mfrow=c(1,1))
}
```

3. 다음 함수를 실행해 콘볼루션 계층 가중치의 그림을 생성한다.

```
drawImage_conv_weights <- function(weights_conv, par_imgs=8) {
    require(imager)
    n_images <- dim(weights_conv)[4]
    par(mfrow=c(par_imgs,par_imgs), oma=c(0,0,0,0),
        mai=c(0.05,0.05,0.05,0.05),ann=FALSE,ask=FALSE)
    for(i in 1:n_images){
        img.r.mat <- as.cimg(weights_conv[,,1,i])
        img.g.mat <- as.cimg(weights_conv[,,2,i])
        img.b.mat <- as.cimg(weights_conv[,,3,i])
        img.col.mat <-
                imappend(list(img.r.mat,img.g.mat,img.b.mat),"c")
```

```
        # 세 채널을 이미지 하나로 합성
        # 그림 생성과 라벨 출력
        plot(img.col.mat,axes=FALSE,ann=FALSE)
    }
    par(mfrow=c(1,1))
}
```

예제 분석

위 함수는 먼저 모양 텐서$^{shape\ tensor}$를 만든다. 모양 텐서는 필터의 너비, 높이, 입력 채널 수, 총 필터 수의 정수 4개로 이뤄진 리스트다. 이 모양 텐서로 각 필터마다 정의한 모양에 따라 새 가중치 텐서를 초기화하고, 새 (상수) 편향 텐서를 만들자.

가중치와 편향 초기화가 끝나면 **tf\$nn\$conv2d** 함수로 텐서플로 콘볼루션 연산을 만든다. 지금은 4차원 모두 스트라이드^{stride} 값을 1로 설정하고, 패딩^{padding}을 **SAME**으로 설정했다. 처음과 마지막 차원의 스트라이드 값은 원래 1로 설정돼 있지만, 가운데 2개 차원에서는 더 높은 스트라이드 값을 설정할 수 있다. 스트라이드 값은 필터 행렬이 입력(이미지) 행렬 위로 '건너뛰어' 이동하는 픽셀 수를 가리킨다.

스트라이드 값이 3이면 각 필터 이동 때마다 x나 y축을 따라 3픽셀만큼 이동한다. 스트라이드 값이 작으면 특징 맵이 커지며, 따라서 결과 값이 수렴하기까지 계산이 더 많이 필요해진다. 패딩이 **SAME**으로 설정돼 있으므로 입력(이미지) 행렬의 가장자리에 0을 붙여 넣어 가장자리 원소들에 필터를 적용할 수 있게 만든다. 이런 방법으로 결과 행렬(특징 맵)의 크기를 입력 행렬과 동일하게 조절할 수 있다.

콘볼루션 시 각 필터 채널에 편향을 더하고 풀링을 수행해 오버피팅을 방지한다. 여기서는 2×2 최댓값 풀링(**tf\$nn\$max_pool**을 사용)으로 이미지 해상도를 축소한다. 정확히 2×2 크기(**ksize**)의 창을 사용해 각 창의 최댓값을 선정한다. 각 창은 x 혹은 y축을 따라 2 픽셀만큼 건너뛴다(**strides**).

풀링 시 ReLU 활성화 함수(tfnnrelu)를 사용해 계층에 비선형성을 도입한다. ReLU 는 필터 내의 모든 픽셀을 활성화하며, 이때 max(x,0) 함수(x가 픽셀 값)로 모든 음수 값을 0으로 변경한다. 일반적으로는 풀링 전에 ReLU 활성화를 수행한다. 그러나 여기 서는 최댓값 풀링을 사용하므로 ReLU의 순서가 결과에 큰 영향을 미치지 않는다. relu(max_pool(x))와 max_pool(relu(x))가 동일하기 때문이다. 따라서 ReLU를 풀 링 후에 수행해 ReLU 연산을 많이(75%까지) 줄일 수 있다.

마지막으로 콘볼루션 계층과 해당 가중치 리스트를 리턴한다. 콘볼루션 계층은 다음 과 같은 특성을 띠는 4차원 텐서다.

- (입력) 이미지 수. input과 같다.
- 각 이미지 높이(2×2 최댓값 풀링 후 반으로 축소)
- 각 이미지 너비(2×2 최댓값 풀링 후 반으로 축소)
- 각 콘볼루션 필터당 생성된 채널 수

▌ 콘볼루션 계층 평탄화 함수 정의

새로 생성한 콘볼루션 계층의 4차원 결과 값을 2차원 계층으로 평탄화해 완전 연결 다층 퍼셉트론에 입력할 수 있게 만든다.

준비

이 절에서는 딥러닝 모델을 만들기 전에 콘볼루션 계층을 평탄화하는 방법을 설명한 다. 주어진 함수(flatten_conv_layer)의 입력 값은 이전 계층에 기반을 두고 정의된 4차원 콘볼루션 계층이다.

예제 구현

1. 다음 함수로 콘볼루션 계층을 평탄화한다.

```
flatten_conv_layer <- function(layer){

    # 입력 계층 모양 추출
    layer_shape = layer$get_shape()

    # 특징 수를 높이 * 너비 * 채널 수로 계산
    num_features =   prod(c(layer_shape$as_list()[[2]],
            layer_shape$as_list()[[3]],
            layer_ shape$as_list()[[4]]))

    # 계층 모양을 [num_images, num_features]로 변형
    Layer_flat = tf$reshape(layer, shape(-1, num_features))

    # 평탄화 계층과 특징 수를 리턴
    return(list("layer_flat"=layer_flat,
            "num_features"=num_features))
}
```

예제 분석

먼저 입력 계층의 모양을 추출한다. 이전 절의 내용에 따라 입력 계층의 모양은 이미지 수, 높이, 너비, 이미지 내의 색 채널 수라는 정수 4개로 구성된다. 다음으로 이미지 높이와 가중치, 색 채널 수를 내적해 특징 수(num_features)를 구한다.

차례로 입력 계층을 2차원 텐서(tf$reshape를 사용)로 평탄화하거나 변형한다. 첫 번째 차원은 -1(총 이미지 수와 동일)로 설정하고, 두 번째 차원은 특징 수로 설정한다.

마지막으로 평탄화 계층과 총 (입력) 특징 수를 리턴한다.

▌ 완전 연결 계층 평탄화 함수 정의

CNN의 후반부는 일반적으로 소프트맥스 활성화 출력 계층을 사용한 완전 연결 다층 퍼셉트론으로 구성된다. 이제 콘볼루션과 평탄화를 거친 계층의 각 뉴런을 다음 (완전 연결) 계층의 각 뉴런에 연결한다.

 완전 연결 계층은 콘볼루션과 풀링 단계에서 생성한 특징을 사용해 입력 이미지를 다양한 결과 클래스(여기서는 10L)로 분류하는 것을 주목적으로 둔다. 생성한 특징들의 비선형적 조합으로 결과 클래스를 정의하는 방법도 학습할 수 있다.

준비

이 절의 함수(create_fc_layer)는 다음과 같은 입력 매개변수 4개를 받는다.

- **Input** 새 콘볼루션 계층 함수의 입력 값과 유사하다.
- **Num_inputs** 콘볼루션과 평탄화로 생성한 입력 특징 수다.
- **Num_outputs** 입력 뉴런에 완전 연결한 출력 뉴런 수다.
- **Use_relu** 이항 플래그로, 마지막 완전 연결 계층에서는 FALSE로 설정한다.

예제 구현

1. 다음 함수로 새 완전 연결 계층을 만든다.

```
# 새 완전 연결 계층 생성
create_fc_layer <- function(input,
      num_inputs,
      num_outputs,
      use_relu=True)
{
```

```
# 새 가중치와 편향 생성
weights = weight_variable(shape=shape(num_inputs, num_outputs))
biases = bias_variable(shape=shape(num_outputs))

# 입력 계층과 가중치 행렬 곱 연산 후 가중치 더하기
layer = tf$matmul(input, weights) + biases

# ReLU 사용 여부
if(use_relu){
    layer = tf$nn$relu(layer)
}
return(layer)
}
```

예제 분석

먼저 새 가중치와 편향을 초기화한다. 다음으로 초기화한 가중치와 입력 계층의 행렬 곱을 연산한 후 관련 편향을 더한다.

해당 완전 연결 계층이 CNN 텐서플로 그래프의 마지막 계층이 아니면 ReLU 비선형 활성화를 수행할 수 있다. 마지막으로 완전 연결 계층을 리턴한다.

▮ 플레이스홀더 변수 정의

텐서플로 계산 그래프 모듈의 입력으로 사용할 플레이스홀더 변수를 정의하자. 일반 적으로 다차원 배열이거나 텐서 행렬이다.

준비

플레이스홀더 변수의 자료형을 float32(tf$float32)로 설정하고, 모양을 2차원 텐서로 설정한다.

예제 구현

1. 입력 플레이스홀더 변수를 만들자.

```
x = tf$placeholder(tf$float32, shape=shape(NULL, img_size_flat),
    name='x')
```

NULL 값을 입력하면 크기가 결정되지 않은 배열을 사용할 수 있다.

2. 입력 플레이스홀더 x를 4차원 텐서로 변형한다.

```
x_image = tf$reshape(x, shape(-1L, img_size, img_size,
    num_channels))
```

3. 출력 플레이스홀더 변수를 만든다.

```
y_true = tf$placeholder(tf$float32, shape=shape(NULL, num_classes),
    name='y_true')
```

4. argmax 함수로 출력 값의 실제 클래스(true)를 얻자.

```
y_true_cls = tf$argmax(y_true, dimension=1L)
```

예제 분석

1단계로 입력 플레이스홀더 변수를 정의했다. 모양 텐서의 차원은 NULL과 img_size_flat이다. NULL은 원하는 이미지 수(행)를 정의하고, img_size_flat은 각 이미지의 입력 특징 길이(열)를 정의한다. 2단계로 입력 2차원 텐서를 4차원 텐서로 변형해 입력 콘볼루션 계층으로 사용 가능하게 만들었다. 차원 4개는 다음과 같다.

- 입력 이미지 수(현재 -1로 설정)
- 각 이미지 높이(이미지 크기 32L과 동일)
- 각 이미지 너비(마찬가지로 이미지 크기 32L과 동일)
- 각 이미지의 색 채널 수(현재 3L)

3단계로 x가 가리키는 이미지의 실제 클래스와 라벨을 저장할 출력 플레이스홀더 변수를 정의했다. 모양 텐서의 차원은 NULL과 num_classes다. NULL은 이전처럼 원하는 이미지 수(행)를 저장하고 num_classes는 각 이미지의 실제 클래스를 해당 길이의 이항 벡터로 정의한다. 예시의 클래스는 총 10개다. 4단계에서는 2차원 결과 플레이스홀더를 1부터 10까지 클래스 숫자의 1차원 텐서로 압축했다.

▌ 첫 번째 콘볼루션 계층 생성

첫 번째 콘볼루션 계층을 생성하자.

준비

다음은 '새 콘볼루션 계층 생성 함수 정의' 절에서 정의한 create_conv_layer 함수의 입력 매개변수다.

- **Input** 4차원 변형 입력 플레이스홀더 변수 x_image

- **Num_input_channels** 색 채널 수 num_channels
- **Filter_size** 필터 계층 높이와 너비 filter_size1
- **Num_filters** 필터 계층 깊이 num_filters1
- **Use_pooling** 이항 플래그 TRUE로 설정

예제 구현

1. 위 입력 매개변수로 create_conv_layer 함수를 실행한다.

```
# 첫 번째 콘볼루션 계층
conv1 <- create_conv_layer(input=x_image,
        num_input_channels=num_channels,
        filter_size=filter_size1,
        num_filters=num_filters1,
        use_pooling=TRUE)
```

2. 첫 번째 콘볼루션 계층의 layers(계층)를 추출한다.

```
layer_conv1 <- conv1$layer
conv1_images <- conv1$layer$eval(feed_dict = dict(
        x = train_data$images, y_true = train_data$labels))
```

3. 첫 번째 콘볼루션 계층의 최종 weights(가중치)를 추출한다.

```
weights_conv1 <- conv1$weights
weights_conv1 <- weights_conv1$eval(session=sess)
```

4. 첫 번째 콘볼루션 계층을 시각화한다.

```
drawImage_conv(sample(1:50000, size=1), images.bw = conv1_images,
        images.lab=images.lab.train)
```

5. 첫 번째 콘볼루션 계층의 가중치를 시작화한다.

```
drawImage_conv_weights(weights_conv1)
```

예제 분석

1, 2단계로 첫 번째 4차원 콘볼루션 계층을 만들었다. 첫 번째 차원(정해지지 않음)은 미리 정하지 않은 이미지 수를 나타내고, 두 번째와 세 번째 차원은 각각 콘볼루션을 거친 이미지의 높이(16 픽셀)와 너비(16 픽셀)를 나타낸다. 네 번째 차원은 각 콘볼루션 필터가 생성한 채널 수(64)를 가리킨다. 3, 5단계에서는 다음 스크린샷에서 볼 수 있듯이 콘볼루션 계층의 최종 가중치를 추출했다.

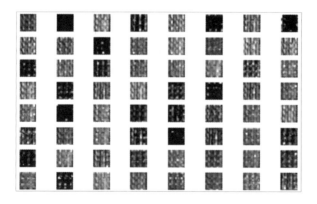

4단계에서는 다음 스크린샷처럼 첫 번째 콘볼루션 계층의 결과 값을 보여준다.

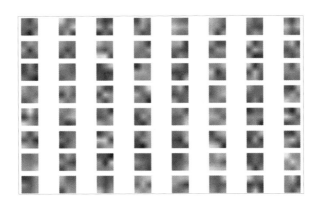

█ 두 번째 콘볼루션 계층 생성

두 번째 콘볼루션 계층을 생성하자.

준비

다음은 '새 콘볼루션 계층 생성 함수 정의' 절에서 정의한 create_conv_layer 함수의 매개변수다.

- **Input** 첫 번째 콘볼루션 계층 layer_conv1의 4차원 출력 값
- **Num_input_channels** 첫 번째 콘볼루션 계층의 필터 수 num_filters1
- **Filter_size** 필터의 높이와 너비 filter_size2
- **Num_filters** 필터의 깊이 num_filters2
- **Use_pooling** TRUE로 설정한 이항 플래그

예제 구현

1. 위 입력 매개변수로 create_conv_layer 함수를 실행한다.

```
# 두 번째 콘볼루션 계층
conv2 <- create_conv_layer(input=layer_conv1,
        num_input_channels=num_filters1,
        filter_size=filter_size2,
        num_filters=num_filters2,
        use_pooling=TRUE)
```

2. 두 번째 콘볼루션 계층의 계층을 추출한다.

```
layer_conv2 <- conv2$layer
conv2_images <- conv2$layer$eval(feed_dict = dict(
        x = train_data$images,
        y_true = train_data$labels))
```

3. 두 번째 콘볼루션 계층의 최종 가중치를 추출한다.

```
weights_conv2 <- conv2$weights
weights_conv2 <- weights_conv2$eval(session=sess)
```

4. 두 번째 콘볼루션 계층을 시각화한다.

```
drawImage_conv(sample(1:50000, size=1), images.bw = conv2_images,
        images.lab=images.lab.train)
```

5. 두 번째 콘볼루션 계층의 가중치를 시각화한다.

```
drawImage_conv_weights(weights_conv2)
```

예제 분석

1, 2단계로 4차원의 두 번째 콘볼루션 계층을 만들었다. 첫 번째 차원은 미리 정하지 않은 이미지 수를 나타내고, 두 번째와 세 번째 차원은 각각 콘볼루션을 거친 이미지의 높이(8 픽셀)와 너비(8 픽셀)를 나타낸다. 네 번째 차원은 각 콘볼루션 필터가 생성한 채널 수(64)를 가리킨다.

3, 5단계에서는 다음 스크린샷에서 볼 수 있듯이 콘볼루션 계층의 최종 가중치를 추출했다.

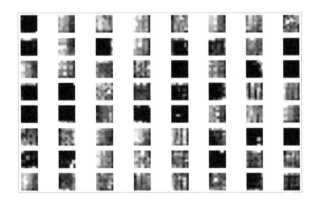

4단계에서는 다음 스크린샷처럼 두 번째 콘볼루션 계층의 결과 값을 보여준다.

실제 값	예측 값									
	1	2	3	4	5	6	7	8	9	10
1	582	36	50	28	55	22	22	29	117	59
2	46	598	9	30	24	24	13	24	38	194
3	62	18	348	100	177	96	89	63	20	27
4	21	25	80	368	88	211	83	66	21	37
5	29	17	106	80	439	74	119	103	19	14
6	17	17	80	211	70	416	65	89	12	23
7	5	23	66	87	89	64	594	41	6	25
8	23	32	49	89	106	82	41	520	11	47
9	108	67	14	29	37	17	11	19	632	66
10	41	151	12	48	16	27	24	56	63	562

▌두 번째 콘볼루션 계층 평탄화

앞 절에서 생성한 두 번째 콘볼루션 계층을 평탄화하자.

준비

다음은 '콘볼루션 계층 평탄화 함수 정의' 절에서 정의한 flatten_conv_layer 함수의 매개변수다.

- **Layer** 두 번째 콘볼루션 계층 layer_conv2의 출력 값이다.

예제 구현

1. 위 입력 매개변수를 사용해 flatten_conv_layer 함수를 실행한다.

```
flatten_lay <- flatten_conv_layer(layer_conv2)
```

2. 평탄화 계층을 추출한다.

```
layer_flat <- flatten_lay$layer_flat
```

3. 각 이미지마다 생성된 입력(특징) 수를 추출한다.

```
num_features <- flatten_lay$num_features
```

예제 분석

(두 번째) 콘볼루션 계층의 결과 값을 완전 연결 계층에 연결하기 전에 1단계에서 4차원 콘볼루션 계층을 2차원 텐서로 변형한다. 첫 번째 차원(정해지지 않음)은 미리 정하지 않은 이미지 수(행)를 나타내고, 두 번째 차원은 각 이미지마다 생성한 평탄화 특징 벡터(열)를 나타낸다. 벡터의 길이는 8×8×64 = 4096이다. 2, 3단계로 변형한 계층과 입력 특징의 차원을 검증한다.

█ 첫 번째 완전 연결 계층 생성

첫 번째 완전 연결 계층을 생성하자.

준비

다음은 '완전 연결 계층 평탄화 함수 정의' 절에서 정의한 create_fc_layer 함수의 매개변수다.

- **Input** 평탄화된 콘볼루션 계층 layer_flat
- **Num_inputs** 평탄화를 거쳐 생성한 특징 수 num_features
- **Num_outputs** 완전 연결 뉴런 결과 값 수 fc_size
- **Use_relu** 텐서에 비선형성을 도입하기 위한 이항 플래그로, TRUE로 설정

예제 구현

1. 위 입력 매개변수로 create_fc_layer 함수를 실행한다.

```
layer_fc1 = create_fc_layer(input=layer_flat,
```

```
        num_inputs=num_features,
        num_outputs=fc_size,
        use_relu=TRUE)
```

예제 분석

2차원 텐서를 출력하는 완전 연결 계층을 만든다. 첫 번째 차원(정해지지 않음)은 미리
정하지 않은 (입력) 이미지 수를 나타내고, 두 번째 차원은 결과 뉴런 수(이 경우 1024)
를 나타낸다.

▌ 첫 번째 완전 연결 계층의 드롭아웃 적용

완전 연결 계층의 결과에 드롭아웃을 적용해 오버피팅이 발생할 확률을 줄여보자.
드롭아웃은 학습 과정에서 임의로 일부 뉴런을 제외한다.

준비

드롭아웃을 완전 연결 계층의 결과에 연결한다. 따라서 모델 초기 구조를 설정하고
불러와야 한다. 예를 들어 드롭아웃 시 현재 계층인 layer_fc1이 이미 정의돼 있고,
그 계층에 드롭아웃을 적용한다.

예제 구현

1. 확률을 입력으로 받는 드롭아웃 플레이스홀더를 생성한다.

```
keep_prob <- tf$placeholder(tf$float32)
```

2. 텐서플로 드롭아웃 함수를 사용해서 뉴런 결과의 스케일링과 마스킹을 조절한다.

```
layer_fc1_drop <- tf$nn$dropout(layer_fc1, keep_prob)
```

예제 분석

1, 2단계로 입력 확률(%)에 따라 뉴런의 결과 값을 드롭아웃(마스킹)한다. 훈련 시 일반적으로 드롭아웃을 적용하며, 테스트 시에는 (확률을 1 혹은 NULL로 입력해서) 드롭아웃을 끌 수 있다.

▌ 드롭아웃을 사용한 두 번째 완전 연결 계층 생성

두 번째 완전 연결 계층을 만들고 드롭아웃을 적용해보자.

준비

다음은 '완전 연결 계층 평탄화 함수 정의' 절에서 정의한 create_fc_layer 함수의 매개변수다.

- **Input** 첫 번째 완전 연결 계층 layer_fc1의 결과 값
- **Num_inputs** 첫 번째 완전 연결 계층 결과의 특징 수 fc_size
- **Num_outputs** 완전 연결 뉴런 결과 값 수(라벨 수 num_classes와 동일)
- **Use_relu** FALSE로 설정한 이항 플래그

예제 구현

1. 위 입력 매개변수로 create_fc_layer 함수를 실행한다.

```
layer_fc2 = create_fc_layer(input=layer_fc1_drop,
        num_inputs=fc_size,
        num_outputs=num_classes,
        use_relu=FALSE)
```

2. 텐서플로 드롭아웃 함수를 사용해서 뉴런 결과의 스케일링과 마스킹을 조절
   한다.

```
layer_fc2_drop <- tf$nn$dropout(layer_fc2, keep_prob)
```

예제 분석

1단계로 2차원 텐서를 출력하는 완전 연결 계층을 만들었다. 첫 번째 차원(정해지지 않음)은 미리 정하지 않은 (입력) 이미지 수를 나타내며, 두 번째 차원은 결과 뉴런 수(이 경우 클래스 라벨 10개)를 나타낸다. **2**단계에서는 망 학습 시 사용할 드롭아웃 옵션을 설정한다.

▌ 소프트맥스 활성화를 사용한 클래스 예측

소프트맥스 활성화로 두 번째 완전 연결 계층의 결과를 정규화하자. 각 클래스의 (확률) 값을 0과 1 사이로 제한하고, 클래스 10개의 확률 합이 1이 되게 한다.

준비

활성화 함수는 파이프라인 끝에서 딥러닝 모델이 생성한 예측 값을 변환한다. 활성화 함수를 적용하기 전에 파이프라인의 모든 단계를 실행돼야 한다. 이 절에서는 텐서플로 라이브러리가 필요하다.

예제 구현

1. 두 번째 완전 연결 계층의 결과에 softmax(소프트맥스) 활성화 함수를 실행한다.

```
y_pred = tf$nn$softmax(layer_fc2_drop)
```

2. argmax 함수로 라벨의 클래스 숫자를 확인한다. 클래스 숫자는 가장 큰 (확률) 값의 클래스 번호다.

```
y_pred_cls = tf$argmax(y_pred, dimension=1L)
```

▌ 최적화를 위한 손실 함수 정의

손실 함수를 사용해 모델의 현재 성능을 평가한다. 성능 평가는 실제 클래스 라벨(y_true_cls)과 예측 클래스 라벨(y_pred_cls)을 비교해 이뤄진다. 최적화 함수가 현재 성능에 따라 망 매개변수를 조정해 성능을 개선한다. 이때 조정하는 매개변수에는 가중치와 편향 등이 있다.

준비

손실 함수의 정의는 최적화 기준을 결정하므로 매우 중요하다. 손실 함수를 정의할 때 실제 클래스와 예측 클래스의 값을 비교해야 하므로 두 값이 필요하다. 예시에서 사용하는 손실 함수는 다범주 분류 문제에서 사용하는 크로스엔트로피다.

예제 구현

1. 텐서플로 크로스엔트로피 함수로 각 이미지마다 현재 성능을 평가한다. 텐서 플로 크로스엔트로피 함수가 암묵적으로 소프트맥스 일반화를 수행하므로, 드롭아웃한 완전 연결 계층의 결과와 실제 라벨(y_true)을 입력한다(별도의 소 프트맥스 일반화를 생략한다).

```
cross_entropy =
        tf$nn$softmax_cross_entropy_with_logits(
            logits=layer_fc2_drop, labels=y_true)
```

현재 손실 함수에 소프트맥스 함수가 들어 있으므로 별도로 활성화 함수를 정의할 필요는 없다.

2. 크로스엔트로피 평균을 계산한다. 이 값을 최적화 함수로 최소화해야 한다.

```
cost = tf$reduce_mean(cross_entropy)
```

예제 분석

1단계로 분류 성능을 평가하는 크로스엔트로피를 정의했다. 실제와 예측 라벨의 완전 매치exact match에 따라 크로스엔트로피 함수가 연속 분포를 따르는 양수를 리턴한다. 크로스엔트로피의 값 0은 라벨 일치를 나타내므로 최적화 함수는 크로스엔트로피를

0으로 최소화하려 한다. 이때 최소화를 목적으로 조정하는 망 매개변수에는 가중치와 편향 등이 있다. 크로스엔트로피 함수는 각 이미지마다 값을 리턴하고, 이 값들을 최적화 함수가 사용하게 스칼라 값 하나로 압축해야 한다. 따라서 2단계에서는 크로스엔트로피 결과의 평균을 계산하고 cost(손실)에 저장한다.

▌ 경사 하강 손실 최적화

손실^{cost}을 최소화하는 최적화 함수를 정의하자. 최적화 후 CNN 성능을 확인하자.

준비

최적화 함수의 입력 값으로 사용할 cost의 정의가 필요하다.

예제 구현

1. 주어진 learning_rate(학습률)에 대해 손실을 최소화하는 Adam 최적화 함수를 실행한다.

```
optimizer =
    tf$train$AdamOptimizer(learning_rate=1e-4)$minimize(cost)
```

2. correct_prediction(예측 성공) 수를 추출해 평균 % 정확도를 계산한다.

```
correct_prediction = tf$equal(y_pred_cls, y_true_cls)
accuracy = tf$reduce_mean(tf$cast(correcct_prediction, tf$float32))
```

▌ 텐서플로 세션에서의 그래프 실행

지금까지는 텐서 객체를 만들고 텐서플로 그래프에 추가했다. 이 절에서는 이전까지 만든 텐서플로 그래프를 실행 텐서플로 세션을 만드는 방법을 다룬다.

준비

그래프를 실행하기 전에 R에서 텐서플로를 설치하고 불러와야 한다. 설치법은 1장에서 볼 수 있다.

예제 구현

1. tensorflow 라이브러리를 불러오고 numpy 패키지를 불러온다.

```
library(tensorflow)
np <- import("numpy")
```

2. 기존의 default_graph(디폴트 그래프)를 지운다.

```
tf$reset_default_graph()
```

3. InteractiveSession(인터랙티브 세션)을 시작한다.

```
sess <- tf$InteractiveSession()
```

4. global_varibles(전역 변수)를 초기화한다.

```
sess$run(tf$global_variables_initializer())
```

5. 반복해서 최적화를 수행한다(훈련).

```
# 모델 훈련
train_batch_size = 128L
for (i in 1:100) {
    spls <- sample(1:dim(train_data$images)[1],train_batch_size)
    if (i %% 10 == 0) {
        train_accuracy <- accuracy$eval(feed_dict = dict(
            x = train_data$images[spls,],
            y_true = train_data$labels[spls,], keep_prob = 1.0))
        cat(sprintf("step %d, training accuracy %g\n", i,
            train_accuracy))
    }
    optimizer$run(feed_dict = dict(
    x = train_data$images[spls,], y_true = train_data$labels[spls,],
        keep_prob = 0.5))
}
```

6. 학습한 모델의 성능을 검증 데이터로 평가한다.

```
# 모델 검증
test_accuracy <- accuracy$eval(feed_dict = dict(
        x = test_data$images, y_true = test_data$labels,
        keep_prob = 1.0))
cat(sprintf("test accuracy %g", test_accuracy))
```

예제 분석

1, 4단계는 새 텐서플로 세션을 시작하는 기본적 방법이라 할 수 있다. 4단계에서는 최적화 전에 필수적인 가중치와 편향 변수를 초기화한다. 5단계로 텐서플로 세션 최적화를 실행한다. 훈련 이미지가 많을수록(연산 측면에서) 최적화 함수에 모든 이미지를 동시에 넣어 최적 경사를 계산하기 매우 어려워진다.

따라서 좀 더 작은 128개 이미지 샘플을 임의로 선택해 각 반복 시마다 활성화 계층(가중치와 편향)을 훈련한다. 예시에서는 총 100번 반복을 실행하며, 10번째마다 훈련 정확도를 보고한다.

그러나 군집 설정이나 계산력(CPU나 GPU)에 따라 모델 정확도를 높이기 위해 샘플 크기를 키울 수 있다. 그리고 각 반복마다 CNN 훈련에 드롭아웃 확률 50%를 적용했다. 6단계에서 이미지 10,000개의 검증 데이터로 학습한 모델의 성능을 평가한다.

▌ 검증 데이터상 성능 평가

혼동 행렬과 그림을 사용해 학습된 CNN의 검증 이미지상 성능을 확인해보자.

준비

imager와 ggplot2 패키지가 필요하다.

예제 구현

1. 검증 이미지의 실제(actual 또는 true) 클래스 라벨을 가져온다.

```
test_true_class <- c(unlist(images.lab.test))
```

2. 검증 이미지의 예측 클래스 라벨을 얻는다. 텐서플로와 파이썬의 첫 번째 인덱스는 0이고, R에서는 1이기 때문에 각 클래스 라벨에 1을 더해줘야 한다.

```
test_pred_class <- y_pred_cls$eval(feed_dict = dict(
    x = test_data$images, y_true = test_data$labels, keep_prob = 1.0))
```

```
test_pred_class <- test_pred_class + 1
```

3. 실제 라벨을 행, 예측 라벨을 열로 하는 혼동 행렬을 생성한다.

```
table(actual = test_true_class, predicted = test_pred_class)
```

4. 혼동 행렬(confusion)의 그림을 생성한다.

```
                   predicted = test_pred_class))
plot <- ggplot(confusion)
plot + geom_tile(aes(x=actual, y=predicted, fill=Freq)) +
       scale_x_discrete(name="실제 클래스") +
       scale_y_discrete(name="예측 클래스") +
       scale_fill_gradient(breaks=seq(from=-.5, to=4, by=.2)) +
       labs(fill="일반화\n빈도")
```

5. 이미지를 그리는 헬퍼 함수를 실행한다.

```
check.image <- function(images.rgb,index,true_lab, pred_lab) {
  require(imager)

  # 파싱 테스트: 각 색 계층을 행렬로 변환,
  # rgb 객체로 합친 후 그림을 표시
  img <- images.rgb[[index]]
  img.r.mat <- as.cimg(matrix(img$r, ncol=32, byrow = FALSE))
  img.g.mat <- as.cimg(matrix(img$g, ncol=32, byrow = FALSE))
  img.b.mat <- as.cimg(matrix(img$b, ncol=32, byrow = FALSE))
  img.col.mat <- imappend(list(img.r.mat,img.g.mat,img.b.mat),"c")

  # 실세와 예측 클래스 라벨을 표시
  plot(img.col.mat,main=paste0("실제: ", true_lab,":: 예측: ",
       pred_lab),xaxt="n")
```

```
    axis(side=1, xaxp=c(10, 50, 4), las=1)
  }
```

6. 오분류 검증 이미지를 무작위로 생성한다.

```
labels <-
      c("비행기","자동차","새","고양이","사슴","개",
      "개구리","말", "배","트럭")

# 오분류 검증 이미지 그림
plot.misclass.images <- function(images.rgb, y_actual,
      y_predicted,labels){
  # 오분류 이미지 인덱스 얻기
  indices <- which(!(y_actual == y_predicted))
  id <- sample(indices,1)

  # 실제와 예측 클래스 라벨 표시
  true_lab <- labels[y_actual[id]]
  pred_lab <- labels[y_predicted[id]]
  check.image(images.rgb,index=id,
      true_lab=true_lab,pred_lab=pred_lab)
}

plot.misclass.images(images.rgb=images.rgb.test,
      y_actual=test_true_class,y_predicted=test_pred_class,
      labels=labels)
```

예제 분석

1단계부터 3단계까지는 실제와 예측 클래스 라벨을 추출해 혼동 행렬을 만들었다. 다음 이미지는 현 검증 예측 결과의 혼동 행렬을 보여준다.

실제 값	예측 값									
	1	2	3	4	5	6	7	8	9	10
1	582	36	50	28	55	22	22	29	117	59
2	46	598	9	30	24	24	13	24	38	194
3	62	18	348	100	177	96	89	63	20	27
4	21	25	80	368	88	211	83	66	21	37
5	29	17	106	80	439	74	119	103	19	14
6	17	17	80	211	70	416	65	89	12	23
7	5	23	66	87	89	64	594	41	6	25
8	23	32	49	89	106	82	41	520	11	47
9	108	67	14	29	37	17	11	19	632	66
10	41	151	12	48	16	27	24	56	63	562

훈련을 700번 반복 후의 검증 정확도는 51% 이하에 불과하며, 반복 횟수를 늘리거나, 배치 크기를 늘리거나, 계층 매개변수를 수정해 개선할 수 있다. 수정 가능한 매개변수에는 콘볼루션 계층 수(2를 사용함), 활성화 함수 종류(ReLU를 사용), 완전 연결 계층 수(2를 사용), 최적화 목적 함수(정확도를 사용), 풀링(2×2 최댓값 풀링을 사용), 드롭아웃 확률 등이 있다.

4단계로 다음 스크린샷에서 볼 수 있듯이 검증 혼동 행렬의 패싯facit 그림을 그린다.

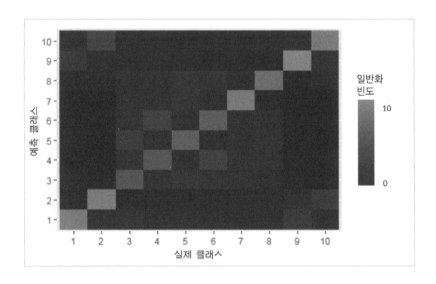

5단계에서는 실제와 예측 클래스를 보여주는 헤더와 이미지를 함께 그리는 헬퍼 함수를 정의한다. check.image 함수의 입력 매개변수는 검증 데이터의 평탄화 입력 데이터셋(images.rgb), 이미지 번호(index), 실제 라벨(true_lab), 예측 라벨(pred_lab)이다. 이 함수는 빨강, 초록, 파랑 픽셀을 파싱해 행렬로 변환한 후 리스트에 합쳐 plot 함수를 사용해 이미지로 표현한다.

6단계에서는 5단계의 헬퍼 함수를 사용해 오분류된 검증 이미지를 그린다. plot.misclass.images 함수의 입력 매개변수는 검증 데이터의 평탄화 입력 데이터셋(images.rgb), 실제 라벨 벡터(y_actual), 예측 라벨 벡터(y_predicted), 고유한 순서가 매겨진 문자 라벨 벡터(labels)다. 6단계는 오분류된 이미지의 번호를 획득한 후 무작위로 선별해 그림으로 보여주는 역할을 한다. 다음 스크린샷은 오분류된 이미지 6개와 해당 실제 라벨과 예측 라벨을 보여준다.

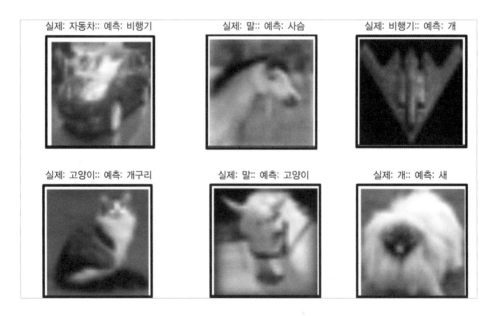

04

오토인코더 데이터 표현

4장에서는 오토인코더^{autoencoders}를 사용해 딥러닝을 비지도 학습 영역에 응용해본다. 4장에서 다루는 내용은 다음과 같다.

- 오토인코더 설정
- 데이터 정규화
- 일반화 오토인코더 설정
- 오토인코더 매개변수 조정
- 적층 오토인코더 설정
- 노이즈 제거 오토인코더 설정
- 확률 인코더와 디코더의 생성과 비교
- 오토인코더 다양체 학습

- 희소 분해 평가

▌ 소개

인공 신경망의 목적은 입력 X와 결과 y의 비선형적 관계($y=f(x)$)를 찾는 것이다. 오토인코더^{Autoencoder}는 비지도 인공 신경망의 일종으로, 공간 내 특징 간의 관계($h=f(x)$)를 찾는다. 따라서 입력 공간 내의 관계를 알 수 있다. 오토인코더는 데이터 압축, 차원 축소, 특징 학습 등에 사용한다.

 오토인코더는 인코더와 디코더로 구성된다. 인코더는 입력 x를 잠재 표현형 y로 부호화하고, 디코더는 y를 x로 다시 해독한다. 인코더와 디코더의 표현 형식은 서로 유사하다.

다음은 단층 오토인코더의 표현형이다.

$$h = f(x) = \sigma(W_e^T X + b_e)$$

$$\tilde{X}_{?} = f(h) = \sigma(W_d^T h + b_d)$$

인코더는 입력 X를 숨겨진 계층의 h로 부호화하며, 디코더는 부호화된 결과 h로부터 원본 입력 데이터를 만들어내는 것을 목적으로 한다. 행렬 W_e와 W_d는 각각 인코더와 디코더 계층의 가중치를 나타낸다. 함수 f는 활성화 함수다.

다음 그림은 오토인코더의 작동 과정을 보여준다.

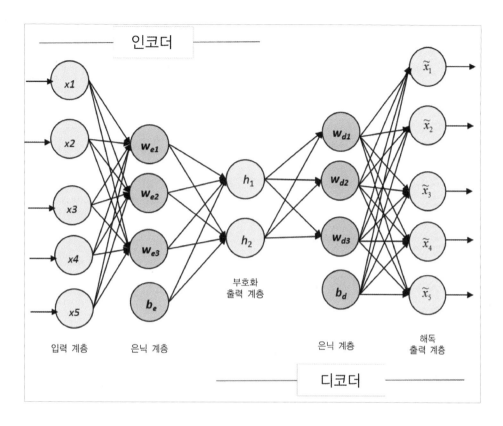

오토인코더의 노드 형태 제한 덕분에 데이터에 숨겨진 흥미로운 구조를 발견할 수 있다. 예를 들어 위 그림의 오토인코더에서 부호화 값 h를 얻으려면 입력 데이터셋 5개가 3개 노드로의 압축을 거쳐야만 한다. 부호화 출력 계층의 차원은 입력/출력 해독 출력 계층의 차원과 같거나, 좀 더 낮거나 높을 수 있다. 부호화 출력 계층의 노드 수가 입력 계층의 노드 수보다 적은 경우를 언더컴플릿under-complete 표현형이라 부르며, 데이터를 저차원 표현형으로 변환하는 데이터 압축으로 볼 수 있다.

부호화 출력 계층의 입력 계층이 많은 경우 오버컴플릿over-complete 표현형이라 부르며, 스파스 오토인코더sparse autoencoder의 일반화에 이용할 수 있다. 오토인코더의 목적은 y를 찾고 다양한 데이터의 주요 인자를 찾아내는 것이다. 이 목적은 주성분 분석PCA, Principal Component Analysis의 목적과 유사하며, 따라서 오토인코더를 데이터 압축에 사용할 수 있다.

▌ 오토인코더 설정

데이터 표현을 모델링하는 손실 함수에 따라 다양한 오토인코더 구조가 있다. 가장 기본적인 오토인코더는 바닐라^{vanilla} 오토인코더로 알려진 것이다. 바닐라 오토인코더는 2계층 신경망으로, 입력 계층 및 출력 계층과 동일한 노드 수의 은닉 계층이 하나 있으며, 손실 함수를 최소화하게 최적화한다. 전형적으로 손실 함수로는 회귀에 **평균 제곱 오차**$^{MSE, Mean Squared Error}$를 사용하고, 분류에 크로스엔트로피를 사용하지만 다른 손실 함수도 사용할 수 있다. 바닐라 오토인코더를 다층으로 확장 가능하며, 이 경우 다층 오토인코더가 된다.

오토인코더에서는 노드 수가 매우 중요하다. 은닉 계층의 노드 수가 입력 계층의 노드 수보다 적다면 언더컴플릿 오토인코더로 부르고, 많다면 **오버컴플릿 오토인코더** 혹은 스파스 오토인코더로 부른다.

스파스 오토인코더의 목적은 은닉 계층에 희소성^{sparsity}을 도입하는 것이다. 입력 계층보다 은닉 계층의 노드 수를 많게 하거나 은닉 계층의 가중치를 0에 가깝게 만드는 손실 함수에 페널티를 가하는 것으로 희소성을 확보할 수 있다. K스파스 오토인코더는 직접 노드의 가중치를 0으로 설정해 희소성을 확보하기도 한다. 1장에서 다룬 객실 사용 데이터셋으로 오토인코더 탐구를 시작해보자. 예시에서 사용하는 은닉 계층을 원하는 대로 수정해도 좋다.

준비

Occupancy(객실 사용 여부) 데이터셋으로 오토인코더를 설정한다.

- 1장에서 다룬 대로 Occupancy 데이터셋을 다운로드한다.
- R과 파이썬의 텐서플로를 설치한다.

예제 구현

1장에서 다룬 객실 사용 데이터셋으로 R의 텐서플로에 오토인코더를 설정하는 방법을 설명한다.

1. R 텐서플로 환경을 설정한다.
2. setwd를 사용해 현재 작업 디렉토리 경로를 설정한 후 load_occupancy_data 함수로 데이터를 불러온다.

```
# 객실 사용 데이터를 불러오는 함수
load_occupancy_data<-function(train){
    xFeatures = c("Temperature", "Humidity", "Light", "CO2",
        "HumidityRatio")
    yFeatures = "Occupancy"
    if(train){
        occupancy_ds <- as.matrix(read.csv("datatraining.txt",
            stringsAsFactors = T))
    } else
    {
        occupancy_ds <- as.matrix(read.csv("datatest.txt",
            stringsAsFactors = T))
    }
    occupancy_ds <- apply(occupancy_ds[, c(xFeatures, yFeatures)], 2,
        FUN=as.numeric)
    return(occupancy_ds)
}
```

3. 다음 스크립트로 R 환경에 훈련과 테스트 객실 사용 데이터셋을 불러온다.

```
occupancy_train <- load_occupancy_data(train = T)
occupancy_test <- load_occupancy_data(train = F)
```

▌ 데이터 정규화

데이터 정규화$^{data\ normalization}$는 데이터의 크기 단위를 서로 유사하게 만드는 단계로, 머신 러닝에 필수적이다. 데이터 정규화는 특징 스케일링으로 부르기도 하며, 데이터 전처리 단계에 수행한다.

 신경망의 작동에는 적합한 정규화가 매우 중요하다. 정규화를 하지 않으면 은닉 계층의 노드들이 포화되며, 따라서 경사가 0이 돼 학습이 불가능해진다.

준비

정규화 방법은 다양하다.

- **미니맥스 표준화** 미니맥스 표준화$^{min\text{-}max\ standardization}$는 기존 분포를 유지하면서 특징의 값을 [0, 1] 사이로 스케일링한다. 이때 특징의 최솟값은 0, 최댓값은 1이 된다. 정규화는 다음과 같이 수행한다.

$$x^{'} = \frac{x - \min(x)}{\max(x) - \min(x)}$$

x'는 특징의 정규화 값을 나타낸다. 미니맥스 정규화는 데이터셋 내의 극단 값들에 취약하다.

- **십진 스케일링** 십진 스케일링$^{decimal\ scaling}$은 주어진 값들의 십진 단위가 다양할 때 사용한다. 예를 들어 값이 서로 다르게 한정된 두 특징을 다음과 같은 십진 스케일링을 거쳐 비슷한 단위로 만들 수 있다.

$$x'=x/10^n$$

- **Z점수** Z점수$^{\text{Z-score}}$ 변환은 값을 평균 0과 단위 분산의 정규 분포로 스케일링한다. Z점수는 다음과 같이 계산한다.

$$Z=(x-\mu)/\sigma$$

위 수식에서 μ는 특징의 평균을 나타내고, σ는 표준 편차를 나타낸다. Z점수 변환은 가우시안 분포$^{\text{Gaussian distribution}}$를 보이는 데이터셋에 매우 효과적이다.

 위 방법들은 전부 극단 값에 취약하다. 더 견고한 정규화 방법도 있다. 예를 들어 평균 절대 편차(MAD, Mean Absolute Deviation), tanh 예측기, 더블 시그모이드 등이 있다.

데이터셋 분포 시각화

객실 사용 데이터의 특징 분포를 살펴보자.

```
> ggpairs(occupancy_train$data[, occupancy_train$xFeatures])
```

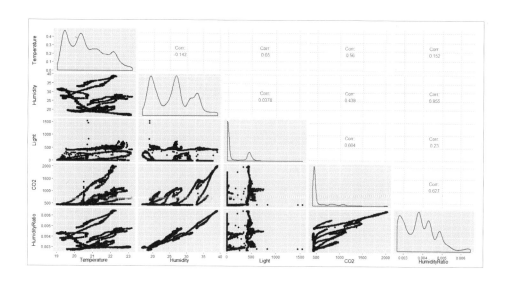

이 스크린샷은 특징 간 관계의 선형성과 분포의 비정규성을 보여준다. 샤피로-윌크스 검증Shapiro-Wilk test으로 비정규성을 더 확실히 검증할 수 있다. R에서는 `shapiro.test` 함수를 사용한다. 이제 객실 사용 데이터에 미니맥스 표준화를 적용해보자.

예제 구현

1. 데이터 정규화를 위해 다음 연산을 수행한다.

```
minmax.normalize<-function(ds, scaler=NULL){
   if(is.null(scaler)){
      for(f in ds$xFeatures){
         scaler[[f]]$minval<-min(ds$data[,f])
         scaler[[f]]$maxval<-max(ds$data[,f])
         ds$data[,f]<-(ds$data[,f]- scaler[[f]]$minval)/
               (scaler[[f]]$maxval-scaler[[f]]$minval)
      }
      ds$scaler<-scaler
   } else
   {
      for(f in ds$xFeatures){
         ds$data[,f]<-(ds$data[,f]-scaler[[f]]$minval)/
               (scaler[[f]]$maxval-scaler[[f]]$minval)
      }
   }
   return(ds)
}
```

2. `minmax.normalize` 함수가 미니맥스 정규화로 데이터를 정규화한다. `scaler` 변수가 NULL일 때는 주어진 데이터셋을 활용해 정규화하고, 그렇지 않을 때는 `scaler` 변수 값을 사용해 정규화한다. 정규화 데이터의 시각화 결과를 다음 스크린샷에서 확인할 수 있다.

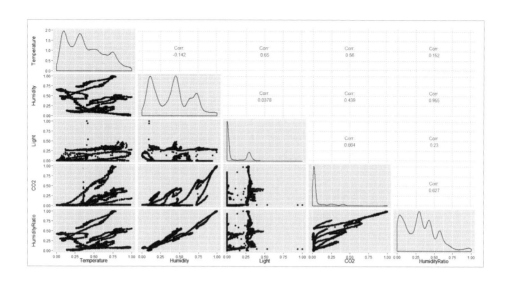

이 그림은 미니맥스 정규화를 사용하면 데이터 값을 [0, 1] 사이로 옮기면서도 특징 간의 분포와 상관관계를 유지할 수 있다는 사실을 보여준다.

오토인코더 모델 설정법

다음 단계로 오토인코더 모델을 설정한다. 텐서플로를 사용해 바닐라 오토인코더를 설정해보자.

1. graph(모델 그래프)를 리셋하고 InteractiveSession(인터랙티브 세션)을 시작 한다.

```
# 그래프를 리셋 후 인터랙티브 세션 설정
tf$reset_default_graph()
sess<-tf$InteractiveSession()
```

2. 입력 매개변수인 샘플 수를 n으로 정의하고, 특징 수를 m으로 정의한다. 빌드 시 m번 망으로 입력 매개변수를 설정한다.

```
# 망 매개변수
n_hidden_1 = 5              # 계층 1 특징 수
n_input = length(xFeatures)  # 입력 특징 수
nRow<-nrow(occupancy_train)
```

n_hidden_1이 낮은 경우 오토인코더가 데이터를 압축하며, 따라서 언더컴플릿 오토인코더라 부른다. 반면 n_hidden_1이 높은 경우 오토인코더가 희소하며, 따라서 오버컴플릿 오토인코더라 부른다.

3. 입력 텐서와 인코더 및 디코더의 계층 정의를 비롯한 그래프 입력 매개변수를 정의한다.

```
# 입력 특징 정의
x <- tf$constant(unlist(occupancy_train[, xFeatures]),
        shape=c(nRow, n_input), dtype=np$float32)
# 인코더와 디코더의 은닉, 편향 계층 정의
hiddenLayerEncoder<-tf$Variable(tf$random_normal(shape(n_input,
        n_hidden_1)), dtype=np$float32)
biasEncoder <- tf$Variable(tf$zeros(shape(n_hidden_1)),
        dtype=np$float32)
hiddenLayerDecoder<-tf$Variable(tf$random_normal(shape(n_hidden_1,
        n_input)))
biasDecoder <- tf$Variable(tf$zeros(shape(n_input)))
```

위 스크립트로 단층 인코더와 디코더를 정의한다.

4. 반응 평가 함수를 정의한다.

```
auto_encoder<-function(x, hiddenLayerEncoder, biasEncoder){
    x_transform <- tf$nn$sigmoid(tf$add(tf$matmul(x,
            hiddenLayerEncoder), biasEncoder))
    x_transform
}
```

auto_encoder 함수로 노드 편향 가중치를 받아 결과를 계산한다. 서로 다른 가중치를 입력해 인코더와 디코더에 같은 함수를 사용할 수 있다.

5. 텐서플로 심볼릭 변수를 넘겨 encoder와 decoder 객체를 만든다.

```
encoder_obj = auto_encoder(x,hiddenLayerEncoder, biasEncoder)
y_pred = auto_encoder(encoder_obj, hiddenLayerDecoder, biasDecoder)
```

6. y_pred는 decoder의 결과 값이다. 디코더는 encoder 객체와 노드, 편향 가중치를 입력으로 받는다.

```
# 손실 함수와 최적화 함수 모듈 정의
learning_rate = 0.01
cost = tf$reduce_mean(tf$pow(x - y_pred, 2))
optimizer = tf$train$RMSPropOptimizer(learning_rate)$minimize(cost)
```

위 스크립트는 손실 함수를 평균 제곱 오차로 정의하고, 0.1 학습률과 텐서플로 RMSPropOptimizer 함수로 가중치를 최적화한다. 다음 그림은 해당 모델의 텐서플로 그래프를 나타낸다.

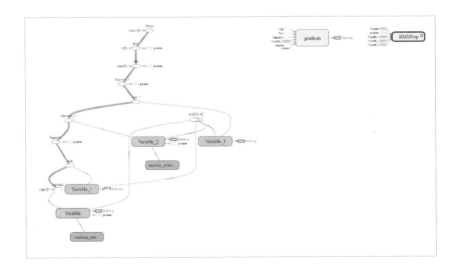

최적화 실행

다음 단계로 최적화 함수를 실행한다. 텐서플로에서 최적화는 다음과 같은 두 과정을 거친다.

1. 첫 단계로 그래프에서 정의한 변수를 초기화한다. 텐서플로 global_variables_initializer 함수로 초기화한다.

```
# 변수 초기화
init = tf$global_variables_initializer()
sess$run(init)
```

훈련과 검증 데이터 성능을 관찰하며 최적화를 수행한다.

```
costconvergence<-NULL
for (step in 1:1000) {
    sess$run(optimizer)
    if (step %% 20==0){
        costconvergence<-rbind(costconvergence, c(step,
            sess$run(cost), sess$run(costt)))
        cat(step, "-", "Traing Cost ==>", sess$run(cost), "\n")
    }
}
```

2. 훈련과 테스트 과정에서 손실 함수를 관찰해 다음 그림과 같이 모델 수렴 여부를 알 수 있다.

```
costconvergence<-data.frame(costconvergence)
colnames(costconvergence)<-c("iter", "train", "test")
plot(costconvergence[, "iter"], costconvergence[, "train"],
        type = "l", col="blue", xlab = "반복 횟수", ylab = "평균 제곱 오차")
lines(costconvergence[, "iter"], costconvergence[, "test"],
```

```
        col="red")
legend(500,0.25, c("훈련","검증"), lty=c(1,1),
        lwd=c(2.5,2.5),col=c("blue","red"))
```

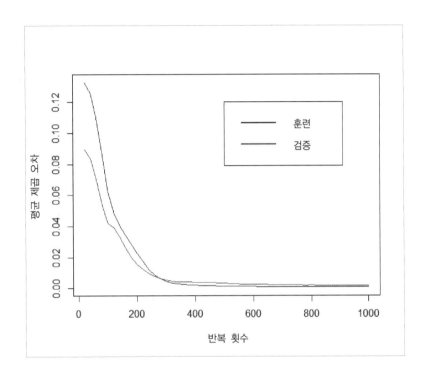

그래프에 따르면 400회 가량 반복한 시점에서 모델의 주요 수렴이 발생한다. 그러나 1000회 반복 이후에도 매우 느린 속도지만 수렴을 지속하고 있다. 예시의 모델은 훈련과 남겨진 검증 데이터셋 모두에 대해 안정적이다.

▍표준화 오토인코더 설정

표준화 오토인코더regularized autoencoder는 cost 함수에 표준화 매개변수를 더해 일반 오토인코더를 확장한다.

준비

표준화 오토인코더는 일반 오토인코더의 확장 구조다. 설정에는 다음과 같은 과정이 필요하다.

1. R과 파이썬의 텐서플로 설치
2. 일반 오토인코더 구현

예제 구현

다음 코드로 손실 함수 정의를 변경해 일반 오토인코더 구현체를 바로 표준화 오토인 코더로 변형할 수 있다.

```
Lambda=0.01
cost = tf$reduce_mean(tf$pow(x - y_pred, 2))
Regularize_weights = tf$nn$l2_loss(weights)
cost = tf$reduce_mean(cost + lambda * Regularize_weights)
```

예제 분석

이전에 다뤘듯이 표준화 오토인코더는 일반 인코더의 손실 함수에 표준화 매개변수를 더한 확장형이다. 수식은 다음과 같다.

$$\sum L(x, \tilde{x}) + \lambda \left\| W_{ij}^2 \right\|$$

위 수식에서 λ는 표준화 매개변수를 나타내고, i와 j는 노드 번호를 나타내며, W는 오토인코더의 은닉 계층 가중치를 나타낸다. 표준화 오토인코더는 더 견고한 부호화를 확보하기 위해 가중치가 낮은 h 함수를 선호한다. 표준화 매개변수 개념을 확장해 입력 값에 자코비안 행렬^{Jacobian matrix}의 프로베니우스 놈^{Frobenius norm}을 사용한 수축 오토인코더를 만들 수도 있다. 수식은 다음과 같다.

$$L(\mathbf{X}, \tilde{\mathbf{X}}) + \lambda \left\| J(x) \right\|^2$$

위 수식에서 $J(x)$는 자코비안 행렬을 나타내며, 다음 수식으로 행렬 값을 구할 수 있다.

$$\left\| J(x) \right\|_F^2 = \sum_{ij} \frac{\partial h_j(x)}{\partial x_i}$$

선형 인코더의 경우 수축 인코더와 표준화 인코더는 L2 가중치 감쇠^{weight decay}로 수렴한다. 표준화로 오토인코더의 입력 민감성을 줄일 수 있다. 그러나 손실 함수 최소화를 통해 분산을 유지함으로써 고밀도의 다양체^{manifold}에 대한 민감성은 유지할 수 있다. 이런 형태의 오토인코더를 수축 오토인코더^{contractive autoencoder}라고 부르기도 한다.

▮ 오토인코더 매개변수 조정

오토인코더의 종류에 따라 조정 가능한 매개변수가 다양하다. 주요 매개변수는 다음과 같다.

- 각 은닉 계층의 노드 수
- 심층 오토인코더의 경우 은닉 계층 수
- 시그모이드, tanh, 소프트맥스, ReLU 등 활성화 함수 유닛
- 표준화 매개변수나 은닉 계층 가중치의 가중치 감쇠 단위
- 노이즈 제거 오토인코더^{denoising autoencoder}가 왜곡할 신호 부분
- 스파스 오토인코더의 은닉 계층 뉴런 활성화 예측 값을 조정하는 희소성 매개변수

- 배치 경사 하강 학습의 배치 크기, 학습률과 확률적 경사 하강^{SGD, Stochastic Gradient Descent}의 가속^{momentum} 매개변수
- 훈련 최대 반복 횟수
- 가중치 초기화
- 드롭아웃을 사용하는 경우 드롭아웃 표준화

그리드 서치를 사용해 초매개변수를 학습할 수 있다. 그러나 가능한 초매개변수 조합마다 은닉 계층의 뉴런 가중치를 새로 훈련시켜야 하므로, 계층 수와 각 계층 내 노드 수가 증가함에 따라 계산 복잡도가 증가한다. 이 매개변수 학습 문제를 해결하기 위해 적층 오토인코더^{stacked autoencoder}가 제시됐다. 적층 오토인코더는 각 계층을 독립적으로 학습해 사전 훈련 가중치를 얻고, 주어진 가중치로 모델을 조정한다. 적층 오토인코더 방식은 전통적 학습 방식보다 확연하게 뛰어난 훈련 성능을 보인다.

▌적층 오토인코더 설정

적층 오토인코더는 다층의 심층 신경망을 탐욕적^{greedy} 접근법으로 학습하는 방법이다. 다음 그림에서 적층 오토인코더의 예를 볼 수 있다.

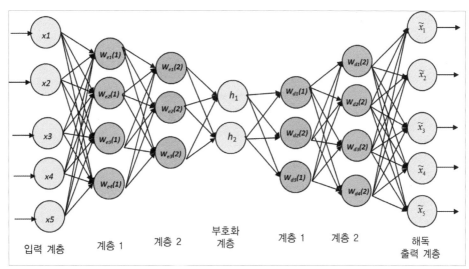

적층 오토인코더의 예

준비

위 그림은 2계층 적층 오토인코더의 예를 보여준다. 적층 오토인코더는 계층 n개를 각각 별도로 훈련한다. 예를 들어 위 계층은 다음과 같이 훈련한다.

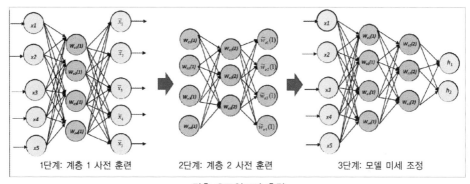

적층 오토인코더 훈련

먼저 실제 입력 x_i로 계층 1을 사전 훈련한다. 첫 단계로 결과 값 X에 대해 인코더의 $W_e(1)$ 계층을 최적화한다. 위 예에서는 다음으로 $W_e(1)$를 입력과 출력 값으로 삼아 계층 2의 가중치 $W_e(2)$를 최적화한다. 각 계층 $i=1, 2, ..., n$에 대해 $We(i)$를 사전 훈련하고 나면 그림의 3단계와 같이 각 계층을 연결해 모델을 조정한다. 이 방법으로 다층 노이즈 제거 오토인코더를 학습할 수 있으며, 그렇게 학습한 신경망을 적층 노이즈 제거 오토인코더라 부른다. 노이즈 제거 오토인코더로 개발한 코드를 간단히 적층 오토인코더의 확장형인 적층 노이즈 제거 오토인코더로 변환할 수 있다.

필요 사항은 다음과 같다.

1. R이 설치돼 있어야 한다.
2. SAENAT 패키지가 필요하다. 다음 명령으로 CRAN에서 다운로드할 수 있다.

```
install.packages("SAENAT")
```

예제 구현

R에는 적층 오토인코더 개발에 사용할 수 있는 라이브러리가 많다. 지금은 R의 SAENAT 패키지로 적층 오토인코더를 설정해보자. SAENAT은 CRAN의 neuralnet 피드 포워드 신경망 패키지를 이용한 적층 오토인코더의 구현체다.

1. 미리 다운로드해놓지 않았다면 CRAN 리포지토리에서 SAENAT 패키지를 다운 로드한다.

```
install.packages("SAENET")
```

2. 라이브러리 디펜던시를 전부 불러온다.

```
require(SAENET)
```

3. load_occupancy_data 함수로 훈련과 테스트 객실 사용 데이터셋을 불러온다.

```
occupancy_train <-load_occupancy_data(train=T)
occupancy_test <- load_occupancy_data(train = F)
```

4. minmax.normalize 함수로 데이터셋을 정규화한다.

```
# 데이터셋 정규화
occupancy_train<-minmax.normalize(occupancy_train, scaler = NULL)
occupancy_test<-minmax.normalize(occupancy_test, scaler =
        occupancy_train$scaler)
```

5. SAENAT 패키지의 SAENAT.train 훈련 함수로 적층 오토인코더 모델을 만든다.

```
# 적층 오토인코더 생성
SAE_obj<-SAENET.train(X.train= subset(occupancy_train$data,
select=-c(Occupancy)), n.nodes=c(4, 3, 2), unit.type ="tanh",
        lambda = 1e-5, beta = 1e-5, rho = 0.01, epsilon = 0.01,
        max.iterations=1000)
```

SAE_obj[[n]]$X.output 명령으로 마지막 노드의 결과 값을 추출할 수 있다.

▌ 노이즈 제거 오토인코더 설정

노이즈 제거 오토인코더는 입력 데이터셋에서 견고한 특징을 추출하는 데 초점을 둔 오토인코더다. 노이즈 제거 오토인코더는 오토인코더와 비슷하지만 데이터를 망 훈련 이전에 왜곡한다는 점에서 구분된다. 왜곡 방법에는 데이터에 무작위 오류를 삽입하는 마스킹 등 다양한 방법이 있다.

준비

CIFAR-10 이미지 데이터로 노이즈 제거 데이터셋을 설정한다.

- (3장에서 다룬) download_cifar_data 함수로 CIFAR-10 데이터셋을 다운로드
  한다.
- R과 파이썬의 텐서플로를 설치한다.

예제 구현

먼저 데이터셋을 읽어 와야 한다.

데이터셋 읽기

1. 3장에서 다룬 방법으로 CIFAR 데이터셋을 불러온다. 여기서는 data_batch_1
   과 data_batch_2 데이터 파일을 사용해 훈련할 것이다. 그리고 data_
   batch_5와 test_batch 파일을 각각 검증과 테스트에 사용한다. 먼저 데이터
   를 flat_data 함수로 평탄화한다.

```
train_data <- flat_data(x_listdata = images.rgb.train)
test_data <- flat_data(x_listdata = images.rgb.test)
valid_data <- flat_data(x_listdata = images.rgb.valid)
```

2. flat_data 함수는 데이터셋을 열 수=(높이×너비×채널 수)로 평탄화하므로,
   데이터셋의 차원은 (이미지 수×열 수)가 된다. CIFAR의 이미지 해상도는
   32×32이며, 각 이미지의 채널은 RGB 3개이므로 평탄화한 후 열은 총 3,072개
   가 된다.

```
dim(train_data$images)
```

```
[1] 40000 3072
```

데이터 왜곡

1. 다음으로 노이즈 제거 오토인코더 설정의 중요한 함수인 데이터 왜곡을 실행한다.

```
# 마스킹 혹은 소금과 후추 노이즈법으로 노이즈 추가
add_noise<-function(data, frac=0.10, corr_type=c("masking",
        "saltPepper", "none")){
    if(length(corr_type)>1) corr_type<-corr_type[1]

    # 데이터 복사본 할당
    data_noise = data

    # 오토인코더 매개변수 확인
    nROW<-nrow(data)
    nCOL<-ncol(data)
    nMask<-floor(frac*nCOL)
    if(corr_type=="masking"){
        for( i in 1:nROW){
            maskCol<-sample(nCOL, nMask)
            data_noise[i,maskCol,,]<-0
        }
    } else if(corr_type=="saltPepper"){
        minval<-min(data[,,1,])
        maxval<-max(data[,,1,])
        for( i in 1:nROW){
            maskCol<-sample(nCOL, nMask)
            randval<-runif(length(maskCol))
            ixmin<-randval<0.5
            ixmax<-randval>=0.5
            if(sum(ixmin)>0) data_noise[i,maskCol[ixmin],,]<-minval
            if(sum(ixmax)>0) data_noise[i,maskCol[ixmax],,]<-maxval
```

```
        }
    } else
    {
        data_noise<-data
    }
    return(data_noise)
}
```

2. 다음 스크립트로 CIFAR-10 데이터를 왜곡시킨다.

```
# 입력 신호 왜곡
xcorr<-add_noise(train_data$images, frac=0.10, corr_type="masking")
```

3. 다음 예시 이미지처럼 왜곡이 발생한다.

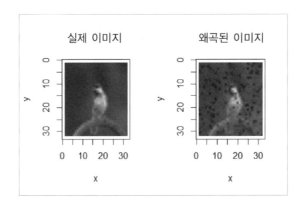

4. 위 그림은 마스킹으로 노이즈를 추가한다. 마스킹masking은 정의한 부분의 무
   작위 이미지 위치에 0 값을 더한다. 소금과 후추 노이즈salt & pepper noise를 사용
   해 노이즈를 추가할 수도 있다. 소금과 후추 방법은 이미지에서 무작위 위치
   를 골라 동전 던지기 원리에 따라 최솟값 혹은 최댓값으로 변경한다. 다음
   그림은 소금과 후추 방법의 예를 보여준다.

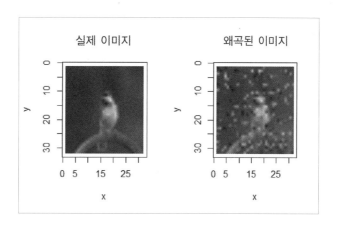

실제 이미지   왜곡된 이미지

데이터 왜곡으로 더 견고한 표현형을 학습할 수 있다.

노이즈 제거 오토인코더 설정

다음 단계로 오토인코더 모델을 설정한다.

1. 먼저 다음과 같이 그래프를 리셋하고 인터랙티브 세션을 시작한다.

```
# 그래프 리셋과 인터랙티브 세션 시작
tf$reset_default_graph()
sess<-tf$InteractiveSession()
```

2. 다음으로 입력 신호와 왜곡 신호를 저장할 플레이스홀더를 정의한다.

```
# 입력을 플레이스홀더 변수로 정의
x = tf$placeholder(tf$float32, shape=shape(NULL, img_size_flat),
    name='x')
x_c<-tf$placeholder(tf$float32, shape=shape(NULL,img_size_flat),
    name='x_corrput')
```

x_corrput 변수를 오토인코더의 입력 값으로 사용하고, 실제 이미지 *x*를 출력 값으로 사용한다.

3. 다음 코드로 노이즈 제거 오토인코더 함수를 만든다.

```
# 노이즈 제거 오토인코더 설정
denoisingAutoencoder<-function(x, x_corrput, img_size_flat=3072,
        hidden_layer=c(1024, 512), out_img_size=256){

    # 인코더 빌드
    encoder = NULL
    n_input<-img_size_flat
    curentInput<-x_corrput
    layer<-c(hidden_layer, out_img_size)
    for(i in 1:length(layer)){
        n_output<-layer[i]
        W = tf$Variable(tf$random_uniform(shape(n_input, n_output),
            -1.0 / tf$sqrt(n_input), 1.0 / tf$sqrt(n_input)))
        b = tf$Variable(tf$zeros(shape(n_output)))
        encoder<-c(encoder, W)
        output = tf$nn$tanh(tf$matmul(curentInput, W) + b)
        curentInput = output
        n_input<-n_output
    }

    # 잠재 표현형
    z = curentInput
    encoder<-rev(encoder)
    layer_rev<-c(rev(hidden_layer), img_size_flat)

    # 동일 가중치로 디코더 생성
    decoder<-NULL
    for(i in 1:length(layer_rev)){
        n_output<-layer_rev[i]
        W = tf$transpose(encoder[[i]])
        b = tf$Variable(tf$zeros(shape(n_output)))
```

```
        output = tf$nn$tanh(tf$matmul(curentInput, W) + b)
        curentInput = output
    }

    # 망을 통한 재생성
    y = curentInput

    # 픽셀 단위 차이 감지 손실 함수
    cost = tf$sqrt(tf$reduce_mean(tf$square(y - x)))
    return(list("x"=x, "z"=z, "y"=y, "x_corrput"=x_corrput,
            "cost"=cost))
}
```

4. 노이즈 제거 객체를 생성한다.

```
# 노이즈 제거 오토인코더 객체 생성
dae_obj<-denoisingAutoencoder(x, x_corrput, img_size_flat=3072,
        hidden_layer=c(1024, 512), out_img_size=256)
```

5. 손실 함수를 설정한다.

```
# 학습 설정
learning_rate = 0.001
optimizer =
        tf$train$AdamOptimizer(learning_rate)$minimize(dae_obj$cost)
```

6. 최적화를 실행한다.

```
# 그래프 사용 세션 생성
sess$run(tf$global_variables_initializer())
for(i in 1:500){
    spls <- sample(1:dim(xcorr)[1],1000L)
```

```
if (i %% 1 == 0) {
    x_corrput_ds<-add_noise(train_data$images[spls, ], frac = 0.3,
        corr_type = "masking")
    optimizer$run(feed_dict = dict(x=train_data$images[spls, ],
        x_corrput=x_corrput_ds))
    trainingCost<-dae_obj$cost$eval((feed_dict =
        dict(x=train_data$images[spls, ],
        x_corrput=x_corrput_ds)))
    cat("Training Cost - ", trainingCost, "\n")
}
}
```

예제 분석

오토인코더는 입력과 출력 간의 관계를 포착하는 특징의 함수형을 지속적으로 학습한다. 다음 그림에서 1,000회 반복 이후 컴퓨터가 시각화한 이미지의 예를 볼 수 있다.

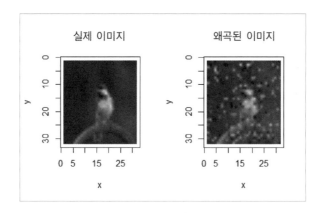

1,000회 반복 이후 오토인코더가 객체의 주요 부분과 환경을 구분해내는 것을 알 수 있다. 알고리즘을 더 실행해 가중치를 조정하면 다음 그림처럼 객체의 특징을 더 학습한다.

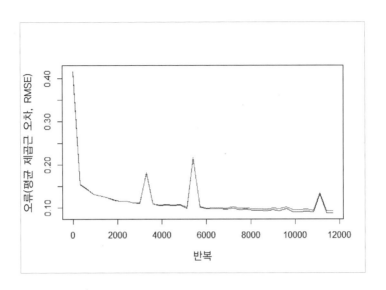

위 그래프는 모델이 지속적으로 학습하지만, 학습률은 다음 이미지처럼 더 자세한 특징을 학습하게 됨에 따라 작아진다는 사실을 알려준다. 배치 경사 하강 때문에 모델의 오차가 증가하는 부분도 존재한다.

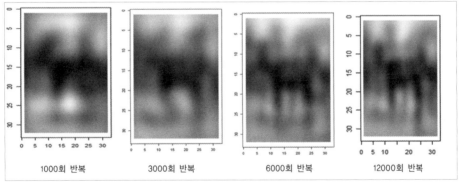

노이즈 제거 오토인코더 학습 시각화

▌ 확률 인코더와 디코더 생성과 비교

확률 인코더는 생성 모델링^{generative modelling}의 일종으로, 주어진 데이터 X를 다른 고차원 공간으로 변형하는 결합 확률 $P(X)$를 학습한다. 예를 들어 이미지의 픽셀 의존관계와 분포를 학습해 주어진 이미지와 유사하지만 동일하지는 않은 이미지를 생성할 때 사용한다. 생성 모델링에서 자주 사용하는 접근법 중 하나가 분산 오토인코더^{VAE,} ^{Variational AutoEncoder}다. VAE는 $h \sim p(h)$(값과 확률 간 관계)에 대해 강한 분포 가정(가우시안이나 베르누이 분포 등)을 둬 딥러닝과 통계적 추론^{statistical inference}을 결합한다. 주어진 가중치 W에 대해 가정된 분포에서 $P_w(X|h)$로 X의 샘플을 얻을 수 있다. 다음 그림에서 VAE 구조의 예를 볼 수 있다.

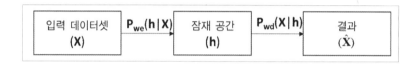

VAE의 손실 함수는 로그 확률 최대화에 기반을 둔다. 해당 손실 함수는 재구성 오차와 일반화 오차로 구성된다.

$$손실 = 재구성\ 오차 + 일반화\ 오차$$

재구성 오차는 훈련 데이터와 결과 사이의 연관성을 나타내고, 일반화 오차는 인코더와 디코더에서 형성된 분포에 페널티를 준다.

준비

R 환경에 텐서플로를 설치하고 불러와야 한다.

```
require(tensorflow)
```

디펜던시를 불러와야 한다.

```
require(imager)
require(caret)
```

MNIST 데이터셋을 불러와야 한다. 다음 스크립트로 데이터셋을 정규화한다.

```
# 데이터 정규화
normalizeObj<-preProcess(trainData, method="range")
trainData<-predict(normalizeObj, trainData)
validData<-predict(normalizeObj, validData)
```

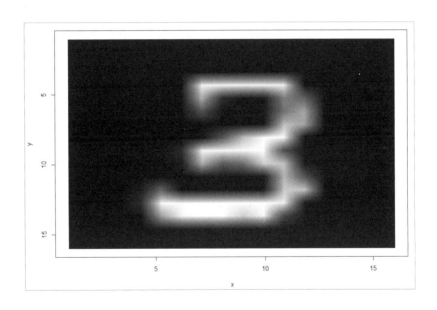

예제 구현

1. MNIST 데이터셋으로 희소 분해$^{sparse\ decomposition}$의 개념을 설명한다. MNIST 데이터셋은 손 글씨 숫자로 구성된다. tensorflow 데이터셋 라이브러리에서 해

당 데이터셋을 다운로드할 수 있다. MNIST는 28×28 픽셀 크기의 손 글씨 이미지 데이터셋이다. 데이터셋에는 각각 훈련용 예시 55000개, 검증용 예시 10000개, 테스트용 예시 5000개가 있다. 다음 스크립트로 tensorflow 라이브러리에서 데이터셋을 다운로드할 수 있다.

```
library(tensorflow)
datasets <- tf$contrib$learn$datasets
mnist <- datasets$mnist$read_data_sets("MNIST-data",
        one_hot = TRUE)
```

2. 계산 단순화를 위해 다음 함수를 사용해 MNIST 이미지 크기를 28×28 픽셀에서 16×16 픽셀로 축소한다.

```
# 이미지 크기 축소 함수
reduceImage<-function(actds, n.pixel.x=16, n.pixel.y=16){
    actImage<-matrix(actds, ncol=28, byrow=FALSE)
    img.col.mat <- imappend(list(as.cimg(actImage)),"c")
    thmb <- resize(img.col.mat, n.pixel.x, n.pixel.y)
    outputImage<-matrix(thmb[,,1,1], nrow = 1, byrow = F)
    return(outputImage)
}
```

3. 다음 스크립트로 위에서 정의한 함수를 실행해 훈련 데이터를 16×16 픽셀 크기로 변환한다.

```
# 훈련 데이터를 16x16 크기로 변환
trainData<-t(apply(mnist$train$images, 1, FUN=reduceImage))
validData<-t(apply(mnist$test$images, 1, FUN=reduceImage))
```

4. plot_mnist 함수로 선택한 MNIST 이미지를 시각화한다.

```
# MNIST 데이터셋 시각화 함수
plot_mnist<-function(imageD, pixel.y=16){
    actImage<-matrix(imageD, ncol=pixel.y, byrow=FALSE)
    img.col.mat <- imappend(list(as.cimg(actImage)), "c")
    plot(img.col.mat)
}
```

VAE 모델 설정

1. 새 텐서플로 환경을 시작한다.

```
tf$reset_default_graph()
sess<-tf$InteractiveSession()
```

2. 망 매개변수를 정의한다.

```
n_input=256
n.hidden.enc.1<-64
```

3. 새 텐서플로 환경을 시작한다.

```
tf$reset_default_graph()
sess<-tf$InteractiveSession()
```

4. 망 매개변수를 정의한다.

```
n_input=256
n.hidden.enc.1<-64
```

앞의 매개변수로 다음과 같이 VAE 망을 만든다.

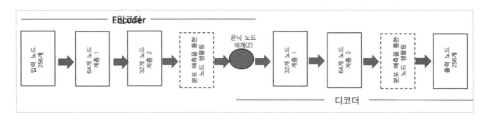

5. 모델 초기화 함수를 정의한다. encoder와 decoder 각 계층의 가중치와 편향을 정의해야 한다.

```
model_init<-function(n.hidden.enc.1, n.hidden.enc.2,
                     n.hidden.dec.1, n.hidden.dec.2,
                     n_input, n_h)
{
    weights<-NULL
    ##########################
    # 인코더 설정
    ##########################
    # 인코더 계층 1, 2 초기화
    weights[["encoder_w"]][["h1"]]=
        tf$Variable(xavier_init(n_input, n.hidden.enc.1))
    weights[["encoder_w"]][["h2"]]=
        tf$Variable(xavier_init(n.hidden.enc.1, n.hidden.enc.2))
    weights[["encoder_w"]][["out_mean"]]=
        tf$Variable(xavier_init(n.hidden.enc.2, n_h))
    weights[["encoder_w"]][["out_log_sigma"]]=
        tf$Variable(xavier_init(n.hidden.enc.2, n_h))
    weights[["encoder_b"]][["b1"]]=
        tf$Variable(tf$zeros(shape(n.hidden.enc.1),
        dtype=tf$float32))
    weights[["encoder_b"]][["b2"]]=
        tf$Variable(tf$zeros(shape(n.hidden.enc.2),
        dtype=tf$float32))
```

```
weights[["encoder_b"]][["out_mean"]]=
        tf$Variable(tf$zeros(shape(n_h), dtype=tf$float32))
weights[["encoder_b"]][["out_log_sigma"]]=
        tf$Variable(tf$zeros(shape(n_h), dtype=tf$float32))

##########################
# 디코더 설정
##########################
weights[['decoder_w']][["h1"]]=
        tf$Variable(xavier_init(n_h, n.hidden.dec.1))
weights[['decoder_w']][["h2"]]=
        tf$Variable(xavier_init(n.hidden.dec.1, n.hidden.dec.2))
weights[['decoder_w']][["out_mean"]]=
        tf$Variable(xavier_init(n.hidden.dec.2, n_input))
weights[['decoder_w']][["out_log_sigma"]]=
        tf$Variable(xavier_init(n.hidden.dec.2, n_input))
weights[['decoder_b']][["b1"]]=
        tf$Variable(tf$zeros(shape(n.hidden.dec.1),
        dtype=tf$float32))
weights[['decoder_b']][["b2"]]=
        tf$Variable(tf$zeros(shape(n.hidden.dec.2),
        dtype=tf$float32))
weights[['decoder_b']][["out_mean"]]=
        tf$Variable(tf$zeros(shape(n_input), dtype=tf$float32))
weights[['decoder_b']][["out_log_sigma"]]=
        tf$Variable(tf$zeros(shape(n_input), dtype=tf$float32))
return(weights)
}
```

model_init 함수는 2차원 리스트형의 weights(가중치)를 리턴한다. 첫 번째
차원은 가중치의 연관관계와 종류를 나타낸다. 예를 들어 해당 weights 변수
가 인코더 혹은 디코더에 할당됐는가와 노드 혹은 편향의 가중치를 저장하는
가를 나타낸다. model_init 함수 내의 xavier_init 함수는 모델 훈련 시 초
기 가중치를 할당하는 데 사용한다.

```
# 균일 분포(uniform distribution)에 따른 자비어(Xavier) 초기화
xavier_init<-function(n_inputs, n_outputs, constant=1){
    low = -constant*sqrt(6.0/(n_inputs + n_outputs))
    high = constant*sqrt(6.0/(n_inputs + n_outputs))
    return(tf$random_uniform(shape(n_inputs, n_outputs), minval=low,
            maxval=high, dtype=tf$float32))
}
```

6. 인코더 평가 함수를 설정한다.

```
# 인코더 갱신 함수
vae_encoder<-function(x, weights, biases){
    layer_1 = tf$nn$softplus(tf$add(tf$matmul(x, weights[['h1']]),
            biases[['b1']]))
    layer_2 = tf$nn$softplus(tf$add(tf$matmul(layer_1,
            weights[['h2']]), biases[['b2']]))
    z_mean = tf$add(tf$matmul(layer_2, weights[['out_mean']]),
            biases[['out_mean']])
    z_log_sigma_sq = tf$add(tf$matmul(layer_2,
            weights[['out_log_sigma']]), biases[['out_log_sigma']])
    return (list("z_mean"=z_mean, "z_log_sigma_sq"=z_log_sigma_sq))
}
```

vae_encoder 함수는 은닉 계층의 가중치와 편향을 사용해 계층 샘플링에 필요한 평균과 분산을 계산한다.

7. 디코더 평가 함수를 설정한다.

```
# 디코더 갱신 함수
vae_decoder<-function(z, weights, biases){
    layer1<-tf$nn$softplus(tf$add(tf$matmul(z, weights[["h1"]]),
            biases[["b1"]]))
    layer2<-tf$nn$softplus(tf$add(tf$matmul(layer1,
```

```
        weights[["h2"]]), biases[["b2"]]))
    x_reconstr_mean<-tf$nn$sigmoid(tf$add(tf$matmul(layer2,
        weights[['out_mean']]), biases[['out_mean']]))
    return(x_reconstr_mean)
}
```

vae_decoder 함수는 샘플링 계층의 결과와 평균 결과에 따른 평균과 표준 편차를 계산한다.

8. 재구성 예측에 필요한 함수를 설정한다.

```
# 매개변수 평가
network_ParEval<-function(x, network_weights, n_h){
    distParameter<-vae_encoder(x, network_weights[["encoder_w"]],
        network_weights[["encoder_b"]])
    z_mean<-distParameter$z_mean
    z_log_sigma_sq <-distParameter$z_log_sigma_sq

    # 가우시안 분포에 따라 샘플 z를 선정
    eps = tf$random_normal(shape(BATCH, n_h), 0, 1, dtype=tf$float32)

    # z = mu + sigma*epsilon
    z = tf$add(z_mean, tf$multiply(tf$sqrt(tf$exp(z_log_sigma_sq)),
        eps))

    # 생성 함수로 입력 재구성 값의 베르누이 분포 평균을 결정
    x_reconstr_mean <- vae_decoder(z, network_weights[["decoder_w"]],
        network_weights[["decoder_b"]])
    return(list("x_reconstr_mean"=x_reconstr_mean,
        "z_log_sigma_sq"=z_log_sigma_sq, "z_mean"=z_mean))
}
```

9. 최적화에 필요한 손실 함수를 정의한다.

```
# VAE 손실 함수
vae_optimizer<-function(x, networkOutput){
    x_reconstr_mean<-networkOutput$x_reconstr_mean
    z_log_sigma_sq<-networkOutput$z_log_sigma_sq
    z_mean<-networkOutput$z_mean
    loss_reconstruction<--1*tf$reduce_sum(x*tf$log(1e-10 +
            x_reconstr_mean)+ (1-x)*tf$log(1e-10 + 1 -
            x_reconstr_mean), reduction_indices=shape(1))
    loss_latent<--0.5*tf$reduce_sum(1+z_log_sigma_sq-
            tf$square(z_mean)-tf$exp(z_log_sigma_sq),
            reduction_indices=shape(1))
    cost = tf$reduce_mean(loss_reconstruction + loss_latent)
    return(cost)
}
```

10. 모델을 설정해 학습을 준비한다.

```
# VAE 초기화
x = tf$placeholder(tf$float32, shape=shape(NULL, img_size_flat),
        name='x')
network_weights<-model_init(n.hidden.enc.1, n.hidden.enc.2,
                            n.hidden.dec.1, n.hidden.dec.2
                            n_input, n_h)
networkOutput<-network_ParEval(x, network_weights, n_h)
cost=vae_optimizer(x, networkOutput)
optimizer = tf$train$AdamOptimizer(lr)$minimize(cost)
```

11. 최적화를 실행한다.

```
sess$run(tf$global_variables_initializer())
for(i in 1:ITERATION){
```

```
spls <- sample(1:dim(trainData)[1],BATCH)
out<-optimizer$run(feed_dict = dict(x=trainData[spls,]))
if (i %% 100 == 0){
    cat("반복 - ", i, "훈련 오차 - ", cost$eval(feed_dict =
            dict(x=trainData[spls,])), "\n")
  }
}
```

VAE 인코더 결과 값

1. 다음 스크립트로 결과 값을 생성할 수 있다.

```
spls <- sample(1:dim(trainData)[1],BATCH)
networkOutput_run<-sess$run(networkOutput, feed_dict =
        dict(x=trainData[spls,]))

# 재구성된 이미지 시각화
x_sample<-trainData[spls,]
NROW<-nrow(networkOutput_run$x_reconstr_mean)
n.plot<-5
par(mfrow = c(n.plot, 2), mar = c(0.2, 0.2, 0.2, 0.2),
        oma = c(3, 3, 3, 3))
pltImages<-sample(1:NROW,n.plot)
for(i in pltImages){
    plot_mnist(x_sample[i,])
    plot_mnist(networkOutput_run$x_reconstr_mean[i,])
}
```

다음 그림은 VAE 오토인코더를 20,000회 반복시킨 후의 결과 값을 보여준다.

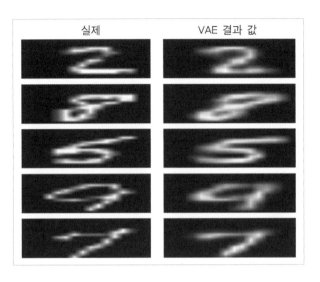

VAE는 생성 모델이므로 결과 값이 입력 값과 동일하지 않다. 또한 예측 분포에서 제시할 샘플을 추출하므로 실행 시마다 결과가 달라질 수 있다.

▌ 오토인코더 다양체 학습

머신 러닝에서 다양체manifold 학습은 데이터가 상대적으로 매우 낮은 차원의 다양체에 있음을 가정하는 접근법이다. 다양체는 선형적이거나 비선형적일 수 있다. 따라서 다양체 학습 분야는 데이터를 고차원 공간에서 저차원으로 투사하는 데 목적을 둔다. 선형 다양체 학습의 예로는 주성분 분석PCA이 있으며, 비선형 차원 축소NDR, Non-linear Dimensionality Reduction의 예로는 오토인코더가 있다. 비선형 차원 축소는 저차원의 비선형 다양체를 학습할 수 있다. 다음 그림에서 선형과 비선형 다양체 학습의 차이를 확인할 수 있다.

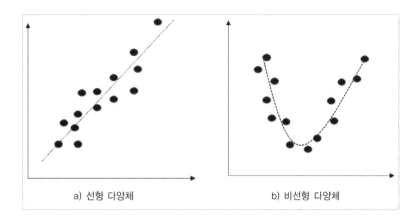

a) 선형 다양체　　　　　　　b) 비선형 다양체

그래프 a)에서는 데이터가 선형 다양체에 있으며, 그래프 b)에서는 2차 비선형 다양체에 있다.

예제 구현

'적층 오토인코더' 절의 결과 값을 사용해 다양체가 다른 차원으로 변환됐을 때 어떻게 보이는지 분석해보자.

주성분 분석 설정

1. 비선형 다양체를 다루기 전에 객실 사용 데이터를 주성분 분석으로 분석해 보자.

```
# 주성분 분석 설정
pca_obj <- prcomp(occupancy_train$data,
                  center = TRUE,
                  scale. = TRUE)
                  scale. = TRUE)
```

2. 이 함수는 데이터를 특징들의 선형 조합을 나타내는 6개의 수직 방향으로 변환한다. 다음 스크립트로 각 차원의 분산을 볼 수 있다.

```
plot(pca_obj, type = "l")
```

3. 위 명령은 다음 그림과 같이 주성분 간의 분산을 시각화한다.

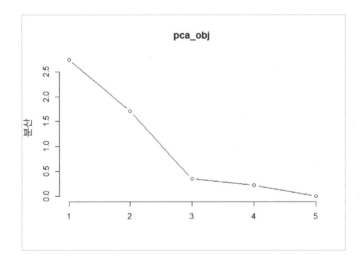

4. 객실 사용 데이터에서는 첫 번째와 두 번째 주성분이 주성분 대부분을 결정한다. 따라서 주성분을 시각화했을 때 첫 번째와 두 번째 주성분이 객실 사용 클래스와 비사용 클래스 여부를 구분한다. 다음 그림에서 그 결과를 볼 수 있다.

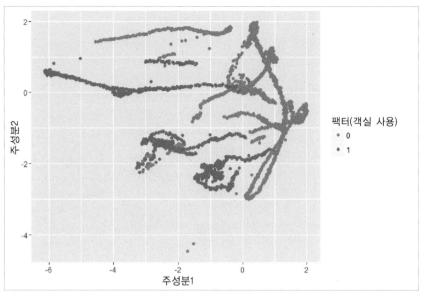

첫 번째 두 번째 주성분 결과

5. 오토인코더가 학습한 저차원 다양체를 시각화해보자. 다음과 같이 차원을 하나만 사용해서 데이터를 그린다.

```
SAE_obj<-SAENET.train(X.train= subset(occupancy_train$data,
    select=-c(Occupancy)), n.nodes=c(4, 3, 1), unit.type ="tanh",
    lambda = 1e-5, beta = 1e-5, rho = 0.01, epsilon = 0.01,
    max.iterations=1000)
```

6. 위 스크립트의 인코더 아키텍처는 다음과 같다.

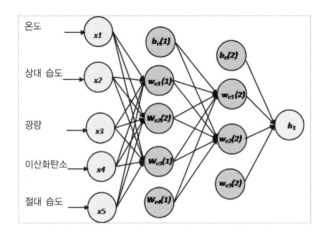

적층 오토인코더의 단일 잠재 노드 은닉 계층 결과 값은 다음과 같다.

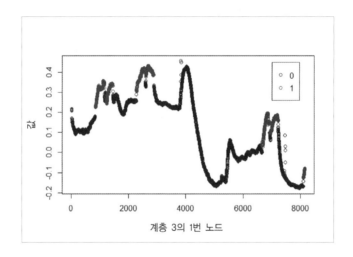

7. 위 그래프는 잠재 변수의 고점에서 객실 사용 여부가 사용(참) 클래스로 결정된다는 사실을 보여준다. 그러나 고점이 둘 이상 존재하는 문제가 있다. 주성분 분석이 포착한 대로 잠재 변수를 2로 늘려보자. 다음 스크립트로 모델을 생성하고 데이터를 시각화할 수 있다.

```
SAE_obj<-SAENET.train(X.train= subset(occupancy_train$data,
        select=-c(Occupancy)), n.nodes=c(4, 3, 2), unit.type ="tanh",
        lambda = 1e-5, beta = 1e-5, rho = 0.01, epsilon = 0.01,
        max.iterations=1000)

# 인코더 값 시각화
plot(SAE_obj[[3]]$X.output[,1], SAE_obj[[3]]$X.output[,2],
        col="blue", xlab = "계층 3의 1번 노드", ylab = "계층 3의 2번 노드")
ix<-occupancy_train$data[,6]==1
points(SAE_obj[[3]]$X.output[ix,1], SAE_obj[[3]]$X.output[ix,2],
        col="red")
```

8. 다음 그림에서 2계층 인코더의 부호화 결과를 볼 수 있다.

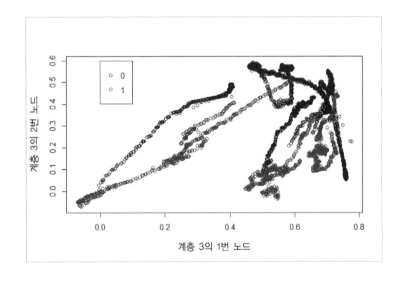

▌ 희소 분해 평가

스파스 오토인코더 또는 오버컴플릿 오토인코더는 은닉 계층의 노드 수가 입력 계층의 노드 수보다 큰 오토인코더를 만든다. 스파스 오토인코더는 주로 희소성 매개변수

(일반화)를 이용해 실행한다. 희소성 매개변수는 제한 항으로 작용해 노드의 활성화를 막는다. 희소성을 희소성 제한으로 발생한 노드 드롭아웃으로 이해할 수도 있다. 스파스 오토인코더의 손실 함수는 재구성 오차, 가중치 감쇠를 표현할 정규화 개념, 회소성 제한 항의 KL 발산^{KL divergence, Kullback-Leibler divergence}으로 구성된다. 다음 수식으로 손실 함수의 구조를 자세히 알아보자.

$$\left\|\mathbf{X} - f(\mathbf{h})\right\|^2 + \frac{\lambda}{2}\left\|\mathbf{W}\right\|^2 + \beta J_{KL}(\rho\|\hat{\rho})$$

위 수식에서 X와 $f(h)$는 각각 입력 행렬과 디코더 결과 값을 나타낸다. W는 노드의 가중치 행렬을 나타내고, λ와 β는 각각 일반화 매개변수와 희소성 항의 페널티를 나타낸다. $J_{KL}(\rho\|\hat{\rho})$은 희소성 항 ρ의 KL 발산 값을 나타낸다. 주어진 희소성 매개변수의 KL 발산은 다음과 같이 계산할 수 있다.

$$J_{KL}(\rho\|\hat{\rho}) = \sum_{i=1}^{n} \rho \log(\frac{\rho}{\hat{\rho}_i}) + (1-\rho)\log(\frac{1-\rho}{1-\hat{\rho}_i})$$

위 수식의 n은 계층 h의 노드 수를 나타내고, $\hat{\rho}$는 은닉 계층 정규화 뉴런의 평균 활성화 정도 벡터를 나타낸다.

준비

1. 앞 절에서 데이터셋을 불러오고 설정했다.
2. 다음 스크립트로 autoencoder 패키지를 설치하고 불러온다.

```
install.packages("autoencoder")
require(autoencoder)
```

예제 구현

1. 텐서플로 표준 오토인코더 코드의 손실 함수를 갱신하면 손쉽게 스파스 오토
인코더 모듈로 확장할 수 있다. 이 절에서는 스파스 오토인코더 실행 기능이
포함된 R 오토인코더 패키지를 소개한다.

```
### 매개변수 설정
nl<-3
N.hidden<-100
unit.type<-"logistic"
lambda<-0.001
rho<-0.01
beta<-6
max.iterations<-2000
epsilon<-0.001

### 스파스 오토인코더 실행
spe_ae_obj <- autoencode(X.train=trainData, X.test = validData,
        nl=nl, N.hidden=N.hidden,
        unit.type=unit.type,lambda=lambda,beta=beta,
        epsilon=epsilon,rho=rho,max.iterations=max.iterations,
        rescale.flag = T)
```

autoencode 함수의 주요 매개변수는 다음과 같다.

- **nl** 입력과 출력 계층을 포함한 계층 수(기본 값은 3)
- **N.hidden** 각 은닉 계층의 뉴런 수를 담은 벡터
- **unit.type** 사용할 활성화 함수 종류
- **lambda** 일반화 매개변수
- **rho** 희소성 매개변수
- **beta** 희소성 항의 페널티
- **max.iterations** 최대 반복 수

- **epsilon** 가중치 초기화 매개변수. 가우시안 분포 ~N(0, epsilon2)로 초기화

예제 분석

다음 그림은 스파스 오토인코더가 포함한 MNIST 데이터셋의 숫자 모양과 위치를 보여준다.

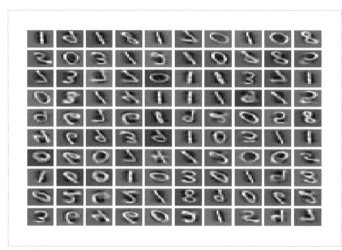

스파스 오토인코더가 숫자 결과 값을 얻기 위해 생성한 필터

스파스 오토인코더가 학습한 필터를 오토인코더 패키지의 `visualize.hidden.units` 함수로 시각화할 수 있다. 해당 함수는 결과 값에 따른 최종 계층의 가중치를 그린다. 예시의 경우 은닉 계층 뉴런 수는 100이며, 출력 계층 노드 수는 256이다.

05

딥러닝 생성 모델

5장에서 다루는 내용은 다음과 같다.

- RBM과 주성분 분석 비교
- 베르누이 분포 입력 값의 RBM 설정
- RBM 훈련
- RBM 역방향 혹은 재구성 단계
- 재구성 CD 이해
- 새 텐서플로세션 초기화와 시작
- RBM 결과 평가
- RBM 협동 필터링 설정
- RBM 전체 훈련 수행

- DBN 설정
- 피드포워드 역전파 신경망 구현
- DRBM 설정

RBM과 주성분 분석 비교

이 절에서는 널리 사용되는 차원 축소 기법 두 가지를 배운다. 바로 주성분 분석과 제한 볼츠만 머신[RBM, Restricted Boltzmann Machine]이다. n차원의 벡터 v를 생각해보자. 차원 축소 기법은 벡터 v를 m차원의 상대적으로 작은(가끔은 동일한) 벡터 v'로 변환한다. 변환은 선형이거나 비선형적일 수 있다.

주성분 분석은 특징을 선형 변환해 수직으로[orthogonally] 조정된 성분을 생성한다. 이때 생성한 요소에 차후 분산 포착의 상대적 유용성에 따라 순서를 매긴다. 생성한 m개 요소를 새 입력 값으로 생각할 수 있으며, 다음과 같이 정의한다.

$$\text{벡터 } v' = \sum_{i=1}^{m} w_i c_i$$

위 수식에서 w와 c는 각각 가중치(무게)와 변환된 성분을 나타낸다.

주성분 분석과 달리 RBM(혹은 DBN, 오토인코더)은 4장에서 다뤘듯이 가시 유닛과 은닉 유닛 간의 관계를 이용해 비선형 변환을 수행한다. 비선형성을 통해 잠재 변수 간의 관계를 더 정확히 이해할 수 있다. 이 모델들은 정보 포착에 더해 노이즈 제거도 수행하는 경향이 있다. RBM은 일반적으로 확률 분포에 기반을 둔다(베르누이 분포 또는 가우시안 분포).

가시 계층과 은닉 계층 간의 연결 가중치를 학습하고 최적화하기 위해 깁스 샘플링 (Gibbs sampling)을 매우 많이 수행해야 한다. 최적화는 두 방향으로 이뤄진다. 먼저 정방향에서는 주어진 가시 계층에서 은닉 계층을 샘플링한다. 다음으로 역방향에서는 가시 계층을 주어진 은닉 계층으로 재샘플링한다. 최적화로 재구성 오차를 최소화한다.

다음 그림은 RBM을 나타낸다.

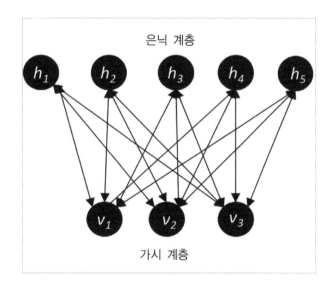

준비

이 절에서는 R(rbm과 ggplot2 패키지)과 **MNIST** 데이터셋이 필요하다. **MNIST** 데이터셋은 텐서플로 데이터셋 라이브러리에서 다운로드할 수 있다. **MNIST** 데이터셋은 28×28 픽셀 크기 손 글씨 이미지로 구성된다. 해당 데이터셋에는 훈련 이미지 55,000개, 검증 이미지 10,000개가 있다. 다음 스크립트로 tensorflow 라이브러리에서 데이터셋을 다운로드할 수 있다.

```
library(tensorflow)
datasets <- tf$contrib$learn$datasets
mnist <- datasets$mnist$read_data_sets("MNIST-data", one_hot = TRUE)
```

예제 구현

1. 훈련 데이터셋을 추출한다(trainX의 28×28=784개 독립 변수와 trainY의 바이너리 결과 값 10개).

   ```
   trainX <- mnist$train$images
   trainY <- mnist$train$labels
   ```

2. trainX 데이터로 주성분 분석을 실행한다.

   ```
   PCA_model <- prcomp(trainX, retx=TRUE)
   ```

3. trainX 데이터로 RBM을 실행한다.

   ```
   RBM_model <- rbm(trainX, retx=TRUE, max_epoch=500,num_hidden =900)
   ```

4. 생성한 모델로 훈련 데이터를 예측한다. RBM 모델의 경우 확률을 생성한다.

   ```
   PCA_pred_train <- predict(PCA_model)
   RBM_pred_train <- predict(RBM_model,type='probs')
   ```

5. 결과 값을 데이터프레임으로 변환한다.

   ```
   PCA_pred_train <- as.data.frame(PCA_pred_train)
   ```

```
class="MsoSubtleEmphasis">RBM_pred_train <-
        as.data.frame(as.matrix(RBM_pred_train))
```

6. 클래스 10개의 바이너리 trainY 데이터프레임을 숫자형 벡터로 변환한다.

```
trainY_num<-
        as.numeric(stringi::stri_sub(colnames(as.data.frame(trainY))
        [max.col(as.data.frame(trainY),ties.method="first")],2))
```

7. 주성분 분석으로 생성한 성분을 시각화한다. 도표에서 x축은 성분 1을 나타
   내고, y축은 성분 2를 나타낸다. 다음 그림은 주성분 분석 모델의 결과를 보여
   준다.

```
ggplot(PCA_pred_train, aes(PC1, PC2))+
        geom_point(aes(colour = trainY))+
        theme_bw( )+labs( )+
        theme(plot.title = element_text(hjust = 0.5))
```

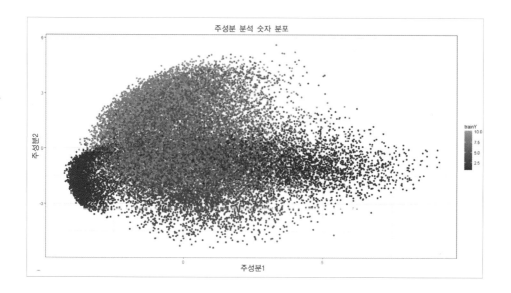

8. 주성분 분석으로 생성한 은닉 계층을 시각화한다. 도표에서 *x*축은 은닉 계층 1을 나타내고, *y*축은 은닉 계층 2를 나타낸다. 다음 그림은 RBM 모델의 결과를 보여준다.

```
ggplot(RBM_pred_train, aes(Hidden_2, Hidden_3))+
        geom_point(aes(colour = trainY))+
        theme_bw()+labs()+
        theme(plot.title = element_text(hjust = 0.5))
```

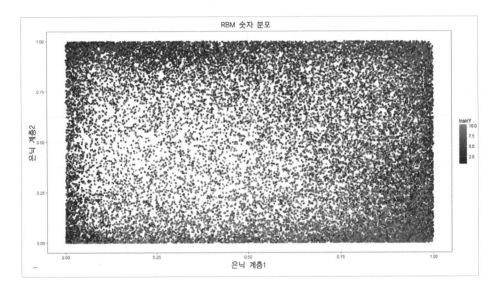

다음 코드와 이미지는 주성분에 따른 누적 분산을 보여준다.

```
var_explain <- as.data.frame(PCA_model$sdev^2/sum(PCA_model$sdev^2))
var_explain <- cbind(c(1:784),var_explain,cumsum(var_explain[,1]))
colnames(var_explain) <- c("PcompNo.","Ind_Variance","Cum_Variance")
plot(var_explain$PcompNo.,var_explain$Cum_Variance, xlim =
        c(0,100),type='b',pch=16,xlab = "주성분 수",ylab =
        "누적 분산",main = '주성분 분석 분산 이해')
```

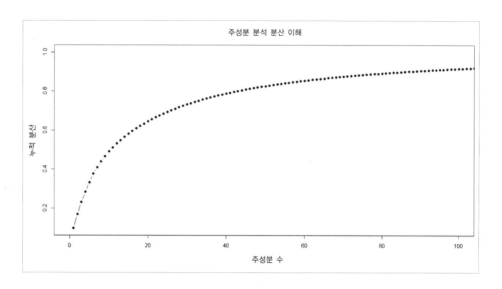

다음 코드와 이미지는 반복해서 RBM을 생성하는 동안 재구성 훈련 오차가 감소했다는 사실을 보여준다.

```
plot(RBM_model,xlab = "반복 횟수",ylab = "재구성 오차",main = 'RBM 재구성 오차')
```

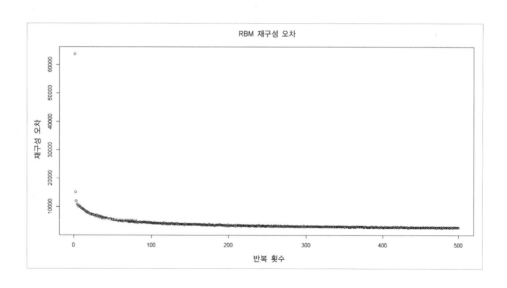

▍베르누이 분포 입력 값의 RBM 설정

RBM이 베르누이 분포$^{Bernoulli\ distribution}$ 입력 값을 처리하게 설정해보자. 베르누이 분포에서 각 특성은 (확률 분포와 동일하게) 0부터 1 사이의 값을 갖는다. (MNIST) 데이터셋의 입력 데이터는 베르누이 분포를 만족한다.

RBM은 가시 계층 하나와 은닉 계층 하나의 2계층으로 구성된다. 가시 계층은 입력 특성 수와 같은 입력 계층 노드 수다. 예시에서는 MNIST 데이터셋의 각 이미지가 (28×28 크기) 784 픽셀로 정의됐다. 따라서 가시 계층의 노드는 784개가 된다.

반면에 은닉 계층의 수는 일반적으로 사용자에 의해 정의된다. 은닉 계층은 이진 활성화 노드로 구성되며, 각 노드는 모든 가시 노드와 확률적으로 연결된다. 예시의 은닉 계층 노드 수는 900개다. 첫 단계로 가시 계층의 모든 노드를 양방향으로 은닉 계층의 모든 노드에 연결한다.

각 연결은 가중치로 정의한다. 따라서 입력 노드 수(행)와 은닉 노드 수(열)로 구성된 가중치 행렬을 정의할 수 있다. 예시의 가중치 행렬(w)는 784×900 차원의 텐서다.

가중치에 더해 각 계층의 모든 노드를 편향 노드로 보조한다. 가시 계층의 편향 노드는 모든 가시 노드(784개)와 연결되며, vb로 표현한다. 은닉 계층의 편향 노드는 모든 은닉 노드(900개)와 연결되며, vh로 표현한다.

 RBM에서 각 계층 내부의 노드 간에는 연결이 없다는 점을 기억해두자. 다른 말로 계층 간의 연결은 있지만, 계층 내의 연결은 없다.

다음 그림은 RBM의 가시 계층, 은닉 계층, 상호연결을 보여준다.

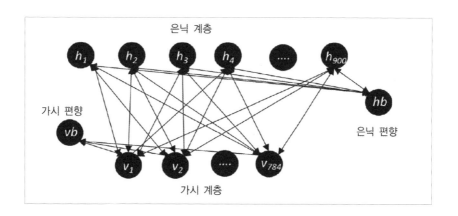

준비

RBM 설정에 필요한 사항은 다음과 같다.

- R의 텐서플로 설치와 설정의 완료
- mnist 데이터를 다운로드하고 RBM에 사용할 수 있게 설정 완료

예제 구현

이 절에서는 텐서플로를 사용해 RBM 가시 계층과 은닉 계층을 설정하는 방법을 단계적으로 다룬다.

1. 새 텐서플로 인터랙티브 세션을 시작한다.

```
# 그래프 리셋
tf$reset_default_graph()

# 인터랙티브 세션을 시작
sess <- tf$InteractiveSession()
```

2. 모델 매개변수를 정의한다. num_input 매개변수로 가시 계층의 노드 수를 정의하고, num_hidden 매개변수로 은닉 계층의 노드 수를 정의한다.

```
num_input<-784L
num_hidden<-900L
```

3. 가중치 행렬 플레이스홀더 변수를 만든다.

```
W <- tf$placeholder(tf$float32, shape = shape(num_input,
    num_hidden))
```

4. 가시 편향과 은닉 편향 플레이스홀더 변수를 만들자.

```
vb <- tf$placeholder(tf$float32, shape = shape(num_input))
hb <- tf$placeholder(tf$float32, shape = shape(num_hidden))
```

▌ RBM 훈련

각 RBM 훈련 회차는 정방향과 역방향(혹은 재구성) 두 단계를 거친다. 정방향과 역방향 단계를 반복함에 따라 가시 유닛의 재구성 형태가 조정된다.

정방향 단계 훈련 정방향 단계에서는 입력 데이터가 가시 계층에서 은닉 계층으로 이동하고, 모든 계산이 은닉 계층 노드 안에서 일어난다. 정방향 단계의 계산은 가시 계층에서 은닉 계층으로 향하는 각 연결의 확률적 선택을 내리는 것과 동일하다. 은닉 계층은 입력 데이터(x)를 가중치 행렬(w)와 곱한 후 은닉 편향 벡터(hb)에 더한다.

은닉 노드 수와 동일한 크기의 결과 벡터를 차례로 시그모이드 함수에 통과시켜 각 은닉 노드의 결과(또는 활성화 상태)를 결정한다. 예시에서는 각 입력 숫자가 확률 900개의 텐서 벡터를 생산한다. 따라서 입력 숫자가 55,000개 있으므로 활성화 행렬의 크기는 55,000×900이 된다. 은닉 계층의 확률 분포 행렬을 사용해 활성화 벡터 샘플을 생성할 수 있다. 이때 생성한 샘플은 후에 역경사$^{\text{negative phase gradient}}$ 측정에 사용한다.

준비

RBM 설정에 필요한 사항은 다음과 같다.

- R의 텐서플로 설치와 설정 완료
- mnist 데이터를 다운로드하고 RBM에 사용할 수 있게 설정 완료
- '베르누이 분포 입력 값의 RBM 설정' 절에 설명한 내용에 따라 RBM 모델 설정 완료

샘플링 예시

확률 텐서 벡터와 동등한 상수 벡터 s1을 가정하자. 다음으로 상수 벡터 s1의 분포를 사용해 새로운 무작위 정규 분포 샘플 s2를 만든다. 그리고 둘의 차이를 계산해 ReLU 활성화 함수를 적용한다.

예제 구현

이 절에서는 텐서플로 RBM 모델 실행 스크립트를 설정하는 방법을 다룬다.

```
X = tf$placeholder(tf$float32, shape=shape(NULL, num_input))
prob_h0= tf$nn$sigmoid(tf$matmul(X, W) + hb)
h0 = tf$nn$relu(tf$sign(prob_h0 - tf$random_uniform(tf$shape(prob_h0))))
```

다음 코드로 미리 생성해둔 텐서플로 그래프를 실행한다.

```
sess$run(tf$global_variables_initializer())
s1 <- tf$constant(value = c(0.1,0.4,0.7,0.9))
cat(sess$run(s1))
s2=sess$run(tf$random_uniform(tf$shape(s1)))
cat(s2)
cat(sess$run(s1-s2))
cat(sess$run(tf$sign(s1 - s2)))
cat(sess$run(tf$nn$relu(tf$sign(s1 - s2))))
```

▌RBM 역방향 혹은 재구성 단계

재구성 단계에서는 은닉 계층의 데이터가 다시 가시 계층으로 되돌아간다. 확률 은닉 계층 벡터 h0에 가중치 행렬 W의 전치행렬을 곱한 후 가식 계층 편향 vb를 더하고, 시그모이드 함수에 통과시키면 재구성 입력 벡터 prob_v1을 얻을 수 있다.

재구성 입력 벡터로 샘플 입력 벡터를 만들 수 있다. 만든 샘플 벡터에 가중치 행렬 W를 곱하고 은닉 편향 벡터 hb를 더하면 갱신된 확률 은닉 벡터 h1을 얻을 수 있다.

이 과정을 깁스 샘플링Gibbs sampling으로 부른다. 가끔은 샘플 입력 벡터를 만들지 않고 재구성 입력 벡터 prob_v1을 직접 사용해서 h1을 갱신한다.

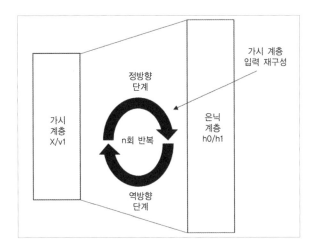

준비

입력 확률 벡터를 사용한 이미지 재구성의 필요 사항은 다음과 같다.

- R 환경에 mnist 데이터 불러오기 완료
- 'RBM 훈련' 절의 내용으로 훈련한 RBM 모델

예제 구현

이 절에서는 역방향 재구성과 평가를 수행하는 방법을 다룬다.

1. 다음 스크립트로 입력 확률 벡터를 사용해 역방향 이미지 재구성을 수행한다.

```
prob_v1 = tf$nn$sigmoid(tf$matmul(h0, tf$transpose(W)) + vb)
v1 = tf$nn$relu(tf$sign(prob_v1 -
        tf$random_uniform(tf$shape(prob_v1))))
h1 = tf$nn$sigmoid(tf$matmul(v1, W) + hb)
```

2. 평균 제곱 오차$^{\text{MSE, Mean Squared Error}}$ 등 미리 정의한 기준으로 평가를 수행한다. 평가는 실제 입력데이터(x)와 재구성 입력 데이터(y)로 계산한다. 평균 제곱 오차는 각 반복 회차마다 계산하며, 모델의 목적은 이 평균 제곱 오차를 최소화하는 것이다.

```
err = tf$reduce_mean(tf$square(X - v1))
```

재구성 CD 이해

먼저 목적 함수를 가시 벡터 v를 재구성하는 평균 음수 로그 확률의 최소화로 정의한다. 다음 수식에서 $P(v)$는 생성된 확률 벡터를 의미한다.

$$\arg\min(w) \text{-E}\left[\sum_{\vartheta \in V} \log P(\vartheta)\right]$$

준비

입력 확률 벡터를 사용한 이미지 재구성에 필요한 사항은 다음과 같다.

- R 환경에 mnist 데이터를 불러오기
- 'RBM 역방향 혹은 재구성 단계' 절의 내용으로 재구성한 이미지

예제 구현

이 절에서는 샘플링 처리를 가속하기 위해 사용하는 대비 발산$^{\text{CD, Constrastive Divergence}}$ 기법을 단계적으로 설명한다.

1. 정가중치 경사를 계산한다. 입력 벡터 X와 주어진 확률 분포 prob_h0의 은닉 벡터 h0의 샘플을 곱(외적)하면 된다.

```
w_pos_grad = tf$matmul(tf$transpose(X), h0)
```

2. 역가중치 경사를 계산한다. 재구성 입력 벡터 v1의 샘플과 갱신된 은닉 활성화 벡터 h1을 곱하면 된다.

```
w_neg_grad = tf$matmul(tf$transpose(v1), h1)
```

3. 다음으로 CD 행렬을 계산한다. 정경사에서 역경사를 뺀 후 입력 데이터 크기로 나누면 된다.

```
CD = (w_pos_grad - w_neg_grad) / tf$to_float(tf$shape(X)[0])
```

4. 다음으로 주어진 학습률(alpha)과 CD 행렬을 사용해 가중치 행렬 W을 update_w로 갱신한다.

```
update_w = W + alpha * CD
```

5. 추가적으로 가시 편향과 은닉 편향 벡터를 갱신한다.

```
update_vb = vb + alpha * tf$reduce_mean(X - v1)
update_hb = hb + alpha * tf$reduce_mean(h0 - h1)
```

예제 분석

간접적으로 가중치 행렬을 수정(최적화)해 확률 경사 하강에 따라 목적 함수를 최소화할 수 있다. 전체 경사는 확률 밀도에 따라 정경사와 역경사 두 가지 형태로 나눌 수 있다. 정경사는 주로 입력 데이터에 좌우되며, 역경사는 생성한 모델에만 좌우된다.

 정경사에서는 훈련 데이터 재구성 확률이 증가하며, 역경사에서는 모델이 생성한 무작위 생성 표준 샘플의 확률이 감소한다.

CD 기법은 역방향 단계를 최적화하는 데 쓰인다. CD 기법에서는 재구성의 각 반복 회차마다 가중치 행렬을 조정한다. 다음 그림으로 새 가중치 행렬을 생성한다. 예시에서는 학습률을 alpha로 정의했다.

$$W' = W + 학습률 \times CD$$

▌ 새 텐서플로 세션 초기화와 시작

평균 제곱 오차 등의 오차 기준을 계산할 때는 새 텐서플로 세션을 초기화하고 시작하는 단계가 중요하다. 다음과 같이 진행해보자.

준비

오차 기준 계산에 사용할 새 텐서플로 세션을 시작하는 데 필요한 사항은 다음과 같다.

- R 환경에 mnist 데이터를 불러오기
- RBM 텐서플로 그래프를 불러오기

예제 구현

이 절에서는 RBM의 재구성 결과로 오차를 최적화하는 방법을 다룬다.

1. 현재와 과거의 편향 벡터와 가중치 행렬을 초기화한다.

```
cur_w = tf$Variable(tf$zeros(shape = shape(num_input, num_hidden),
    dtype=tf$float32))
cur_vb = tf$Variable(tf$zeros(shape = shape(num_input),
    dtype=tf$float32))
cur_hb = tf$Variable(tf$zeros(shape = shape(num_hidden),
    dtype=tf$float32))
prv_w = tf$Variable(tf$random_normal(shape=shape(num_input,
    num_hidden), stddev=0.01, dtype=tf$float32))
prv_vb = tf$Variable(tf$zeros(shape = shape(num_input),
    dtype=tf$float32))
prv_hb = tf$Variable(tf$zeros(shape = shape(num_hidden),
    dtype=tf$float32))
```

2. 새 텐서플로 세션을 시작한다.

```
sess$run(tf$global_variables_initializer())
```

3. 전체 입력 데이터(trainX)로 첫 반복 회차를 실행해 첫 가중치 행렬과 편향 벡터를 얻자.

```
output <- sess$run(list(update_w, update_vb, update_hb),
    feed_dict = dict(X=trainX,
        W = prv_w$eval(),
        vb = prv_vb$eval(),
        hb = prv_hb$eval()))
prv_w <- output[[1]]
```

```
prv_vb <-output[[2]]
prv_hb <-output[[3]]
```

4. 첫 실행 시의 오차를 보자.

```
sess$run(err, feed_dict=dict(X= trainX, W= prv_w, vb= prv_vb,
    hb= prv_hb))
```

5. 다음 스크립트로 RBM 모델 전체를 학습시킬 수 있다.

```
epochs=15
errors <- list()
weights <- list()
u=1
for(ep in 1:epochs){
   for(i in seq(0,(dim(trainX)[1]-100),100)){
       batchX <- trainX[(i+1):(i+100),]
       output <- sess$run(list(update_w, update_vb, update_hb),
              feed_dict = dict(X=batchX,
              W = prv_w,
              vb = prv_vb,
              hb = prv_hb))
       prv_w <- output[[1]]
       prv_vb <- output[[2]]
       prv_hb <- output[[3]]
       if(i%%10000 == 0){
          errors[[u]] <- sess$run(err, feed_dict=dict(X= trainX,
                W= prv_w, vb= prv_vb, hb= prv_hb))
          weights[[u]] <- output[[1]]
          u <- u+1
          cat(i , " : ")
       }
   }
```

```
        cat("반복 회차 :", ep, " : 재구성 오차 : ",
                errors[length(errors)][[1]],"\n")
    }
```

6. 평균 제곱 오차로 재구성 결과를 그린다.

```
error_vec <- unlist(errors)
plot(error_vec,xlab="배치 수",ylab="재구성 평균 제곱 오차",
        main="RBM 재구성 평균 제곱 오차 그림")
```

예제 분석

예시에서는 각 (크기 100의) 배치 최적화를 수행하는 15번의 반복 회차(에포크)를 실행한다. 각 배치마다 CD를 계산하고, 그에 따라 가중치와 편향을 갱신한다. 최적화 과정을 파악하기 위해 10,000행의 배치 실행마다 평균 제곱 오차를 계산한다.

다음 그림은 배치 90개에 대해 계산한 평균 제곱 오차의 감소 경향을 보여준다.

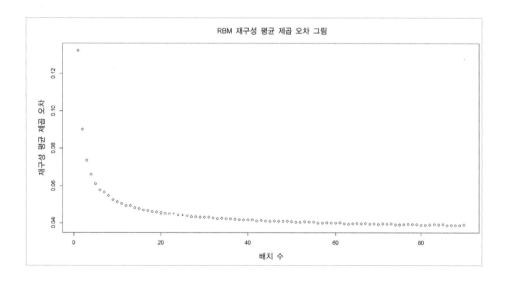

▌ RBM 결과 평가

이제 최종 계층의 가중치를 결과(재구성 입력 데이터)에 따라 시각화해보자. 예시의 은닉 계층 노드 수는 900개며, 결과(재구성) 계층의 노드 수는 784개다.

다음 그림은 은닉 계층의 첫 400개 노드를 보여준다.

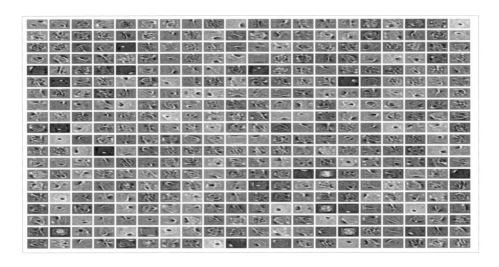

위 그림의 각 칸은 각 은닉 노드와 모든 가시 계층 노드 간에 형성된 관계 벡터를 나타낸다. 각 칸의 검은 영역은 음수 가중치(가중치 < 0)를 나타내고, 하얀 영역은 양수 가중치(가중치 > 0)를 나타내며, 회색 영역은 연결 부재(가중치 = 0)를 나타낸다. 양수 값이 클수록 은닉 노드의 활성화 확률이 높으며, 음수 값이 작을수록 확률이 낮다. 이 활성화 정보로 주어진 은닉 노드가 결정하는 입력 이미지 영역을 파악할 수 있다.

준비

평가 코드의 실행에 필요한 사항은 다음과 같다.

- R 환경에 mnist 데이터를 불러오기

- 텐서플로 RBM 실행과 최적 가중치 계산 완료

예제 구현

이 절은 RBM을 사용해 얻은 가중치의 평가 방법을 다룬다.

1. 다음 코드로 은닉 노드 400개의 이미지를 생성한다.

```
uw = t(weights[[length(weights)]])       # 최근 가중치 행렬 추출
numXpatches = 20                # X축 이미지 수(사용자 입력)
numYpatches=20                  # Y축 이미지 수(사용자 입력)
pixels <- list()
op <- par(no.readonly = TRUE)
par(mfrow = c(numXpatches,numYpatches), mar = c(0.2, 0.2, 0.2, 0.2),
      oma = c(3, 3, 3, 3))
for (i in 1:(numXpatches*numYpatches)) {
  denom <- sqrt(sum(uw[i, ]^2))
  pixels[[i]] <- matrix(uw[i, ]/denom, nrow = numYpatches,
        ncol = numXpatches)
  image(pixels[[i]], axes = F, col = gray((0:32)/32))
}
par(op)
```

2. 훈련 데이터의 실제 입력 숫자 샘플 4개를 선택한다.

```
sample_image <- trainX[1:4,]
```

3. 차례로 다음 코드를 사용해 샘플 숫자를 시각화한다.

```
mw=melt(sample_image)
mw$X3=floor((mw$X2-1)/28)+1
```

```
mw$X2=(mw$X2-1)%%28 + 1;
mw$X3=29-mw$X3
ggplot(data=mw)+geom_tile(aes(X2,X3,fill=value))+
        facet_wrap(~X1,nrow=2)+
        scale_fill_continuous(low='black',high='white')+
        coord_fixed(ratio=1)+
        labs(x=NULL,y=NULL,)+
        theme(legend.position="none")+
        theme(plot.title = element_text(hjust = 0.5))
```

4. 이제 RBM으로 얻은 최종 가중치와 편향을 사용해 위 샘플 이미지 4개를 재구성한다.

```
hh0 = tf$nn$sigmoid(tf$matmul(X, W) + hb)
vv1 = tf$nn$sigmoid(tf$matmul(hh0, tf$transpose(W)) + vb)
feed = sess$run(hh0, feed_dict=dict( X= sample_image, W= prv_w,
        hb= prv_hb))
rec = sess$run(vv1, feed_dict=dict( hh0= feed, W= prv_w, vb= prv_vb))
```

5. 차례로 다음 코드를 사용해 재구성한 샘플 숫자를 시각화한다.

```
mw=melt(rec)
mw$X3=floor((mw$X2-1)/28)+1
mw$X2=(mw$X2-1)%%28 + 1
mw$X3=29-mw$X3
ggplot(data=mw)+geom_tile(aes(X2,X3,fill=value))+
        facet_wrap(~X1,nrow=2)+
        scale_fill_continuous(low='black',high='white')+
        coord_fixed(ratio=1)+
        labs(x=NULL,y=NULL,)+
        theme(legend.position="none")+
        theme(plot.title = element_text(hjust = 0.5))
```

예제 분석

다음 그림은 샘플 숫자 4개의 원본 이미지를 보여준다.

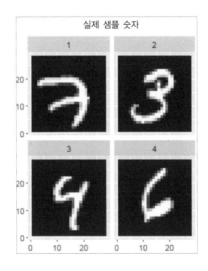

재구성된 이미지는 노이즈가 제거된 것처럼 보인다. 특히 숫자 3과 6은 분명하게 보인다.

다음 그림은 샘플 숫자 4개의 재구성 이미지를 보여준다.

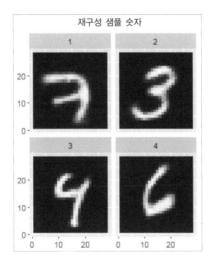

▌ RBM 협동 필터링 설정

이 절에서는 RBM을 사용해 협동 필터링^{collaborative filtering} 기반 추천 시스템을 만드는 방법을 알아본다. RBM으로 각 사용자마다 과거 물품 평점에 기반을 두고 유사한 사용자를 파악하고, 다음에 구매할 물품을 추천해본다.

준비

이 절에서는 그룹렌스 연구 조직^{Grouplens research organization}의 movielens 데이터셋을 사용한다. 데이터셋(Movies.dat와 Ratings.dat)은 다음 링크에서 다운로드할 수 있다. Movies.dat 파일은 영화 3,883개의 정보를 담고 있으며, Ratings.dat 파일은 이 영화들에 대한 1,000,209개의 사용자 평점을 담고 있다. 평점은 1부터 5 사이며, 5가 최고점이다.

http://files.grouplens.org/datasets/movielens/ml-1m.zip

예제 구현

RBM을 사용해 협동 필터링을 설정하는 방법을 다룬다.

1. movies.dat 파일을 R 환경으로 읽어온다.

```
txt <- readLines("movies.dat", encoding = "latin1")
txt_split <- lapply(strsplit(txt, "::"), function(x)
as.data.frame(t(x), stringsAsFactors=FALSE))
movies_df <- do.call(rbind, txt_split)
names(movies_df) <- c("MovieID", "Title", "Genres")
movies_df$MovieID <- as.numeric(movies_df$MovieID)
```

2. 영화 데이터셋에 새 열(id_order)을 추가한다. 현재 존재하는 ID열(UserID)은 1부터 3,952 사이의 값만 가지므로 영화 순번을 매기는 데 사용할 수 없다.

```
movies_df$id_order <- 1:nrow(movies_df)
```

3. R로 raitings.dat 파일을 불러온다.

```
ratings_df <- read.table("ratings.dat",
sep=":",header=FALSE,stringsAsFactors = F)
ratings_df <- ratings_df[,c(1,3,5,7)]
colnames(ratings_df) <- c("UserID","MovieID","Rating","Timestamp")
```

4. 영화와 평점 데이터셋을 합친다. 매개변수를 all=FALSE로 설정한다.

```
merged_df <- merge(movies_df, ratings_df, by="MovieID",all=FALSE)
```

5. 필요 없는 열을 지운다.

```
merged_df[,c("Timestamp","Title","Genres")] <- NULL
```

6. 평점을 퍼센트로 변환한다.

```
merged_df$rating_per <- merged_df$Rating/5
```

7. 사용자 샘플 1,000명의 전체 영화 평점 행렬을 생성한다.

```
num_of_users <- 1000
num_of_movies <- length(unique(movies_df$MovieID))
```

```
trX <- matrix(0,nrow=num_of_users,ncol=num_of_movies)
for(i in 1:num_of_users){
    merged_df_user <- merged_df[merged_df$UserID %in% i,]
    trX[i,merged_df_user$id_order] <- merged_df_user$rating_per
}
```

8. trX 훈련 데이터셋의 분포를 살펴보자. 베르누이 분포를 따르는 것처럼 보인다(값이 0부터 1 사이).

```
summary(trX[1,]); summary(trX[2,]); summary(trX[3,])
```

9. 입력 모델 매개변수를 정의한다.

```
num_hidden = 20
num_input = nrow(movies_df)
```

10. 새 텐서플로 세션을 시작한다.

```
sess$run(tf$global_variables_initializer())
output <- sess$run(list(update_w, update_vb, update_hb),
        feed_dict = dict(v0=trX,
        W = prv_w$eval(),
        vb = prv_vb$eval(),
        hb = prv_hb$eval()))
prv_w <- output[[1]]
prv_vb <- output[[2]]
prv_hb <- output[[3]]
sess$run(err_sum, feed_dict=dict(v0=trX, W= prv_w, vb= prv_vb,
        hb= prv_hb))
```

11. 배치 크기를 100으로, 반복 회차를 500으로 해서 RBM을 훈련한다.

```
epochs= 500
errors <- list()
weights <- list()
for(ep in 1:epochs){
    for(i in seq(0,(dim(trX)[1]-100),100)){
        batchX <- trX[(i+1):(i+100),]
        output <- sess$run(list(update_w, update_vb, update_hb),
                feed_dict = dict(v0=batchX,
                W = prv_w,
                vb = prv_vb,
                hb = prv_hb))
        prv_w <- output[[1]]
        prv_vb <- output[[2]]
        prv_hb <- output[[3]]
        if(i%%1000 == 0){
            errors <- c(errors,sess$run(err_sum,
                feed_dict=dict(v0=batchX, W= prv_w, vb= prv_vb,
                hb= prv_hb)))
            weights <- c(weights,output[[1]])
            cat(i , " : ")
        }
    }
    cat("반복회차 :", ep, " : 재구성 오차 : ",
        errors[length(errors)][[1]],"\n")
}
```

12. 재구성 평균 제곱 오차를 그린다.

```
error_vec <- unlist(errors)
plot(error_vec,xlab="배치 수",ylab="재구성 오차",
    main="RBM 재구성 평균 제곱 오차 그림")
```

█ RBM 전체 훈련 수행

앞의 RBM 설정을 사용해 은닉 노드가 20개인 RBM으로 사용자 평점 데이터셋(trX)을 학습시키자. 최적화 과정을 파악하기 위해 1,000개 행 배치마다 평균 제곱 오차를 계산한다. 다음 그림은 배치 500개(반복 회차 수와 동일)에 대해 계산한 평균 제곱 오차의 감소 경향을 보여준다.

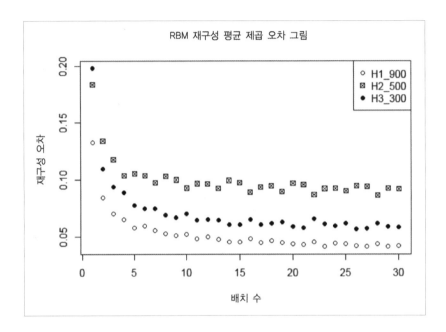

RBM 추천 분석 RBM 기반 협동 필터링으로 생성한 주어진 사용자 ID의 추천 결과를 분석해보자. 해당 사용자 ID의 최고 평점 장르와 최고 추천 장르, 상위 10개 추천 영화를 살펴볼 것이다.

다음 그림은 최고 평점 장르를 보여준다.

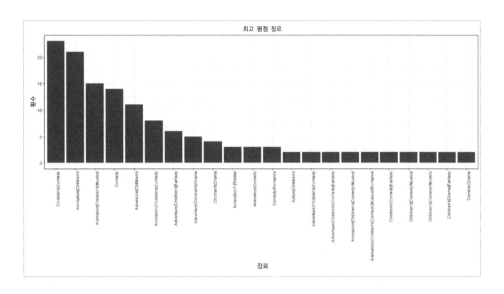

다음 그림은 최고 추천 장르를 보여준다.

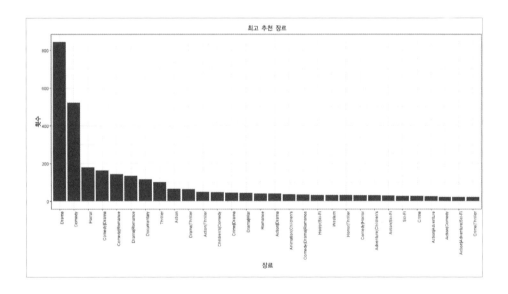

준비

협동 필터링 결과 평가의 필요 사항은 다음과 같다.

- R의 텐서플로 설치와 설정
- R 환경에 `movies.dat`와 `raitings.dat` 데이터셋을 불러오기
- 'RBM 협동 필터링 설정' 절 실행 완료

예제 구현

이 절에서는 RBM 기반 협동 필터링 결과를 평가하는 방법을 다룬다.

1. 사용자 평점을 선택한다.

```
inputUser = as.matrix(t(trX[75,]))
names(inputUser) <- movies_df$id_order
```

2. 사용자가 평가하지 않은 영화를 삭제한다(아직 해당 영화를 보지 않았다고 가정한다).

```
inputUser <- inputUser[inputUser>0]
```

3. 해당 사용자가 본 최고 장르를 그린다.

```
top_rated_movies <-
     movies_df[as.numeric(names(inputUser)[order(inputUser,
     decreasing = TRUE)]),]$Title
top_rated_genres <-
     movies_df[as.numeric(names(inputUser)[order(inputUser,
     decreasing = TRUE)]),]$Genres
```

```r
top_rated_genres <-
    as.data.frame(top_rated_genres,stringsAsFactors=F)
top_rated_genres$count <- 1
top_rated_genres <-
    aggregate(count~top_rated_genres,FUN=sum,
    data=top_rated_genres)
top_rated_genres <- top_rated_genres[with(top_rated_genres,
    order(-count)), ]
top_rated_genres$top_rated_genres <-
    factor(top_rated_genres$top_rated_genres,
    levels = top_rated_genres$top_rated_genres)
ggplot(top_rated_genres[top_rated_genres$count>1,],
    aes(x=top_rated_genres,y=count))+
    geom_bar(stat="identity")+
    theme_bw( )+
    theme(axis.text.x = element_text(angle = 90, hjust = 1))+
    labs(x="Genres",y="count", )+
    theme(plot.title = element_text(hjust = 0.5))
```

4. 입력 벡터를 재구성해 모든 장르와 영화의 추천 확률을 얻는다.

```r
hh0 = tf$nn$sigmoid(tf$matmul(v0, W) + hb)
vv1 = tf$nn$sigmoid(tf$matmul(hh0, tf$transpose(W)) + vb)
feed = sess$run(hh0, feed_dict=dict(
    v0= inputUser, W= prv_w, hb= prv_hb))
rec = sess$run(vv1, feed_dict=dict( hh0= feed,
    W= prv_w, vb= prv_vb))
names(rec) <- movies_df$id_order
```

5. 최고 추천 장르를 그린다.

```r
top_recom_genres <-
    movies_df[as.numeric(names(rec)[order(rec,
```

```
            decreasing = TRUE)]),]$Genres
top_recom_genres <-
        as.data.frame(top_recom_genres,stringsAsFactors=F)
top_recom_genres$count <- 1
top_recom_genres <-
        aggregate(count~top_recom_genres,FUN=sum,
        data=top_recom_genres)
top_recom_genres <- top_recom_genres[with(top_recom_genres,
        order(- count)), ]
top_recom_genres$top_recom_genres <-
        factor(top_recom_genres$top_recom_genres,
        levels = top_recom_genres$top_recom_genres)
ggplot(top_recom_genres[top_recom_genres$count>20,],
        aes(x=top_recom_genres,y=count))+
        geom_bar(stat="identity")+
        theme_bw( )+
        theme(axis.text.x = element_text(angle = 90, hjust = 1))+
        labs(x="Genres",y="count", )+
        theme(plot.title = element_text(hjust = 0.5))
```

6. 상위 10개 추천 영화를 찾는다.

```
top_recom_movies <-
        movies_df[as.numeric(names(rec)[order(rec,
        decreasing = TRUE)]),]$Title[1:10]
```

다음 그림은 상위 10개 추천 영화를 보여준다.

```
> top_recom_movies
 [1] "Star Wars: Episode VI - Return of the Jedi (1983)"
 [2] "Matrix, The (1999)"
 [3] "Star Wars: Episode V - The Empire Strikes Back (1980)"
 [4] "Jurassic Park (1993)"
 [5] "Star Wars: Episode IV - A New Hope (1977)"
 [6] "Terminator 2: Judgment Day (1991)"
 [7] "Raiders of the Lost Ark (1981)"
 [8] "Star Wars: Episode I - The Phantom Menace (1999)"
 [9] "Men in Black (1997)"
[10] "Princess Bride, The (1987)"
```

▌ DBN 설정

심층 신뢰망^{DBN, Deep Belief Network}은 **심층 신경망**^{DNN, Deep Neural Network}의 일종으로, 여러 개의 은닉 계층(또는 잠재 변수)으로 구성된다. DBN에서는 계층 간 연결만 존재하며, 한 계층 내 노드 사이의 연결은 없다. DBN은 비지도 학습이나 지도 학습 모델로 학습할 수 있다.

 비지도 모델은 노이즈 제거 입력 재구성에 사용하며, 지도 모델(사전 훈련 후)은 분류에 사용한다. DBN은 각 계층 내의 노드 사이에 연결이 없으므로, 비지도 RBM 혹은 오토인코더의 집합으로 생각할 수 있다. 이 경우 각 은닉 계층은 연결된 다음 은닉 계층의 가시 계층으로 활용된다.

DBN은 적층 RBM의 일종이다. DBN으로 입력 재구성 성능을 높일 수 있는데, 이때 실제 입력 훈련 계층부터 최종 은닉(잠재) 계층까지 모든 계층에 CD를 적용한다.

DBN은 적층 RBM을 탐욕적 방식으로 훈련하는 그래프 모델의 일종이다. DBN은 입력 특징 벡터 i와 은닉 계층 $h_{1,2\ldots m}$ 사이의 결합 분포를 사용해 심층 위계적 표현을 학습하는 경향이 있다.

$$P(i, h_1, h_2 \ldots h_m) = \left(\prod_{k=0}^{m-2} P(h_k | h_{k+1}) \right) * P(h_{m-1}, h_m)$$

이 수식에서 $i=h_0$이다. $P(h_{k-1}|h_k)$는 계층 k에서 RBM 은닉 계층의 재구성 가시 유닛이 따르는 조건 분포를 나타낸다. $P(h_{m-1}|h_m)$는 DBN 최종 RBM 계층의 (재구성) 가시 유닛과 은닉 유닛의 결합 분포다. 다음 그림은 4개의 은닉 계층을 가진 DBN을 보여준다. W는 가중치 행렬을 나타낸다.

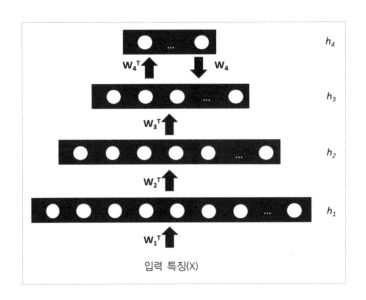

심층 신경망을 더 견고하게 만드는 데 DBN을 사용할 수도 있다. 심층 신경망에서는 역전파를 구현할 때 국부적 최적화$^{local\ optimization}$ 문제를 겪을 수 있다. 오차 표면^{error} ^{surface}에 골^{trough}이 많고, 역전파 때문에 경사 하강이 국부적인 깊은 골에서(전체에서의 깊은 골이 아니라) 발생할 때 국부적 최적화 문제를 겪을 수 있다. 반면 DBN은 입력 특징에 사전 훈련을 수행한 후 역전파를 사용한다. 사전 훈련이 최적화의 방향을 전체의 가장 깊은 곳으로 돌리고, 차례로 역전파가 일어나므로 점차적으로 경사 하강에 의해 오차율이 최소화된다.

3계층 RBM 훈련 이 절에서는 RBM을 3계층으로 적층해 DBN을 학습시킨다. 첫 번째 은닉 계층의 노드 수는 900개고, 두 번째 은닉 계층은 500개이며, 세 번째 은닉 계층은 300개다.

준비

텐서플로의 필요 사항은 다음과 같다.

- 데이터셋 불러오기와 설정 완료
- 다음 스크립트로 TensorFlow 패키지를 불러오기

```
require(tensorflow)
```

예제 구현

이 절에서는 DBN^{Deep Belief Network}의 설정법을 다룬다.

1. 각 은닉 계층의 노드 수를 벡터로 정의한다.

```
RBM_hidden_sizes = c(900, 500 , 300 )
```

2. '베르누이 분포 입력 값의 RBM 설정' 절의 함수에 다음 입력과 출력 매개변수를 입력해 RBM 함수를 만든다.

매개변수 종류	매개변수 이름	매개변수 설명
입력(RBM 이전)	input_data	훈련 MNIST 데이터 행렬
입력(RBM 이전)	num_input	독립 변수 수
입력(RBM 이전)	num_output	각 은닉 계층의 노드 수
입력(RBM 이전)	epochs	반복 횟수
입력(RBM 이전)	alpha	가중치 행렬 갱신 학습률
입력(RBM 이전)	batchsize	배치 회차마다 사용할 항목 수

(이어짐)

매개변수 종류	매개변수 이름	매개변수 설명
결과(RBM 이후)	output_data	재구성 결과 행렬
결과(RBM 이후)	error_list	배치 10개마다 계산한 재구성 오차 리스트
결과(RBM 이후)	weight_list	배치 10개마다 계산한 가중치 리스트
결과(RBM 이후)	weight_final	전체 반복 실행 후 최종 가중치 행렬
결과(RBM 이후)	bias_final	전체 반복 실행 후 최종 편향 벡터

다음은 RBM 설정 함수다.

```
RBM <- function(input_data, num_input, num_output, epochs = 5,
    alpha = 0.1, batchsize=100){

# 플레이스홀더 변수
vb <- tf$placeholder(tf$float32, shape = shape(num_input))
hb <- tf$placeholder(tf$float32, shape = shape(num_output))
W <- tf$placeholder(tf$float32, shape = shape(num_input,
    num_output))

# 1단계: 정방향
X = tf$placeholder(tf$float32, shape=shape(NULL, num_input))
prob_h0= tf$nn$sigmoid(tf$matmul(X, W) + hb)     #은닉 유닛 확률
h0 = tf$nn$relu(tf$sign(prob_h0 -
    tf$random_uniform(tf$shape(prob_h0))))  #주어진 X의 확률 샘플

# 2단계: 역방향
prob_v1 = tf$nn$sigmoid(tf$matmul(h0, tf$transpose(W)) + vb)
v1 = tf$nn$relu(tf$sign(prob_v1 -
    tf$random_uniform(tf$shape(prob_v1))))
h1 = tf$nn$sigmoid(tf$matmul(v1, W) + hb)

# 경사 계산
w_pos_grad = tf$matmul(tf$transpose(X), h0)
w_neg_grad = tf$matmul(tf$transpose(v1), h1)
```

```
CD = (w_pos_grad - w_neg_grad) / tf$to_float(tf$shape(X)[0])
update_w = W + alpha * CD
update_vb = vb + alpha * tf$reduce_mean(X - v1)
update_hb = hb + alpha * tf$reduce_mean(h0 - h1)

# 목적 함수
err = tf$reduce_mean(tf$square(X - v1))

# 변수 초기화
cur_w = tf$Variable(tf$zeros(shape = shape(num_input, num_output),
    dtype=tf$float32))
cur_vb = tf$Variable(tf$zeros(shape = shape(num_input),
    dtype=tf$float32))
cur_hb = tf$Variable(tf$zeros(shape = shape(num_output),
    dtype=tf$float32))
prv_w = tf$Variable(tf$random_normal(shape=shape(num_input,
    num_output), stddev=0.01, dtype=tf$float32))
prv_vb = tf$Variable(tf$zeros(shape = shape(num_input),
    dtype=tf$float32))
prv_hb = tf$Variable(tf$zeros(shape = shape(num_output),
    dtype=tf$float32))

# 새 텐서플로 세션 시작
sess$run(tf$global_variables_initializer())
output <- sess$run(list(update_w, update_vb, update_hb),
    feed_dict = dict(X=input_data,
W = prv_w$eval(),
vb = prv_vb$eval(),
hb = prv_hb$eval()))
prv_w <- output[[1]]
prv_vb <- output[[2]]
prv_hb <- output[[3]]
sess$run(err, feed_dict=dict(X= input_data, W= prv_w, vb= prv vb,
    hb= prv_hb))
errors <- weights <- list()
u=1
```

```
for(ep in 1:epochs){
    for(i in seq(0,(dim(input_data)[1]-batchsize),batchsize)){
        batchX <- input_data[(i+1):(i+batchsize),]
        output <- sess$run(list(update_w, update_vb, update_hb),
                feed_dict = dict(
                    X = batchX,
                    W = prv_w,
                    vb = prv_vb,
                    hb = prv_hb))
        prv_w <- output[[1]]
        prv_vb <- output[[2]]
        prv_hb <- output[[3]]

        if(i%%10000 == 0){
            errors[[u]] <- sess$run(err, feed_dict=dict(X= batchX,
                    W= prv_w, vb= prv_vb, hb= prv_hb))
            weights[[u]] <- output[[1]]
            u=u+1
            cat(i , " : ")
        }
    }
    cat("반복 회차 :", ep, " : 재구성 오차 : ",
            errors[length(errors)][[1]],"\n")
}
w <- prv_w
vb <- prv_vb
hb <- prv_hb

# 결과 획득
input_X = tf$constant(input_data)
ph_w = tf$constant(w)
ph_hb = tf$constant(hb)
out = tf$nn$sigmoid(tf$matmul(input_X, ph_w) + ph_hb)
sess$run(tf$global_variables_initializer())
return(list(output_data = sess$run(out),
        error_list=errors,
```

```
            weight_list=weights,
            weight_final=w,
            bias_final=hb))
   }
```

3. RBM의 은닉 계층 3개를 차례대로 훈련한다. 다른 말로, 먼저 은닉 노드 900개
   를 갖는 은닉 계층인 RBM1을 훈련하고, 다음으로 RBM1의 결과를 RBM2의
   입력으로 삼아 은닉 노드 500개의 RBM2를 훈련하고, 그다음 RBM2의 결과를
   RBM3의 입력으로 삼아 은닉 노드 300개의 RBM3를 훈련한다. RBM 3개의
   결과를 모두 **RBM_output** 리스트에 저장한다.

```
inpX = trainX
RBM_output <- list()
for(i in 1:length(RBM_hidden_sizes)){
    size <- RBM_hidden_sizes[i]

    # RBM 훈련
    RBM_output[[i]] <- RBM(input_data= inpX,
            num_input= ncol(trainX),
            num_output=size,
            epochs = 5,
            alpha = 0.1,
            batchsize=100)

    # 입력 데이터 갱신
    inpX <- RBM_output[[i]]$output_data

    # 입력 데이터 크기 갱신
    num_input = size
    cat("completed size :", size,"\n")
}
```

4. 은닉 계층 3개 간 배치 오차의 데이터프레임을 생성한다.

```
error_df <-
        data.frame("error"=c(unlist(RBM_output[[1]]$error_list),
        unlist(RBM_output[[2]]$error_list),
        unlist(RBM_output[[3]]$error_list)),
        "batches"=c(rep(seq(1:length(unlist(
            RBM_output[[1]]$error_list))),
        times=3)),
        "hidden_layer"=c(rep(c(1,2,3),
        each=length(unlist(RBM_output[[1]]$error_list)))),
        stringsAsFactors = FALSE)
```

5. 재구성 평균 제곱 오차를 그린다.

```
plot(error ~ batches,
        xlab = "배치 수",
        ylab = "재구성 오차",
        pch = c(1, 7, 16)[hidden_layer],
        main = "적층 RBM 재구성 평균 제곱 오차 그림",
        data = error_df)
legend('topright',
        c("H1_900","H2_500","H3_300"),
        pch = c(1, 7, 16))
```

예제 분석

3층 적층 RBM 학습 성능 평가 예시에서는 각 RBM마다 5회 반복(에포크)을 실행한다. 각 회차마다 배치(크기 100) 최적화를 수행할 것이다. 각 배치마다 CD를 계산하고 계산 결과에 따라 가중치와 편향을 갱신한다.

최적화 과정을 파악하기 위해 10,000행 배치마다 평균 제곱 오차를 계산한다. 다음 그림에서 RBM 1, 2, 3의 배치 수에 따른 평균 제곱 오차를 볼 수 있다.

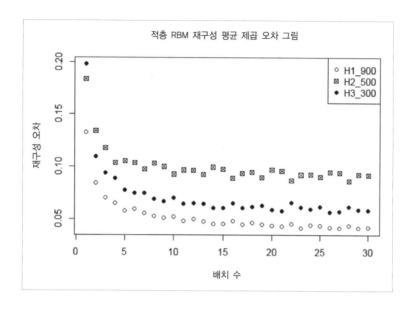

▌ 피드포워드 역전파 신경망 구현

이 절에서는 간단한 역전파 신경망을 구현해본다. 이 절의 신경망은 세 번째(또는 마지막) RBM의 결과 값을 입력 값으로 사용한다. 다른 말로, 재구성 원본 데이터(trainX)를 사용해 신경망을 (10까지의) 숫자 분류기가 되도록 지도 학습하는 것이다. 이후 역전파 기법으로 분류 성능을 더 정밀하게 조정한다.

준비

텐서플로의 필요 사항은 다음과 같다.

- 데이터셋 불러오기와 설정 완료
- TensorFlow 패키지 불러오기와 설정 완료

예제 구현

여기서는 피드포워드 역전파 신경망의 설정법을 다룬다.

1. 신경망의 입력 매개변수를 함수 매개변수로 정의한다. 다음 표에 각 매개변수
   의 설명이 나와 있다.

매개변수 이름	매개변수 설명
Xdata	MNIST 훈련 입력 데이터 행렬
Ydata	MNIST 훈련 출력 데이터 행렬
Xtestdata	MNIST 테스트 입력 데이터 행렬
Ytestdata	MNIST 테스트 출력 데이터 행렬
input_size	훈련 데이터의 특성(또는 픽셀) 수
learning_rate	가중치 행렬 갱신 학습률
momentum	국부적 최솟값 탈출을 위한 실행 단위 크기 증가량
epochs	반복 횟수
batchsize	각 배치의 항목 수
rbm_list	적층 RBM의 결과 리스트
dbn_sizes	적층 RBM의 은닉 계층 크기 벡터

신경망 함수의 구조는 다음 스크립트의 내용과 같다.

```
NN_train <- function(Xdata,Ydata,Xtestdata,Ytestdata,input_size,
        learning_rate=0.1,momentum = 0.1,epochs=10,
        batchsize=100,rbm_list,dbn_sizes){
    library(stringi)
    ## 다음 11개 단계의 코드를 전부 이 자리에 삽입
}
```

2. 길이 4의 가중치와 편향 리스트를 초기화한다. 첫 번째 항목은 무작위 정규 분포의 텐서(표준 편차 0.001)이며, 784×900 차원이다. 두 번째는 900×500 차원이고, 세 번째는 500×300 차원이며, 네 번째 항목은 300×10 차원이다.

```
weight_list <- list()
bias_list <- list()

# 변수 초기화
for(size in c(dbn_sizes,ncol(Ydata))){
    # 무작위 정규 분포로 가중치 초기화
    weight_list <-
            c(weight_list,tf$random_normal(shape=shape(input_size,
            size), stddev=0.01, dtype=tf$float32))

    # 편향을 0으로 초기화
    bias_list <- c(bias_list, tf$zeros(shape = shape(size),
        dtype=tf$float32))
    input_size = size
}
```

3. 적층 RBM의 결과가 dbn_sizes 매개변수가 가리키는 은닉 계층의 크기와 맞는지 확인한다.

```
# 예측한 dbn_sizes의 값 확인
if(length(dbn_sizes)!=length(rbm_list)){
    stop("은닉 dbn_sizes의 수가 생성한 rbm 결과와 다릅니다")

    # 예측한 크기가 맞는지 확인
    for(i in 1:length(dbn_sizes)){
        if(dbn_sizes[i] != dbn_sizes[i])
        stop("은닉 dbn sizes의 수가 맞지 않습니다")
    }
}
```

4. 가중치와 편향을 각각 weight_list와 bias_list의 알맞은 자리에 저장한다.

```
for(i in 1:length(dbn_sizes)){
  weight_list[[i]] <- rbm_list[[i]]$weight_final
  bias_list[[i]] <- rbm_list[[i]]$bias_final
}
```

5. 입력과 결과 데이터 플레이스홀더를 만든다.

```
input <- tf$placeholder(tf$float32, shape =
      shape(NULL,ncol(Xdata)))
output <- tf$placeholder(tf$float32, shape =
      shape(NULL,ncol(Ydata)))
```

6. 적층 RBM에서 얻은 가중치와 편향을 사용해 입력 데이터를 재구성한다. 그리고 각 RBM의 재구성 리스트를 input_sub 리스트에 저장한다.

```
input_sub <- list()
weight <- list()
bias <- list()
for(i in 1:(length(dbn_sizes)+1)){
  weight[[i]] <- tf$cast(tf$Variable(weight_list[[i]]),tf$float32)
  bias[[i]] <- tf$cast(tf$Variable(bias_list[[i]]),tf$float32)
}
input_sub[[1]] <- tf$nn$sigmoid(tf$matmul(input, weight[[1]]) +
      bias[[1]])
for(i in 2:(length(dbn_sizes)+1)){
  input_sub[[i]] <- tf$nn$sigmoid(tf$matmul(input_sub[[i-1]],
        weight[[i]]) + bias[[i]])
}
```

7. 손실 함수를 정의한다. 예시의 손실 함수는 예측 숫자와 실제 숫자 간의 차이의 평균 제곱 오차다.

```
cost = tf$reduce_mean(
        tf$square(input_sub[[length(input_sub)]] - output))
```

8. 손실 최소화 목적으로 역전파를 구현한다.

```
train_op <- tf$train$MomentumOptimizer(
        learning_rate, momentum)$minimize(cost)
```

9. 예측 결과를 생성한다.

```
predict_op =
        tf$argmax(input_sub[[length(input_sub)]],
        axis=tf$cast(1.0,tf$int32))
```

10. 반복해서 훈련을 수행한다.

```
train_accuracy <- c()
test_accuracy <- c()
for(ep in 1:epochs){
   for(i in seq(0,(dim(Xdata)[1]-batchsize),batchsize)){
        batchX <- Xdata[(i+1):(i+batchsize),]
        batchY <- Ydata[(i+1):(i+batchsize),]

        # 입력 데이터 훈련 연산 실행
        sess$run(train_op,feed_dict=dict(input = batchX,
            output = batchY))
   }
   for(j in 1:(length(dbn_sizes)+1)){
        # 가중치와 편향 추출
```

```
            weight_list[[j]] <- sess$run(weight[[j]])
            bias_list[[j]] <- sess$ run(bias[[j]])
        }
        train_result <- sess$run(predict_op,
        feed_dict = dict(input=Xdata, output=Ydata))+1
        train_actual <-
                as.numeric(stringi::stri_sub(colnames(
                as.data.frame(Ydata))[max.col(
                as.data.frame(Ydata),ties.method="first")],2))
        test_result <- sess$run(predict_op,
                feed_dict = dict(input=Xtestdata, output=Ytestdata))+1
        test_actual <-
                as.numeric(stringi::stri_sub(colnames(
                as.data.frame(Ytestdata))[max.col(
                as.data.frame(Ytestdata),ties.method="first")],2))
        train_accuracy <-
                c(train_accuracy,mean(train_actual==train_result))
        test_accuracy <-
                c(test_accuracy,mean(test_actual==test_result))
        cat("반복회차:", ep, " 훈련 정확도: ",train_accuracy[ep],
                " 검증 정확도 : ",test_accuracy[ep],"\n")
    }
```

11. 마지막으로 결과 4개를 리턴한다. 리턴할 결과는 훈련 정확도(train_accuracy), 검증 정확도(test_accuracy), 각 반복마다 생성한 가중치 행렬의 리스트(weight_list), 각 반복마다 생성한 편향 벡터의 리스트(bias_list)다.

```
return(list(train_accuracy=train_accuracy,
        test_accuracy=test_accuracy,
        weight_list=weight_list,
        bias_list=bias_list))
```

12. 위 코드로 정의한 신경망을 사용해 훈련을 반복 실행한다.

```
NN_results <- NN_train(Xdata=trainX,
        Ydata=trainY,
        Xtestdata=testX,
        Ytestdata=testY,
        input_size=ncol(trainX),
        rbm_list=RBM_output,
        dbn_sizes = RBM_hidden_sizes)
```

13. 다음 코드로 훈련과 검증 정확도를 그린다.

```
accuracy_df <-
        data.frame("accuracy"=c(NN_results$train_accuracy,
        NN_results$test_accuracy),
        "epochs"=c(rep(1:10,times=2)),
        "datatype"=c(rep(c(1,2),each=10)),
        stringsAsFactors = FALSE)
plot(accuracy ~ epochs,
        xlab = "반복 횟수",
        ylab = "% 정확도",
        pch = c(16, 1)[datatype],
        main = "신경망 - % 정확도",
        data = accuracy_df)
legend('bottomright',
        c("훈련","검증"),
        pch = c( 16, 1))
```

예제 분석

신경망의 훈련 성능과 테스트 성능 평가 다음 이미지는 신경망 학습 과정 동안 훈련 정확도와 검증 정확도가 상승하는 경향이 관찰됨을 보여준다.

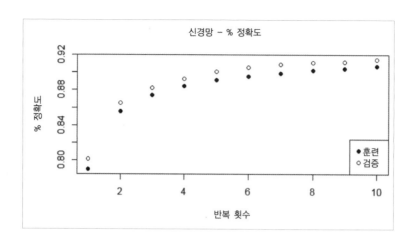

▌ DRBM 설정

DBN과 달리 심층 제한 볼츠만 머신[DRBM, Deep Restricted Boltzmann Machines]은 상호 연결 은닉 계층으로 구성된 무방향 망이다. DRBM은 각 연결 사이의 결합 확률을 학습할 수 있다. 현재 설정에 따르면 각 반복 회차 후에 오프셋[offset] 편향 벡터에서 가시 변수와 은닉 변수를 빼서 값을 중앙화[centering]한다. 연구 결과에 따르면 중앙화로 DRBM의 성능을 최적화할 수 있으며, 전통적 RBM보다 높은 로그 확률 값을 얻을 수 있다.

준비

DRBM 설정의 필요 사항은 다음과 같다.

- MNIST 데이터셋 불러오기와 설정 완료
- tensorflow 패키지 불러오기와 설정 완료

예제 구현

R의 텐서플로를 사용해 DRBM 모델을 설정하는 방법을 다룬다.

1. DRBM의 매개변수를 정의한다.

```
learning_rate = 0.005
momentum = 0.005
minbatch_size = 25
hidden_layers = c(400,100)
biases = list(-1,-1)
```

2. 쌍곡선 아크탄젠트[hyperbolic arc tangent] $[(log(1+x)-log(1-x))/2]$를 사용하는 시그모이드 함수를 정의한다.

```
arcsigm <- function(x){
    return(atanh((2*x)-1)*2)
}
```

3. 쌍곡선 탄젠트$[(e^x-e^{-x})/(e^x+e^{-x})]$만 사용하는 시그모이드 함수를 정의한다.

```
sigm <- function(x){
    return(tanh((x/2)+1)/2)
}
```

4. binarize 함수를 정의한다. 이진 (0, 1) 행렬을 리턴한다.

```
binarize <- function(x){
    # rnorm(놈) 축약
    trnrom <- function(n, mean, sd, minval = -Inf, maxval = Inf){
        qnorm(runif(n, pnorm(minval, mean, sd),
```

```
                pnorm(maxval, mean, sd)), mean, sd)
    }
    return((x > matrix(
            trnrom(n=nrow(x)*ncol(x),mean=0,sd=1,minval=0,maxval=1),
            nrow(x),
            ncol(x)))*1)
}
```

5. re_construct 함수를 정의한다. 픽셀 행렬을 리턴한다.

```
re_construct <- function(x){
    x = x - min(x) + 1e-9
    x = x / (max(x) + 1e-9)
    return(x*255)
}
```

6. 주어진 계층에 gibbs 활성화 수행 함수를 정의한다.

```
gibbs <- function(X,l,initials){
    if(l>1){
        bu <- (X[l-1][[1]] -
            matrix(rep(initials$param_O[[l-1]],
            minbatch_size),minbatch_size,byrow=TRUE)) %*%
        initials$param_W[l-1][[1]]
    } else {
        bu <- 0
    }
    if((l+1) < length(X)){
        td <- (X[l+1][[1]] -
            matrix(rep(initials$param_O[[l+1]],minbatch_size),
            minbatch_size,byrow=TRUE))%*%
        t(initials$param_W[l][[1]])
    } else {
```

```
        td <- 0
    }
    X[[l]] <-
        binarize(sigm(bu+td+matrix(rep(initials$param_B[[l]],
        minbatch_size),minbatch_size,byrow=TRUE)))
    return(X[[l]])
}
```

7. 편향 벡터를 재매개변수화^{reparameterize}하는 함수를 정의한다.

```
reparamBias <- function(X,l,initials){
    if(l>1){
        bu <- colMeans((X[[l-1]] -
            matrix(rep(initials$param_O[[l-1]],minbatch_size),
            minbatch_size,byrow=TRUE))%*%
        initials$param_W[[l-1]])
    } else {
        bu <- 0
    }
    if((l+1) < length(X)){
        td <- colMeans((X[[l+1]] -
            matrix(rep(initials$param_O[[l+1]],minbatch_size),
            minbatch_size,byrow=TRUE))%*%
        t(initials$param_W[[l]]))
    } else {
        td <- 0
    }
    initials$param_B[[l]] <- (1-momentum)*initials$param_B[[l]] +
        momentum*(initials$param_B[[l]] + bu + td)
    return(initials$param_B[[l]])
}
```

8. 오프셋 편향벡터를 재매개변수화하는 함수를 정의한다.

```r
reparamO <- function(X,l,initials){
    initials$param_O[[l]] <- colMeans((1-
            momentum)*matrix(rep(initials$param_O[[l]],
            minbatch_size),
            minbatch_size,byrow=TRUE) + momentum*(X[[l]]))
    return(initials$param_O[[l]])
}
```

9. 가중치, 편향, 오프셋 편향, 입력 행렬을 초기화하는 함수를 정의한다.

```r
DRBM_initialize <- function(layers,bias_list){

    # 모델 매개변수와 입자(particle) 초기화
    param_W <- list()
    for(i in 1:(length(layers)-1)){
        param_W[[i]] <- matrix(0L, nrow=layers[i], ncol=layers[i+1])
    }
    param_B <- list()
    for(i in 1:length(layers)){
        param_B[[i]] <- matrix(0L, nrow=layers[i], ncol=1) +
                bias_list[[i]]
    }
    param_O <- list()
    for(i in 1:length(param_B)){
        param_O[[i]] <- sigm(param_B[[i]])
    }
    param_X <- list()
    for(i in 1:length(layers)){
        param_X[[i]] <- matrix(0L, nrow=minbatch_size, ncol=layers[i]) +
        matrix(rep(param_O[[i]],minbatch_size),minbatch_size,
        byrow=TRUE)
    }
```

```
        return(list(param_W=param_W,param_B=param_B,
             param_O=param_O,param_X=param_X))
    }
```

10. 지난 절에서 다룬 MNIST 훈련 데이터(trainX)를 사용한다. trainX 데이터를 255로 나눠 표준화한다.

```
X <- trainX/255
```

11. 초기 가중치 행렬, 편향 행렬, 오프셋 편향 벡터, 입력 행렬을 생성한다.

```
layers <- c(784,hidden_layers)
bias_list <-
        list(arcsigm(pmax(colMeans(X),0.001)),biases[[1]],
        biases[[2]])
initials <-DRBM_initialize(layers,bias_list)
```

12. 입력 데이터 X의 샘플 부분집합(minibatch_size)을 취한다.

```
batchX <- X[sample(nrow(X))[1:minbatch_size],]
```

13. 1000회 반복을 수행한다. 각 반복마다 초기 가중치와 편향을 100번 갱신하고, 가중치 행렬의 그림을 시각화한다.

```
for(iter in 1:1000){

  # 하습 수행
  for(j in 1:100){
      # 데이터 입자 초기화
      dat <- list()
```

```
dat[[1]] <- binarize(batchX)
for(l in 2:length(initials$param_X)){
    dat[[l]] <- initials$param_X[l][[1]]*0 +
            matrix(rep(initials$param_O[l][[1]],minbatch_size),
            minbatch_size,byrow=TRUE)
}

# 데이터와 자유 입자에 번갈아 깁스 샘플링 수행
for(l in rep(c(seq(2,length(initials$param_X),2),
        seq(3,length(initials$param_X),2)),5)){
    dat[[l]] <- gibbs(dat,l,initials)
}
for(l in rep(c(seq(2,length(initials$param_X),2),
        seq(1,length(initials$param_X),2)),1)){
    initials$param_X[[l]] <-
            gibbs(initials$param_X,l,initials)
}

# 매개변수 갱신
for(i in 1:length(initials$param_W)){
    initials$param_W[[i]] <- initials$param_W[[i]] +
            (learning_rate*((t(dat[[i]] -
            matrix(rep(initials$param_O[i][[1]],minbatch_size),
            minbatch_size,byrow=TRUE)) %*%
    (dat[[i+1]] -
            matrix(rep(initials$param_O[i+1][[1]],
            minbatch_size),
            minbatch_size,byrow=TRUE))) -
            (t(initials$param_X[[i]] -
            matrix(rep(initials$param_O[i][[1]],minbatch_size),
            minbatch_size,byrow=TRUE)) %*%
    (initials$param_X[[i+1]] -
            matrix(rep(initials$param_O[i+1][[1]],
            minbatch_size),
            minbatch_size,byrow=TRUE))))/nrow(batchX))
}
```

```
        for(i in 1:length(initials$param_B)){
            initials$param_B[[i]] <-
                    colMeans(matrix(rep(initials$param_B[[i]],
                    minbatch_size),
                    minbatch_size,byrow=TRUE) +
                    (learning_rate*(dat[[i]] -
                    initials$param_X[[i]])))
        }

        # 재매개변수화
        for(l in 1:length(initials$param_B)){
            initials$param_B[[l]] <- reparamBias(dat,l,initials)
        }
        for(l in 1:length(initials$param_O)){
            initials$param_O[[l]] <- reparamO(dat,l,initials)
        }
}

# 필요한 결과 생성
cat("반복 횟수:",iter," ",
        "VLHL1 가중치 평균:",mean(initials$param_W[[1]])," ",
        "HL1-HL2 가중치 평균:",mean(initials$param_W[[2]]) ,"\n")
cat("반복횟수:",iter," ",
        "VLHL1 가중치 표준 편차:",sd(initials$param_W[[1]])," ",
        "HL1-HL2 가중치 표준 편차:",sd(initials$param_W[[2]]) ,"\n")

# 가중치 행렬 시각화
W=diag(nrow(initials$param_W[[1]]))
for(l in 1:length(initials$param_W)){
    W = W %*% initials$param_W[[l]]
    m = dim(W)[2] * 0.05
    w1_arr <- matrix(0,28*m,28*m)
    i=1
    for(k in 1:m){
        for(j in 1:28){
            vec <- c(W[(28*j-28+1):(28*j),(k*m-m+1):(k*m)])
```

```
            w1_arr[i,] <- vec
            i=i+1
        }
    }
    w1_arr = re_construct(w1_arr)
    w1_arr <- floor(w1_arr)
    image(w1_arr,axes = TRUE, col = grey(seq(0, 1, length = 256)))
    }
}
```

예제 분석

예시의 DBRM을 2개의 은닉 계층으로 훈련할 것이므로, 가중치 행렬을 두 개 만들어야 한다. 첫 번째 가중치 행렬은 가시 계층과 첫 번째 은닉 계층 사이 연결을 정의한다. 두 번째 가중치 행렬은 첫 번째와 두 번째 은닉 계층 사이 연결을 정의한다. 다음그림은 첫 번째 가중치 행렬의 픽셀 이미지를 보여준다.

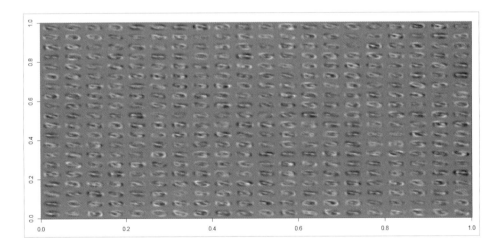

다음 그림은 두 번째 가중치 행렬의 픽셀 이미지를 보여준다.

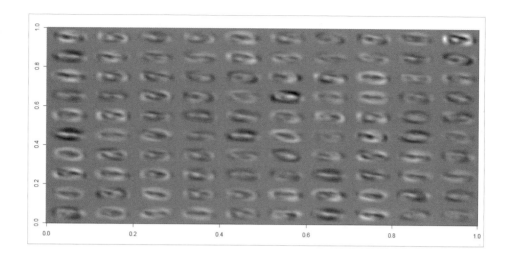

06

순환 신경망

6장에서는 순차 데이터셋 모델링에 사용하는 순환 신경망[RNN, Recurrent Neural Networks] 아키텍처에 대해 알아본다. 6장에서 다루는 내용은 다음과 같다.

- 기본 RNN 설정
- 양방향 RNN 모델 설정
- 심층 RNN 모델 설정
- LSTM 기반 순차 모델 설정

▌ 기본 RNN 설정

순환 신경망[RNN, Recurrent Neural Network]은 항목 간 자기 상관성이 높은 데이터셋의 순차 모델링에 사용된다. 예를 들어 과거 데이터셋에 기반해 환자 방문을 예측하거나 주어진 문장의 다음 단어를 예측하는 문제에 유용하다. RNN이 해결하는 문제들의 중요한 공통점은 입력 길이가 상수가 아니며, 입력 데이터 간 순차적[sequential] 의존관계가 존재한다는 점이다. 반면 기본 신경망과 딥러닝 모델의 입력 크기와 결과 크기는 고정돼 있다. 예를 들어 객실 사용 데이터셋으로 만든 딥러닝 신경망은 입력 특징 6개와 이항 결과를 가진다.

준비

머신 러닝 영역의 생성 모델은 관찰 가능한 데이터 값을 생성할 수 있는 모델을 가리킨다. 예를 들어 이미지 리포지토리로 모델을 학습시켜 유사한 새 이미지를 생성하는 과제가 생성 모델의 역할에 속한다. 모든 생성 모델은 암묵적이거나 명시적으로 주어진 데이터셋의 결합 분포를 계산하는 것을 목적으로 한다.

1. 텐서플로를 설치하고 설정한다.
2. 필요 패키지를 불러온다.

```
library(tensorflow)
```

예제 구현

이 절에서는 RNN 모델 설정법을 다룬다.

1. MNIST 데이터셋을 불러온다.

```
# 텐서플로 라이브러리에서 mnist 데이터셋 불러오기
datasets <- tf$contrib$learn$datasets
mnist <- datasets$mnist$read_data_sets("MNIST-data",
        one_hot = TRUE)
```

2. 그래프를 리셋하고 인터랙티브 세션을 시작한다.

```
# 그래프 리셋과 인터랙티브 세션 설정
tf$reset_default_graph()
sess<-tf$InteractiveSession()
```

3. 4장에서 다룬 reduceImage 함수로 이미지 크기를 16×16 픽셀로 줄인다.

```
# 훈련 데이터를 16x16 픽셀 크기로 변환
trainData<-t(apply(mnist$train$images, 1, FUN=reduceImage))
validData<-t(apply(mnist$test$images, 1, FUN=reduceImage))
```

4. 정의한 train과 valid 데이터셋의 라벨을 추출한다.

```
labels <- mnist$train$labels
labels_valid <- mnist$test$labels
```

5. 모델 매개변수를 정의한다. 정의할 매개변수는 입력 픽셀 수(n_input), 이동 단위 크기(step_size), 은닉 계층 수(n.hidden), 결과 클래스 크기(n.classes)다.

```
# 모델 매개변수 정의
n_input<-16
step_size<-16
n.hidden<-64
n.class<-10
```

6. 모델 매개변수를 정의한다. 정의할 매개변수는 학습률(lr), 배치당 입력 항목 수(batch), 반복 횟수(iteration)다.

```
lr<-0.01
batch<-500
iteration = 100
```

7. 배치 입력 데이터셋(x), 가중치 행렬(weight), 편차 벡터(bias)를 입력으로 받아 기본 RNN이 예측한 결과 벡터를 리턴하는 함수 rnn을 정의한다.

```
# 기본 RNN 설정
rnn<-function(x, weight, bias){

    # 입력을 step_size로 옮김
    x = tf$unstack(x, step_size, 1)

    # 기본 RNN 정의
    rnn_cell = tf$contrib$rnn$BasicRNNCell(n.hidden)

    # RNN 생성
    cell_output = tf$contrib$rnn$static_rnn(rnn_cell, x,
            dtype=tf$float32)

    # RNN 내부 루프를 사용한 선형 활성화
    last_vec=tail(cell_output[[1]], n=1)[[1]]
    return(tf$matmul(last_vec, weights) + bias)
}
```

실제 라벨(y)과 예측 라벨(yhat)을 사용해 평균 정확도를 평가하는 함수 eval_acc를 정의한다.

```
# 평균 정확도 평가 함수
eval_acc<-function(yhat, y){
```

```
    # 정확한 결과 값 수 세기
    correct_Count = tf$equal(tf$argmax(yhat,1L), tf$argmax(y,1L))

    # 평균 정확도
    mean_accuracy = tf$reduce_mean(tf$cast(correct_Count,
            tf$float32))
    return(mean_accuracy)
}
```

8. placeholder 변수(x와 y)를 정의하고, 가중치 행렬과 편차 벡터를 초기화한다.

```
with(tf$name_scope('input'), {
    # 입력 데이터 플레이스홀더 정의
    x = tf$placeholder(tf$float32, shape=shape(NULL, step_size,
            n_input), name='x')
    y <- tf$placeholder(tf$float32, shape(NULL, n.class), name='y')

    # 가중치와 편차 정의
    weights <- tf$Variable(tf$random_normal(shape(n.hidden,
            n.class)))
    bias <- tf$Variable(tf$random_normal(shape(n.class)))
})
```

9. 예측 라벨을 생성한다.

```
# RNN 셀 결과 평가
yhat = rnn(x, weights, bias)

# 손실 함수와 최적화 함수를 정의
cost = tf$reduce_mean(tf$nn$softmax_cross_entropy_with_logits
        (logits=yhat, labels=y))
optimizer = tf$train$AdamOptimizer
        (learning_rate=lr)$minimize(cost)
```

10. 전역 변수 초기화 함수로 세션을 초기화한 후 최적화를 실행한다.

```
sess$run(tf$global_variables_initializer())
for(i in 1:iteration){
    spls <- sample(1:dim(trainData)[1],batch)
    sample_data<-trainData[spls,]
    sample_y<-labels[spls,]

    # 샘플을 각 16개 항목 연속체 16개로 변형
    sample_data=tf$reshape(sample_data, shape(batch, step_size,
        n_input))
    out<-optimizer$run(feed_dict = dict(x=sample_data$eval(),
        y=sample_y))
    if (i %% 1 == 0){
        cat("반복 회차 - ", i, "훈련 시 손실 - ", cost$eval(feed_dict
            = dict(x=sample_data$eval(), y=sample_y)), "\n")
    }
}
```

11. valid_data로 평균 정확도를 얻는다.

```
valid_data=tf$reshape(validData, shape(-1, step_size, n_input))
cost$eval(feed_dict=dict(x=valid_data$eval(), y=labels_valid))
```

예제 분석

구조를 변경할 때마다 모델을 다시 학습시켜야 한다. 그러나 다양한 입력, 출력 형식을 띠는 순차 데이터셋, 예를 들어 텍스트 기반 분류의 경우 매번 재훈련할 수 없을 때가 많다. RNN 구조로 다양한 입력 길이 문제를 해결할 수 있다.

다음 그림은 RNN의 표준 구조와 모델의 입력과 출력 값을 보여준다.

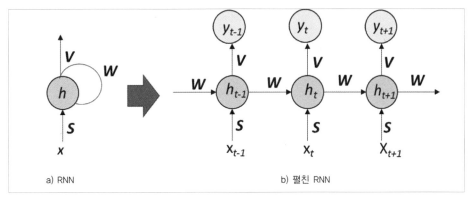

a) RNN   b) 펼친 RNN

RNN 구조

RNN 구조는 다음과 같이 수식화할 수 있다.

$$\mathbf{h}_t = f(\mathbf{h}_{t-1}, x_t\,; \mathbf{S}, \mathbf{W})$$

위 수식에서 h_t는 시간 혹은 순번 t에서의 상태를 나타내고, x_t는 t에서의 입력 값을 나타낸다. 행렬 W는 은닉 노드를 연결하는 가중치를 나타내고, S는 입력을 은닉 계층에 연결하는 가중치를 나타낸다. t에서의 결과 노드는 다음과 같이 상태 h_t와 연관된다.

$$\mathbf{y}_t = f(\mathbf{h}_t\,; \mathbf{V})$$

위의 연산 계층에서 가중치는 상태와 시간에 무관하게 상수로 유지된다.

▌ 양방향 RNN 모델 설정

RNN은 과거 상태에만 기반을 두고 시간 t에서의 순차 정보를 포착하는 데 초점을 둔다. 그러나 양방향 RNN[bi-RNN, bidirectional RNN]은 RNN 계층을 2계층으로 적층해 모델을 양쪽에서 훈련한다. 이때 한 계층은 시작부터 끝까지 정방향으로 학습하며, 다른 RNN 계층은 순차의 끝부터 시작까지 역방향으로 움직인다.

따라서 양방향 RNN 모델은 과거와 미래 데이터에 모두 의존한다. 양방향 RNN 모델은 텍스트나 말소리 같이 데이터 간 인과관계가 존재하는 경우 유용하다. 다음 그림은 펼친unfolded 양방향 RNN 구조를 보여준다.

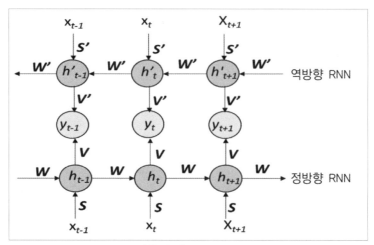

펼친 양방향 RNN 구조

준비

텐서플로를 설치하고 설정한다.

1. 필요 패키지를 불러온다.

```
library(tensorflow)
```

2. MNIST 데이터셋을 불러온다.

3. MNIST 데이터셋 이미지를 16×16 픽셀로 축소하고 정규화한다(자세한 사항은 '기본 RNN 설정' 절의 내용을 참고하자).

예제 구현

여기서는 양방향 RNN 모델 설정법을 다룬다.

1. 그래프를 리셋하고 인터랙티브 세션을 시작한다.

```
# 그래프 리셋과 인터랙티브 세션 설정
tf$reset_default_graph( )
sess<-tf$InteractiveSession( )
```

2. 4장에서 다룬 reduceImage 함수를 사용해 이미지 크기를 16×16 픽셀로 줄인다.

```
# 훈련 데이터를 16x16 픽셀로 변환
trainData<-t(apply(mnist$train$images, 1, FUN=reduceImage))
validData<-t(apply(mnist$test$images, 1, FUN=reduceImage))
```

3. 정의한 train과 valid 데이터셋의 라벨을 추출한다.

```
labels <- mnist$train$labels
labels_valid <- mnist$test$labels
```

4. 모델 매개변수를 정의한다. 정의할 매개변수는 입력 픽셀 수(n_input), 이동 단위 크기(step_size), 은닉 계층 수(n.hidden), 결과 클래스 크기(n.classes)다.

```
# 모델 매개변수 정의
n_input<-16
step_size<-16
n.hidden<-64
n.class<-10
```

5. 모델 매개변수를 정의한다. 정의할 매개변수는 학습률(lr), 배치당 입력 항목 수(batch), 반복 횟수(iteration)다.

```
lr<-0.01
batch<-500
iteration = 100
```

6. bidirectional RNN 함수를 정의한다.

```
bidirectionRNN<-function(x, weights, bias){

    # 입력을 step_size로 옮김
    x = tf$unstack(x, step_size, 1)

    # 정방향 LSTM 셀
    rnn_cell_forward = tf$contrib$rnn$BasicRNNCell(n.hidden)

    # 역방향 LSTM 셀
    rnn_cell_backward = tf$contrib$rnn$BasicRNNCel(n.hidden)

    # LSTM 셀 결과 획득
    cell_output =
            tf$contrib$rnn$static_bidirectional_rnn(rnn_cell_forward,
            rnn_cell_backward, x, dtype=tf$float32)

    # RNN 내부 루프 최종 결과를 사용한 선형 활성화
    last_vec=tail(cell_output[[1]], n=1)[[1]]
    return(tf$matmul(last_vec, weights) + bias)
}
```

7. 실제 라벨(y)과 예측 라벨(yhat)로 평균 정확도를 평가하는 함수 **eval_acc**를 정의한다.

```r
# 평균 정확도 평가 함수
eval_acc<-function(yhat, y){

    # 정확한 결과 값 수 세기
    correct_Count = tf$equal(tf$argmax(yhat,1L), tf$argmax(y,1L))

    # 평균 정확도
    mean_accuracy = tf$reduce_mean(tf$cast(correct_Count,
            tf$float32))
    return(mean_accuracy)
}
```

8. placeholder 변수(x와 y)를 정의하고 가중치 행렬과 편차 벡터를 초기화한다.

```r
with(tf$name_scope('input'), {

    # 입력 데이터 플레이스홀더 정의
    x = tf$placeholder(tf$float32, shape=shape(NULL, step_size,
            n_input), name='x')
    y <- tf$placeholder(tf$float32, shape(NULL, n.class), name='y')

    # 가중치와 편차 정의
    weights <- tf$Variable(tf$random_normal(shape(n.hidden,
            n.class)))
    bias <- tf$Variable(tf$random_normal(shape(n.class)))
})
```

9. 예측한 라벨을 생성한다.

```r
# RNN 셀 결과 평가
yhat = bidirectionRNN(x, weights, bias)
```

10. 손실 함수와 최적화 함수를 정의한다.

```
cost =
        tf$reduce_mean(tf$nn$softmax_cross_entropy_with_logits(
        logits=yhat, labels=y))
optimizer = tf$train$AdamOptimizer(learning_rate=lr)$minimize(cost)
```

11. 전역 변수 초기화 함수로 세션을 초기화한 후 최적화를 실행한다.

```
sess$run(tf$global_variables_initializer())

# 최적화 실행
for(i in 1:iteration){
    spls <- sample(1:dim(trainData)[1],batch)
    sample_data<-trainData[spls,]
    sample_y<-labels[spls,]

    # 샘플을 각 16개 항목의 연속 16개로 변형
    sample_data=tf$reshape(sample_data, shape(batch, step_size,
        n_input))
    out<-optimizer$run(feed_dict = dict(x=sample_data$eval(),
        y=sample_y))
    if (i %% 1 == 0){
        cat("반복횟수 - ", i, "훈련시 손실 - ", cost$eval(feed_dict
            = dict(x=sample_data$eval(), y=sample_y)), "\n")
    }
}
```

12. 검증 데이터로 평균 정확도를 얻는다.

```
valid_data=tf$reshape(validData, shape(-1, step_size, n_input))
cost$eval(feed_dict=dict(x=valid_data$eval(), y=labels_valid))
```

13. 다음 그림에서 RNN 손실 함수의 수렴을 확인할 수 있다.

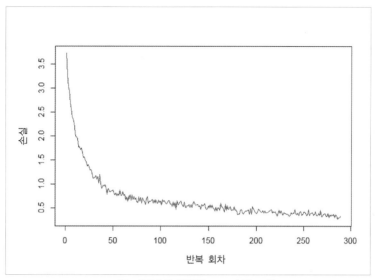

MNIST 데이터셋 양방향 RNN 수렴 그림

▌심층 RNN 모델 설정

RNN의 구조는 입력, 은닉, 출력 계층으로 구성된다. RNN의 은닉 계층을 복수의 군집으로 나누거나 계산 노드를 추가하면 RNN을 심층 신경망으로 만들 수 있다. 이때 추가 가능한 계산 노드에는 마이크로 학습용 다층 퍼셉트론 등을 사용한 모델 계산이 있다. 이 계산 노드를 입력과 은닉, 은닉과 은닉, 은닉과 결과 사이 연결에 추가할 수 있다. 다음 그림은 다층 심층 RNN 모델의 예시를 보여준다.

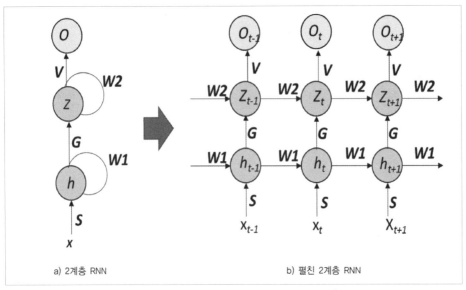

a) 2계층 RNN   b) 펼친 2계층 RNN

2계층 심층 RNN 구조 예시

예제 구현

텐서플로 RNN 모델에 **MultiRNNCell** 함수를 사용해 쉽게 심층 RNN 모델로 확장할 수 있다. 기존 rnn 함수를 stacked_rnn 함수로 교체해 심층 RNN 구조를 만들자.

1. 심층 RNN 구조의 계층 수를 정의한다.

```
num_layers <- 3
```

2. 다층 은닉 계층 심층 RNN을 구현하게 stacked_rnn 함수를 정의한다.

```
stacked_rnn<-function(x, weight, bias){

    # 입력을 step_size로 옮김
    x = tf$unstack(x, step_size, 1)
```

```r
# 가장 기본적인 RNN 정의
network = tf$contrib$rnn$GRUCell(n.hidden)

# 다음으로 적층 RNN 셀 할당
network = tf$contrib$rnn$MultiRNNCell(lapply(1:num_layers,
        function(k,network)
        {network},network))

# RNN 생성
cell_output = tf$contrib$rnn$static_rnn(network, x,
        dtype=tf$float32)

# RNN 내부 루프를 사용한 선형 활성화
last_vec=tail(cell_output[[1]], n=1)[[1]]
return(tf$matmul(last_vec, weights) + bias)
}
```

▌ LSTM 기반 순차 모델 설정

순차 학습의 목적은 단기와 장기 기억을 포착하는 것이다. 기본 RNN은 단기 기억을 상당히 정확히 포착할 수 있지만, 장기 의존관계를 포착하는 데는 그다지 효율적이지 않다. RNN 연결에서는 시간에 따라 경사가 사라지기^{vanish} 때문에(또는 드물게 매우 커지기 때문에) 기본 RNN으로는 장기 기억을 포착하기 어렵다.

 가중치가 작은 경우 시간이 지나면 곱셈에 따라 경사가 사라진다. 반면에 가중치가 크면 경사가 지속적으로 증가해 학습 과정의 발산을 낳는다. LSTM(Long Short Term Memory, 장단기 기억) 모델은 이 경사 소실 혹은 폭발(vanishing/exploding gradient) 문제를 해결하기 위해 제안됐다.

예제 구현

텐서플로 RNN 모델에 BasicLSTMCell 함수를 사용하면 손쉽게 LSTM 모델로 확장할 수 있다. 기존 rnn 함수를 lstm 함수로 교체해 LSTM 구조를 만든다.

```
# LSTM 구현체
lstm<-function(x, weight, bias){

    # 입력을 step_size로 옮김
    x = tf$unstack(x, step_size, 1)

    # LSTM 셀 정의
    lstm_cell = tf$contrib$rnn$BasicLSTMCell(n.hidden, forget_bias=1.0,
            state_is_tuple=TRUE)

    # LSTM 셀 결과 추출
    cell_output = tf$contrib$rnn$static_rnn(lstm_cell, x, dtype=tf$float32)

    # RNN 내부 루프를 사용한 선형 활성화
    last_vec=tail(cell_output[[1]], n=1)[[1]]
    return(tf$matmul(last_vec, weights) + bias)
}
```

내용의 간결성을 유지하기 위해 나머지 코드를 생략했다.

예제 분석

LSTM의 구조는 RNN과 유사하지만, 기초 셀의 구성 방식은 매우 다르다. 전통적인 RNN은 단일 다층 퍼셉트론^{MLP, Multi Layer Perceptron}을 쓰는 반면, LSTM 셀 하나는 서로 상호작용하는 입력 계층 4개로 구성된다. 계층 4개 중 기억을 저장하는 셀 자신을 제외한 계층은 다음과 같다.

- 망각 게이트^{forget gate}

- 입력 게이트^{input gate}
- 출력 게이트^{output gate}

LSTM 망각 게이트는 어떤 정보를 버릴지 결정한다. 결정은 시간 t에서의 입력을 나타내는 X_t와 마지막 은닉 상태 결과 h_{t-1}에 따라 이뤄진다.

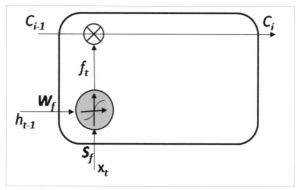

망각 게이트 그림

위 그림에서 C_t는 시간 t에서의 셀 상태를 나타낸다. 입력 데이터는 X_t로, 은닉 상태는 h_{t-1}으로 표현된다. 망각 게이트의 수식은 다음과 같다.

$$f_t = \sigma(\mathbf{S}_f \mathbf{x}_t + \mathbf{W}_f \mathbf{h}_{t-1} + \mathbf{b}_f)$$

입력 게이트는 갱신 값을 결정한다. 다음 그림에서 볼 수 있듯 기억 셀의 후보 값 중에서 값을 결정하고, 그에 따라 셀 상태를 갱신한다.

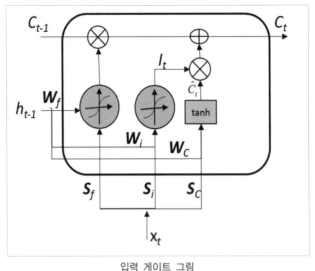

입력 게이트 그림

- 시간 t에서의 입력 i_t는 다음과 같이 갱신된다.

$$i_t = \sigma(\mathbf{S}_i \mathbf{x}_t + \mathbf{W}_i \mathbf{h}_{t-1} + \mathbf{b}_i)$$

$$\hat{C}_t = \tanh(\mathbf{S}_C \mathbf{x}_t + \mathbf{W}_C \mathbf{h}_{t-1} + \mathbf{b}_C)$$

- 현재 상태 예측 값 $\hat{C}_t$과 입력게이트 결과 값 i_t을 사용해 시간 t에서의 현재 상태 C_t를 갱신한다.

$$C_t = I_t * \hat{C}_t + f_t * C_{t-1}$$

출력 게이트는 다음 그림처럼 LSTM 셀 결과 값을 계산한다. 이때 사용하는 값은 입력 X_t, 이전 계층 결과 $h_{t-1})$, 현재 상태 C_t다.

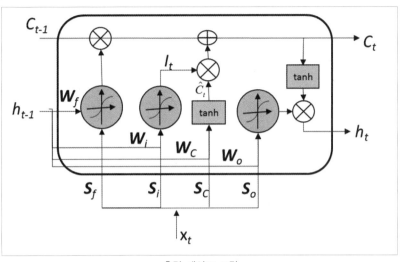

출력 게이트 그림

출력 게이트의 결과는 다음과 같이 계산할 수 있다.

$$O_t = \sigma(\mathbf{S}_o\mathbf{x}_t + \mathbf{W}_o\mathbf{h}_{t-1} + \mathbf{b}_o)$$

$$h_t = O_t * \tanh(C_t)$$

07

강화 학습

7장에서는 강화 학습의 개념에 대해 알아본다. 7장에서 다루는 내용은 다음과 같다.

- MDP 설정
- 모델 기반 학습 수행
- 모델 자유 학습 수행

▌ 소개

강화 학습^{RL, Reinforcement Learning}은 행위자(소프트웨어 프로그램)가 누적 보상을 최대화하기 위해 취해야 할 행동의 선택법 등 심리학적 접근 방식에 영감을 받은 머신 러닝 영역이다.

강화 학습은 보상 기반 학습이며, 보상은 학습 종료 시점에 혹은 학습 중 나뉘어서 제공된다. 예를 들어 체스에서는 보상reward이 게임의 승리와 패배에 할당되며, 반면 테니스 같은 게임에서는 각 획득 점수가 보상에 해당한다. 강화 학습의 상업적 적용 예시로는 구글 딥마인드Google DeepMind의 파쿠르parkour 학습을 들 수 있다. 테슬라Tesla도 강화 학습으로 AI 기반 기술을 개발하고 있다. 다음 그림은 강화 학습 구조의 예를 보여준다.

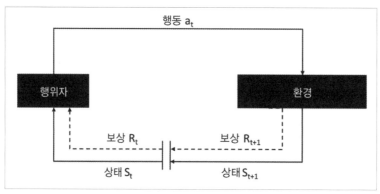

강화 학습의 행위자(actor)와 환경(environment) 상호작용

강화 학습에서의 기본적 표기법은 다음과 같다.

- T(s, a, s') 상태 s에서 a 행동을 취했을 때 상태 s'로 이동하는 전이 모델 transition model을 표현
- P 모든 가능한 상태 $s \in S$에서 취해야 할 행동을 정의하는 정책policy을 표현
- R(s) 상태 s에서 행위가 획득한 보상을 표현

7장에서는 R로 강화 학습 모델을 설정하는 방법을 다룬다. 다음 절에서는 MDPtoolbox R 패키지를 소개한다.

▌ MDP 설정

마르코프 결정 과정^{Markov Decision Process}은 결정 결과가 반조절^{semi-control}될 경우 강화 학습 모델의 기반을 형성하는 개념이다. 반조절이란 결과가 일부 무작위이고, 일부는 (결정자에 의해) 조절되는 문제를 가리킨다. MDP는 가능 상태 집합(S), 가능 행동 집합(A), 실수 보상 함수(R), 주어진 행동에 따른 전이 확률 집합(T)으로 정의된다. 추가적으로 한 상태에서 수행한 행동의 결과는 전 상태가 아닌 오직 현재 상태에 따라 결정된다.

준비

다음 그림처럼 4×4 크기 격자 위를 움직이는 행위자를 정의한다.

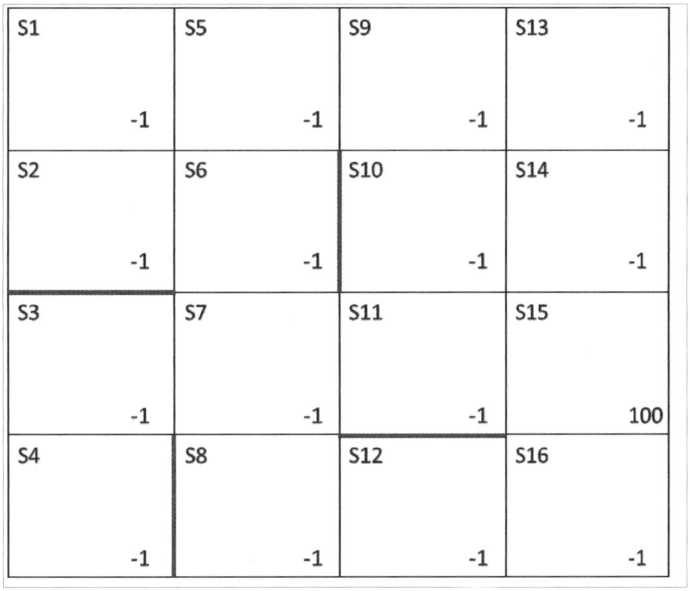

S1	S5	S9	S13
-1	-1	-1	-1
S2	S6	S10	S14
-1	-1	-1	-1
S3	S7	S11	S15
-1	-1	-1	100
S4	S8	S12	S16
-1	-1	-1	-1

16개 상태 4×4 격자의 예

위 격자의 상태는 16개(S1, S2...S16)다. 행위자는 각 상태마다 4개의 행동(위, 오른쪽, 아래, 왼쪽) 중 하나를 수행할 수 있다. 그러나 다음 제약 사항에 따라 일부 행동을 제한할 수 있다.

- 모서리에 면한 상태에서는 격자 내의 상태로만 움직일 수 있다. 예를 들어 S1에 있는 행위자는 오른쪽이나 아래로만 움직일 수 있다.
- 일부 상태 이전의 경우에는 굵은 선으로 표시한 장애물이 존재한다. 예를 들어 행위자는 S2에서 S3로 갈 수 없다.

또한 각 상태마다 보상이 할당된다. 행위자의 목적은 최소 움직임으로 목적지에 닿아 최대 보상을 얻는 것이다. 보상 값이 100인 S15 상태를 제외하면 모든 상태의 보상 값은 -1이다.

이 절에서는 MDPtoolbox R 패키지를 사용한다.

예제 구현

MDPtoolbox R 패키지를 사용해 강화 학습 모델을 설정하는 방법을 다룬다.

1. 필요 패키지를 설치 후 불러온다.

```
Install.packages("MDPtoolbox")
library(MDPtoolbox)
```

2. 행동의 전이 확률을 정의한다. 각 행은 출발하는 상태를 나타내고, 각 열은 도착하는 상태를 나타낸다. 상태가 16개이므로 각 행동의 전이 확률 행렬은 16×16 크기 행렬이 된다. 각 행의 합은 1이어야 한다.

```
up<- matrix(c(
```

```
1 , 0 , 0 , 0 , 0 , 0 , 0 , 0 , 0 , 0 , 0 , 0 , 0 , 0 , 0 , 0 ,
0.7 , 0.2 , 0 , 0 , 0 , 0.1 , 0 , 0 , 0 , 0 , 0 , 0 , 0 , 0 , 0 , 0 ,
0 , 0 , 0.8 , 0.05 , 0 , 0 , 0.15 , 0 , 0 , 0 , 0 , 0 , 0 , 0 , 0 , 0 ,
0 , 0 , 0.7 , 0.3 , 0 , 0 , 0 , 0 , 0 , 0 , 0 , 0 , 0 , 0 , 0 , 0 ,
0.1 , 0 , 0 , 0 , 0.7 , 0.1 , 0 , 0 , 0.1 , 0 , 0 , 0 , 0 , 0 , 0 , 0 ,
0 , 0.05 , 0 , 0 , 0.7 , 0.15 , 0.1 , 0 , 0 , 0 , 0 , 0 , 0 , 0 , 0 , 0 ,
0 , 0 , 0.05 , 0 , 0 , 0.7 , 0.15 , 0.05 , 0 , 0 , 0.05 , 0 , 0 , 0 , 0 , 0 ,
0 , 0 , 0 , 0 , 0 , 0 , 0.7 , 0.2 , 0 , 0 , 0 , 0.1 , 0 , 0 , 0 , 0 ,
0 , 0 , 0 , 0 , 0.05 , 0 , 0 , 0 , 0.85 , 0.05 , 0 , 0 , 0.05 , 0 , 0 , 0 ,
0 , 0 , 0 , 0 , 0 , 0 , 0 , 0 , 0.7 , 0.2 , 0.05 , 0 , 0 , 0.05 , 0 , 0 ,
0 , 0 , 0 , 0 , 0 , 0 , 0.05 , 0 , 0 , 0.7 , 0.2 , 0 , 0 , 0 , 0.05 , 0 ,
0 , 0 , 0 , 0 , 0 , 0 , 0 , 0.05 , 0 , 0 , 0 , 0.9 , 0 , 0 , 0 , 0.05 ,
0 , 0 , 0 , 0 , 0 , 0 , 0 , 0 , 0.1 , 0 , 0 , 0 , 0.9 , 0 , 0 , 0 ,
0 , 0 , 0 , 0 , 0 , 0 , 0 , 0 , 0.1 , 0 , 0 , 0.7 , 0.2 , 0 , 0 ,
0 , 0 , 0 , 0 , 0 , 0 , 0 , 0 , 0 , 0 , 0.05 , 0 , 0 , 0.8 , 0.15 , 0 ,
0 , 0 , 0 , 0 , 0 , 0 , 0 , 0 , 0 , 0 , 0 , 0 , 0 , 0 , 0.8 , 0.2 ),
nrow=16, ncol=16, byrow=TRUE )
left<- matrix(c(
1 , 0 , 0 , 0 , 0 , 0 , 0 , 0 , 0 , 0 , 0 , 0 , 0 , 0 , 0 , 0 ,
0.05 , 0.9 , 0 , 0 , 0 , 0.05 , 0 , 0 , 0 , 0 , 0 , 0 , 0 , 0 , 0 , 0 ,
0 , 0 , 0.9 , 0.05 , 0 , 0 , 0.05 , 0 , 0 , 0 , 0 , 0 , 0 , 0 , 0 , 0 ,
0 , 0 , 0.05 , 0.9 , 0 , 0 , 0 , 0.05 , 0 , 0 , 0 , 0 , 0 , 0 , 0 , 0 ,
0.8 , 0 , 0 , 0 , 0.1 , 0.05 , 0 , 0 , 0.05 , 0 , 0 , 0 , 0 , 0 , 0 , 0 ,
0 , 0.8 , 0 , 0 , 0.05 , 0.1 , 0.05 , 0 , 0 , 0 , 0 , 0 , 0 , 0 , 0 , 0 ,
0 , 0 , 0.8 , 0 , 0 , 0.05 , 0.1 , 0.05 , 0 , 0 , 0 , 0 , 0 , 0 , 0 , 0 ,
0 , 0 , 0 , 0 , 0 , 0 , 0.1 , 0.8 , 0 , 0 , 0 , 0.1 , 0 , 0 , 0 , 0 ,
0 , 0 , 0 , 0 , 0.8 , 0 , 0 , 0 , 0.1 , 0.05 , 0 , 0 , 0.05 , 0 , 0 , 0 ,
0 , 0 , 0 , 0 , 0 , 0.8 , 0 , 0 , 0.05 , 0.1 , 0.05 , 0 , 0 , 0 , 0 , 0 ,
0 , 0 , 0 , 0 , 0 , 0 , 0.8 , 0 , 0 , 0.1 , 0.1 , 0 , 0 , 0 , 0 , 0 ,
0 , 0 , 0 , 0 , 0 , 0 , 0 , 0.8 , 0 , 0 , 0 , 0.2 , 0 , 0 , 0 , 0 ,
0 , 0 , 0 , 0 , 0 , 0 , 0 , 0 , 0.8 , 0 , 0 , 0 , 0.2 , 0 , 0 , 0 ,
0 , 0 , 0 , 0 , 0 , 0 , 0 , 0 , 0 , 0.8 , 0 , 0 , 0.05 , 0.1 , 0.05 , 0 ,
0 , 0 , 0 , 0 , 0 , 0 , 0 , 0 , 0 , 0 , 0.8 , 0 , 0 , 0.05 , 0.1 , 0.05 ,
0 , 0 , 0 , 0 , 0 , 0 , 0 , 0 , 0 , 0 , 0 , 0.8 , 0 , 0 , 0.05 , 0.15),
nrow=16, ncol=16, byrow=TRUE )
```

```
down<- matrix(c(
0.1 , 0.8 , 0 , 0 , 0.1 , 0 , 0 , 0 , 0 , 0 , 0 , 0 , 0 , 0 , 0 , 0 ,
0.05 , 0.9 , 0 , 0 , 0 , 0.05 , 0 , 0 , 0 , 0 , 0 , 0 , 0 , 0 , 0 , 0 ,
0 , 0 , 0.1 , 0.8 , 0 , 0 , 0.1 , 0 , 0 , 0 , 0 , 0 , 0 , 0 , 0 , 0 ,
0 , 0 , 0.1 , 0.9 , 0 , 0 , 0 , 0 , 0 , 0 , 0 , 0 , 0 , 0 , 0 , 0 ,
0.05 , 0 , 0 , 0 , 0.15 , 0.8 , 0 , 0 , 0 , 0 , 0 , 0 , 0 , 0 , 0 , 0 ,
0 , 0 , 0 , 0 , 0 , 0.2 , 0.8 , 0 , 0 , 0 , 0 , 0 , 0 , 0 , 0 , 0 ,
0 , 0 , 0 , 0 , 0 , 0 , 0.2 , 0.8 , 0 , 0 , 0 , 0 , 0 , 0 , 0 , 0 ,
0 , 0 , 0 , 0 , 0 , 0 , 0.1 , 0.9 , 0 , 0 , 0 , 0 , 0 , 0 , 0 , 0 ,
0 , 0 , 0 , 0 , 0.05 , 0 , 0 , 0 , 0.1 , 0.8 , 0 , 0 , 0.05 , 0 , 0 , 0 ,
0 , 0 , 0 , 0 , 0 , 0 , 0 , 0 , 0 , 0.2 , 0.8 , 0 , 0 , 0 , 0 , 0 ,
0 , 0 , 0 , 0 , 0 , 0 , 0 , 0 , 0 , 0.05 , 0.8 , 0 , 0 , 0 , 0.05 , 0 ,
0 , 0 , 0 , 0 , 0 , 0 , 0 , 0.05 , 0 , 0 , 0 , 0.9 , 0 , 0 , 0 , 0.05 ,
0 , 0 , 0 , 0 , 0 , 0 , 0 , 0 , 0 , 0 , 0 , 0.2 , 0.8 , 0 , 0 ,
0 , 0 , 0 , 0 , 0 , 0 , 0 , 0 , 0 , 0 , 0 , 0 , 0.05 , 0.15 , 0.8 , 0 ,
0 , 0 , 0 , 0 , 0 , 0 , 0 , 0 , 0 , 0 , 0 , 0 , 0 , 0 , 0.2 , 0.8 ,
0 , 0 , 0 , 0 , 0 , 0 , 0 , 0 , 0 , 0 , 0 , 0 , 0 , 0 , 0 , 1),
nrow=16, ncol=16, byrow=TRUE )
right<- matrix(c(
0.2 , 0.1 , 0 , 0 , 0.7 , 0 , 0 , 0 , 0 , 0 , 0 , 0 , 0 , 0 , 0 , 0 ,
0.1 , 0.1 , 0 , 0 , 0 , 0.8 , 0 , 0 , 0 , 0 , 0 , 0 , 0 , 0 , 0 , 0 ,
0 , 0 , 0.2 , 0 , 0 , 0 , 0.8 , 0 , 0 , 0 , 0 , 0 , 0 , 0 , 0 , 0 ,
0 , 0 , 0.1 , 0.9 , 0 , 0 , 0 , 0 , 0 , 0 , 0 , 0 , 0 , 0 , 0 , 0 ,
0 , 0 , 0 , 0 , 0.2 , 0.1 , 0 , 0 , 0.7 , 0 , 0 , 0 , 0 , 0 , 0 , 0 ,
0 , 0 , 0 , 0 , 0 , 0.9 , 0.1 , 0 , 0 , 0 , 0 , 0 , 0 , 0 , 0 , 0 ,
0 , 0 , 0 , 0 , 0 , 0.05 , 0.1 , 0 , 0 , 0 , 0.85 , 0 , 0 , 0 , 0 , 0 ,
0 , 0 , 0 , 0 , 0 , 0 , 0.1 , 0.2 , 0 , 0 , 0 , 0.7 , 0 , 0 , 0 , 0 ,
0 , 0 , 0 , 0 , 0 , 0 , 0 , 0 , 0.2 , 0 , 0 , 0 , 0.8 , 0 , 0 , 0 ,
0 , 0 , 0 , 0 , 0 , 0 , 0 , 0 , 0 , 0 , 0.1 , 0 , 0 , 0 , 0.9 , 0 , 0 ,
0 , 0 , 0 , 0 , 0 , 0 , 0 , 0 , 0 , 0 , 0.1 , 0 , 0 , 0 , 0.9 , 0 ,
0 , 0 , 0 , 0 , 0 , 0 , 0 , 0 , 0 , 0 , 0 , 0.2 , 0 , 0 , 0 , 0.8 ,
0 , 0 , 0 , 0 , 0 , 0 , 0 , 0 , 0 , 0 , 0 , 0 , 1 , 0 , 0 , 0 ,
0 , 0 , 0 , 0 , 0 , 0 , 0 , 0 , 0 , 0 , 0 , 0 , 0 , 1 , 0 , 0 ,
0 , 0 , 0 , 0 , 0 , 0 , 0 , 0 , 0 , 0 , 0 , 0 , 0 , 0 , 1 , 0 ,
0 , 0 , 0 , 0 , 0 , 0 , 0 , 0 , 0 , 0 , 0 , 0 , 0 , 0 , 0 , 1),
```

```
nrow=16, ncol=16, byrow=TRUE)
```

3. 전이 확률 행렬 리스트를 정의한다.

```
TPMs <- list(up=up, left=left,
        down=down, right=right)
```

4. 보상 행렬을 정의한다. 차원은 16(상태 수) × 4(행동 수)다.

```
Rewards<- matrix(c(-1, -1, -1, -1,
    -1, -1, -1, -1,
    -1, -1, -1, -1,
    -1, -1, -1, -1,
    -1, -1, -1, -1,
    -1, -1, -1, -1,
    -1, -1, -1, -1,
    -1, -1, -1, -1,
    -1, -1, -1, -1,
    -1, -1, -1, -1,
    -1, -1, -1, -1,
    -1, -1, -1, -1,
    -1, -1, -1, -1,
    -1, -1, -1, -1,
    100, 100, 100, 100,
    -1, -1, -1, -1),
    nrow=16, ncol=4, byrow=TRUE)
```

5. 정의한 TPM(전이 확률 행렬)과 Rewards(보상)가 MDP의 정의를 만족하는지 테스트한다. 위 코드가 빈 문자열을 리턴한다면 MDP가 올바르게 정의된 것이다.

```
mdp_check(TPMs, Rewards)
```

모델 기반 학습 수행

모델 기반 학습^{model-based learning}은 이름에서 알 수 있듯이 미리 정의한 모델로 학습을 보강한다. 이때 모델은 전이 확률 형태로 나타낸다. 학습 목적은 최적 정책^{optimal policy}과 가치 함수^{value function}를 사용해 미리 정의한 모델 특징^{TPM}을 결정하는 것이다. 정책^{policy}은 복수의 상태 사이를 이동하는 행위자의 학습 방법으로 정의한다. 다른 말로, 주어진 상태에서 행위자가 다음 상태로 이동하는 과정의 최적 행동을 찾는 것을 정책이라 부른다.

정책은 시작 상태에서 목적 상태로 이동하는 과정의 누적 보상 최적화를 목적으로 삼는다. 정책은 다음 수식처럼 정의한다. 수식에서 $P(s)$는 시작 상태 s에서부터의 누적 정책 P을 나타내고, R은 상태 s_t에서 행동 a_t를 수행해 상태 s_{t+1}로 이동할 때의 보상을 나타낸다.

가치 함수의 종류는 상태 가치 함수^{state value function}와 상태 행동 가치 함수^{state action value function, q-value function} 두 가지다. 주어진 정책에 대해 상태 가치 함수는 특정한 상태(시작 상태를 포함)에서 얻을 것으로 예측하는 보상으로, 상태 행동 가치 함수는 특정한 상태(시작 상태를 포함)에서 특정한 행동을 할 때 얻을 것으로 예측하는 보상으로 정의된다.

 최대 예측 누적 보상을 리턴하는 정책을 최적 정책이라 부른다. 그리고 최적 정책의 상태들을 최적 상태 가치 함수로, 또는 최적 정책의 상태와 행동을 최적 상태 행동 가치 함수로 부른다.

모델 기반 학습에서는 다음 그림에 표현된 순차적 단계를 거쳐 최적 정책을 얻는다.

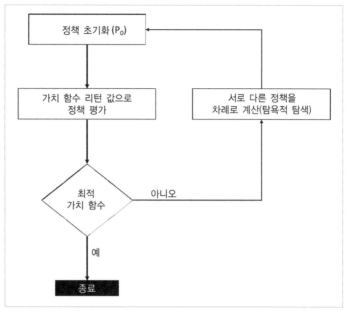

최적 정책을 찾는 순차적 단계

이 절에서는 상태 가치 함수로 정책을 평가한다. 각 회차마다 벨만 공식Bellman equation을 사용해 동적으로 정책들을 평가한다. 다음 평가 수식에서 V는 i 회차에서의 값을 나타내고, P는 주어진 상태 s와 행동 a에서의 임의의 정책을 나타내며, T는 행동 a로 인해 상태 s에서 상태 s'로 이동할 확률을 나타낸다, R은 상태 s에서 행동 a로 이동한 상태 s'에서의 보상을 나타내고, Y는 $(0, 1)$ 범위의 할인 팩터discount factor를 나타낸다. 할인 팩터로 후기에 비해 학습 초기 단계의 중요성을 높게 만들 수 있다.

$$V_{i+1}(s) = \sum_a P(s,a) \sum_{s'} T_{ss'}^a [R_{ss'}^a + Y V_i(s')]$$

예제 구현

여기서는 모델 기반 강화 학습 설정법을 다룬다.

1. 상태 가치 함수와 할인 팩터 γ = 0.9로 정책 반복을 수행한다.

```
mdp_policy<- mdp_policy_iteration(P=TPMs, R=Rewards, discount=0.9)
```

2. 다음 그림처럼 최고(최적) 정책 P*를 찾는다. 연하게 칠해진 화살표는 $S1$에서 $S15$로 가는 길을 보여준다.

```
mdp_policy$policy
names(TPMs)[mdp_policy$policy]
```

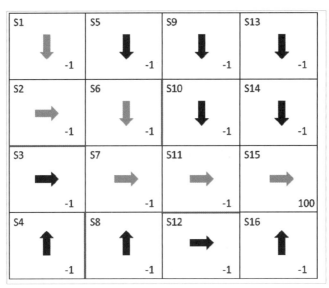

모델 기반 반복을 사용한 최적 정책과 S1에서 S15로 가는 최적 경로

3. 각 상태의 최적 가치 함수 V*를 획득한 후 다음 그림처럼 시각화한다.

```
mdp_policy$V
names(mdp_policy$V) <- paste0("S",1:16)
barplot(mdp_policy$V,col="blue",xlab="상태",ylab="최적 가치",
       main="최적 정책 가치 함수",width=0.5)
```

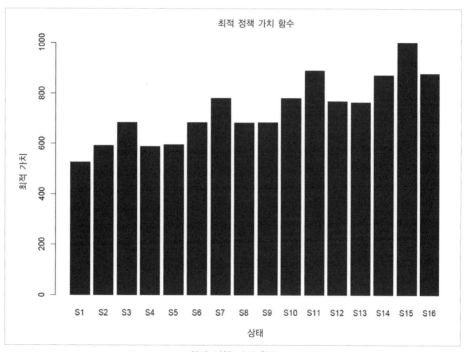

최적 정책 가치 함수

▌ 모델 자유 학습 수행

상태 이동 과정의 역학 관계가 명시적으로 (한 상태에서 다른 상태로의 전이 확률로) 주어
진 모델 기반 학습과 달리 모델 자유 학습^{model-free learning}에서는 이전 역학을 추론해내
야 한다. 모델 자유 학습의 이전 정보는 명시적으로 주어지는 대신, 상태 간의 상호관

계에서 (행동으로) 바로 학습된다. 모델 자유 학습에서 자주 사용하는 개념적 틀로는 몬테카를로법[Monte Carlo methods]과 Q러닝[Q-learning] 기법이 있다. 몬테카를로법은 상대적으로 구현이 쉬우나 수렴에 시간이 오래 걸리고, Q러닝은 구현이 복잡하나 정책 자유[off-policy] 학습 방식 덕분에 수렴이 빠르다.

준비

R에서 Q러닝 알고리즘을 구현해보자. 주변 환경 탐색과 기존 지식 활용을 동시에 수행하는 것을 정책 자유 수렴이라 부른다. 예를 들어 특정 상태의 행위자는 먼저 다음 상태로 이동하는 모든 가능한 행동을 탐색해 따라오는 보상을 관찰하고, 다음으로 현재 지식을 활용해 관찰한 행동의 최고 가능 보상을 생성하는 방식으로 기존 상태 행동 가치를 갱신한다.

Q러닝은 상태 수 × 행동 수 크기의 2차원 Q표[Q-table]를 리턴한다. 다음 수식을 사용해 Q표의 값을 갱신한다. 이때 Q는 상태 s와 행동 a의 값을 나타내고, r'는 선택한 행동 a에 따른 다음 상태의 보상을 나타낸다. γ는 할인 팩터를 나타내고, α는 학습률을 나타낸다.

$$Q_{new}(s,a) = Q_{old}(s,a) + \alpha \left[r' + \gamma * \max_{a'} Q_{\text{예측 최적 값}}(s',a') - Q_{old}(s,a) \right]$$

다음 그림은 Q러닝의 틀을 보여준다.

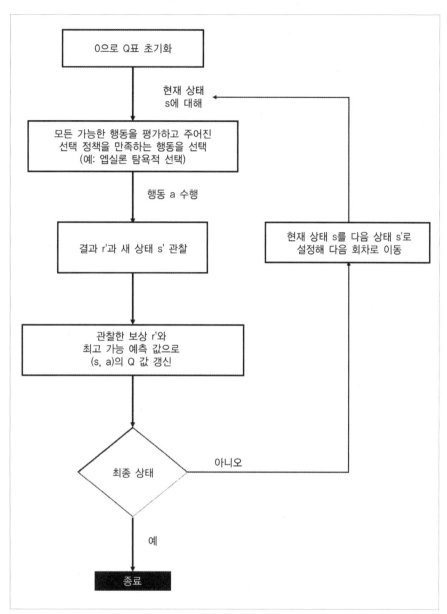

의 내용:

```
0으로 Q표 초기화
        ↓
        현재 상태
        s에 대해
        ↓
모든 가능한 행동을 평가하고 주어진
선택 정책을 만족하는 행동을 선택
(예: 엡실론 탐욕적 선택)
        ↓
   행동 a 수행
        ↓
결과 r'과 새 상태 s' 관찰
        ↓
관찰한 보상 r'와
최고 가능 예측 값으로
(s, a)의 Q 값 갱신
        ↓
    최종 상태 ──아니오──→ 현재 상태 s를 다음 상태 s'로
        │                  설정해 다음 회차로 이동
        예
        ↓
      종료
```

Q러닝의 틀

예제 구현

여기서는 Q러닝 설정법을 다룬다.

1. 상태 16개를 정의한다.

```
states <- c("s1", "s2", "s3", "s4", "s5", "s6", "s7", "s8", "s9",
        "s10", "s11", "s12", "s13", "s14", "s15", "s16")
```

2. 행동 4개를 정의한다.

```
actions<- c("up", "left", "down", "right")
```

3. 행동 a로 상태 s에서 다른 상태 s'로 가는 이전을 시뮬레이션하는 transitionStateAction 함수를 정의한다. 함수는 현재 상태 s와 선택한 행동 a를 받아 다음 상태 s'와 그에 따른 보상 r를 출력한다. 행동이 제한됐다면 현재 상태 s와 기존 보상 r을 다음 상태와 보상으로 출력한다.

```
transitionStateAction<- function(state, action) {

    # 제한된 행동의 경우 현재 상태를 기본 상태로 함
    next_state<- state
    if (state == "s1"&& action == "down") next_state<- "s2"
    if (state == "s1"&& action == "right") next_state<- "s5"
    if (state == "s2"&& action == "up") next_state<- "s1"
    if (state == "s2"&& action == "right") next_state<- "s6"
    if (state == "s3"&& action == "right") next_state<- "s7"
    if (state == "s3"&& action == "down") next_state<- "s4"
    if (state == "s4"&& action == "up") next_state<- "s3"
    if (state == "s5"&& action == "right") next_state<- "s9"
    if (state == "s5"&& action == "down") next_state<- "s6"
    if (state == "s5"&& action == "left") next_state<- "s1"
```

```
if (state == "s6"&& action == "up") next_state<- "s5"
if (state == "s6"&& action == "down") next_state<- "s7"
if (state == "s6"&& action == "left") next_state<- "s2"
if (state == "s7"&& action == "up") next_state<- "s6"
if (state == "s7"&& action == "right") next_state<- "s11"
if (state == "s7"&& action == "down") next_state<- "s8"
if (state == "s7"&& action == "left") next_state<- "s3"
if (state == "s8"&& action == "up") next_state<- "s7"
if (state == "s8"&& action == "right") next_state<- "s12"
if (state == "s9"&& action == "right") next_state<- "s13"
if (state == "s9"&& action == "down") next_state<- "s10"
if (state == "s9"&& action == "left") next_state<- "s5"
if (state == "s10"&& action == "up") next_state<- "s9"
if (state == "s10"&& action == "right") next_state<- "s14"
if (state == "s10"&& action == "down") next_state<- "s11"
if (state == "s11"&& action == "up") next_state<- "s10"
if (state == "s11"&& action == "right") next_state<- "s15"
if (state == "s11"&& action == "left") next_state<- "s7"
if (state == "s12"&& action == "right") next_state<- "s16"
if (state == "s12"&& action == "left") next_state<- "s8"
if (state == "s13"&& action == "down") next_state<- "s14"
if (state == "s13"&& action == "left") next_state<- "s9"
if (state == "s14"&& action == "up") next_state<- "s13"
if (state == "s14"&& action == "down") next_state<- "s15"
if (state == "s14"&& action == "left") next_state<- "s10"
if (state == "s15"&& action == "up") next_state<- "s14"
if (state == "s15"&& action == "down") next_state<- "s16"
if (state == "s15"&& action == "left") next_state<- "s11"
if (state == "s16"&& action == "up") next_state<- "s15"
if (state == "s16"&& action == "left") next_state<- "s12"

# 보상 계산
if (next_state == "s15") {
    reward<- 100
} else {
    reward<- -1
```

```
    }
    return(list(state=next_state, reward=reward))
}
```

4. n번 반복해 Q러닝을 수행하는 함수를 정의한다.

```
Qlearning<- function(n, initState, termState,
      epsilon, learning_rate) {

    # 상태 수 x 행동 수 크기의 Q 행렬을 0으로 초기화
    Q_mat<- matrix(0, nrow=length(states), ncol=length(actions),
          dimnames=list(states, actions))

    # Q러닝 n번 반복
    for (i in 1:n) {
        Q_mat<- updateIteration(initState, termState, epsilon,
              learning_rate, Q_mat)
    }
    return(Q_mat)
}

updateIteration<- function(initState, termState, epsilon,
      learning_rate, Q_mat) {
    state<- initState # set cursor to initial state
    while (state != termState) {
        # 다음 행동을 탐욕적 혹은 무작위로 선택
        if (runif(1) >= epsilon) {
            action<- sample(actions, 1) # 무작위 선택
        } else {
            action<- which.max(Q_mat[state, ]) # 최고 행동 선택
        }

        # 다음 상태와 보상 추출
        response<- transitionStateAction(state, action)

        # Q 행렬의 해당 가치 갱신(학습)
```

```
        Q_mat[state, action] <- Q_mat[state, action] + learning_rate *
            (response$reward + max(Q_mat[response$state, ]) -
            Q_mat[state, action])
        state<- response$state # 다음 상태로 갱신
    }
    return(Q_mat)
}
```

5. epsilon과 learning_rate 등의 매개변수를 설정한다.

```
epsilon<- 0.1
learning_rate<- 0.9
```

6. 500회 반복 후 Q표를 추출한다.

```
Q_mat<- Qlearning(500, "s1", "s15", epsilon, learning_rate)
Q_mat
```

7. 다음 그림과 같이 최고(최적) 정책 P*를 얻는다. 연하게 색칠한 화살표는 S1부
   터 S15로 가는 길을 보여준다.

```
actions[max.col(Q_mat)]
```

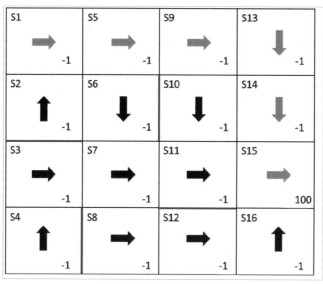

모델 자유 반복을 사용한 최적 정책과 S1에서 S15로 가는 최적 경로

284

08

텍스트 마이닝 딥러닝 응용

8장에서 다루는 내용은 다음과 같다.

- 텍스트 데이터 전처리와 감정 추출
- tf-idf를 사용한 문서 분석
- LSTM 망을 사용한 감정 예측
- text2vec를 사용한 응용

▌텍스트 데이터 전처리와 감정 추출

이 절에서는 제인 오스틴의 1813년작 베스트셀러 『오만과 편견』으로 텍스트 데이터 전처리 분석을 수행해본다. R상에서 해들리 위컴^{Hadley Wickham}이 만든 **tidytext** 패키지를 사용할 것이다. **tidytext** 패키지는 토큰화(텍스트를 기본 단위(문장, 단어 문자 등)로 분절하는 과정을 의미한다 – 옮긴이), 불용어^{stop word} 제거, 미리 정의한 감정 어휘집^{lexicon}을 사용한 단어 추출, tf-idf^{용어 빈도-역 문서 빈도} 행렬 생성을 수행하고, n그램^{n-gram} 간의 짝 상관관계를 이해하기 위해 만들어졌다.

여기서는 텍스트를 문자열이나 말뭉치^{corpus} 혹은 문서 용어 행렬^{DTM, Document Term Matrix}로 저장하는 대신 행마다 토큰 하나의 표로 처리한다.

예제 구현

전처리 방법은 다음과 같다.

1. 필요 패키지를 불러온다.

```
load_packages=c("janeaustenr","tidytext","dplyr","stringr",
        "ggplot2","wordcloud","reshape2","igraph","ggraph",
        "widyr","tidyr")
lapply(load_packages, require, character.only = TRUE)
```

2. Pride and Prejudice 데이터셋을 불러온다. line_num 특징은 책에 인쇄된 줄 번호를 나타낸다.

```
Pride_Prejudice <- data.frame("text" = prideprejudice,
                    "book" = "Pride and Prejudice",
                    "line_num" = 1:length(prideprejudice),
                    stringsAsFactors=F)
```

3. 이제 토큰화를 수행해 행당 문자열 하나의 형식을 행당 토큰 하나의 형식으로 재구조화한다. 단어 하나, 문자 집합, 연결된 단어들(n그램), 문장, 문단 등을 토큰으로 취급할 수 있다. 지금은 문장을 단어 하나로 토큰화한다.

```
Pride_Prejudice <- Pride_Prejudice %>% unnest_tokens(word,text)
```

4. 다음으로 stop_words 제거 말뭉치를 사용해 the, and, for 등 자주 나타나는 단어를 제거한다.

```
data(stop_words)
Pride_Prejudice <- Pride_Prejudice %>% anti_join(stop_words,
        by="word")
```

5. 가장 자주 사용된 텍스트 단어를 추출한다.

```
most.common <- Pride_Prejudice %>% dplyr::count(word, sort = TRUE)
```

6. 다음 그림과 같이 상위 10개 최빈어를 시각화한다.

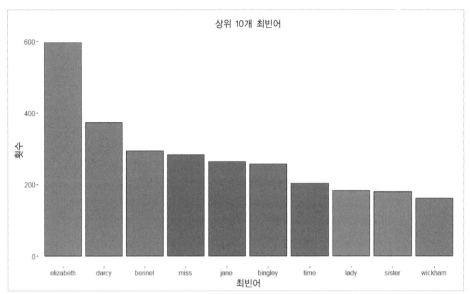

상위 10개 최빈어

```
most.common$word <- factor(most.common$word , levels =
        most.common$word)
ggplot(data=most.common[1:10,], aes(x=word, y=n, fill=word)) +
        geom_bar(colour="black", stat="identity")+
        xlab("최빈어") + ylab("횟수")+
        ggtitle("상위 10개 최빈어")+
        guides(fill=FALSE)+
        theme(plot.title = element_text(hjust = 0.5))+
        theme(text = element_text(size = 10))+
        theme(panel.background = element_blank(),
        panel.grid.major = element_blank(),
        panel.grid.minor = element_blank())
```

7. 다음으로 bing 어휘집을 사용해 높은 수치의 감정(긍정 또는 부정)을 추출한다.

```
Pride_Prejudice_POS_NEG_sentiment <- Pride_Prejudice %>%
inner_join(get_sentiments("bing"), by="word") %>%
```

```
dplyr::count(book, index = line_num %/% 150, sentiment) %>%
spread(sentiment, n, fill = 0) %>% mutate(net_sentiment =
    positive - negative)
```

8. 다음 그림과 같이 작은 영역(150 단어) 단위로 감정을 시각화한다.

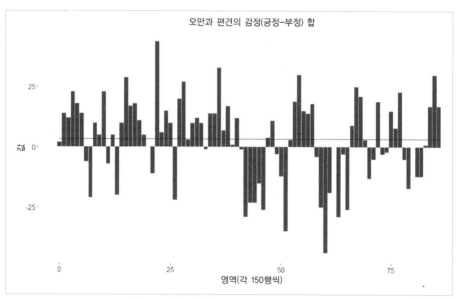

각 150 단어 단위의 긍정과 부정 단어 수 분포

```
ggplot(Pride_Prejudice_POS_NEG_sentiment, aes(index,
    net_sentiment))+
    geom_col(show.legend = FALSE) +
    geom_line(aes(y=mean(net_sentiment)),color="blue")+
    xlab("영역(각 150행씩)") + ylab("값")+
    ggtitle("'오만과 편견'의 감정(긍정-부정) 합")+
    theme(plot.title = element_text(hjust = 0.5))+
    theme(text = element_text(size = 10))+
    theme(panel.background = element_blank(),
    panel.grid.major = element_blank(),
    panel.grid.minor = element_blank())
```

9. 이제 nrc 어휘집을 사용해 더 정교하게(positive, negative, anger, disgust, surprise, trust 등) 감정을 추출한다.

```
Pride_Prejudice_GRAN_sentiment <- Pride_Prejudice %>%
inner_join(get_sentiments("nrc"), by="word") %>%
dplyr::count(book,index = line_num %/% 150, sentiment) %>%
spread(sentiment, n, fill = 0)
```

10. 다음 그림과 같이 정의한 감정 분포를 시각화한다.

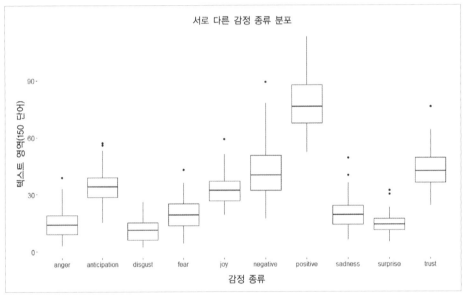

서로 다른 감정 종류 분포

```
ggplot(stack(Pride_Prejudice_GRAN_sentiment[,3:12]),
       aes(x = ind, y = values)) +
       geom_boxplot()+
       xlab("감정 종류") + ylab("텍스트 영역(150 단어)")+
       ggtitle("서로 다른 감정 종류 분포")+
       theme(plot.title = element_text(hjust = 0.5))+
```

```
theme(text = element_text(size = 15))+
theme(panel.background = element_blank(),
panel.grid.major = element_blank(),
panel.grid.minor = element_blank())
```

11. bing 어휘집에 따라 가장 많이 나타나는 긍정 단어와 부정 단어들을 추출하
고, 다음 그림처럼 시각화한다.

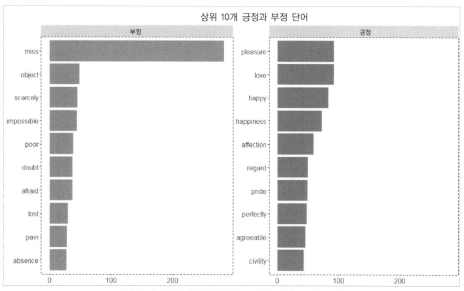

'오만과 편견' 소설의 상위 10개 긍정과 부정 단어

```
POS_NEG_word_counts <- Pride_Prejudice %>%
inner_join(get_sentiments("bing"), by="word") %>%
dplyr::count(word, sentiment, sort = TRUE) %>% ungroup()
POS_NEG_word_counts %>% group_by(sentiment) %>% top_n(10) %>%
ungroup() %>% mutate(word = reorder(word, n)) %>%
ggplot(aes(word, n, fill = sentiment)) +
geom_col(show.legend = FALSE) +
facet_wrap(~sentiment, scales = "free_y") +
```

```
ggtitle("상위 10개 긍정과 부정 단어")+ coord_flip( ) +
theme(plot.title = element_text(hjust = 0.5))+
theme(text = element_text(size = 15))+
labs(y = NULL, x = NULL)+
theme(panel.background = element_blank( ),
panel.border = element_rect(linetype = "dashed", fill = NA))
```

12. 다음 그림처럼 감정 단어 구름^{word cloud}을 생성한다.

긍정과 부정 단어 구름

```
Prejudice %>%
inner_join(get_sentiments("bing"), by = "word") %>%
dplyr::count(word, sentiment, sort = TRUE) %>%
acast(word ~ sentiment, value.var = "n", fill = 0) %>%
comparison.cloud(colors = c("red", "green"),
        max.words = 100,title.size=2, use.r.layout=TRUE,
```

```
        random.order=TRUE, scale=c(6,0.5)
```

13. 이제 '오만과 편견'의 장 단위로 감정을 분석한다.

   1. 장을 추출하고, 토큰화한다.

```
austen_books_df <-
        as.data.frame(austen_books(),stringsAsFactors=F)
austen_books_df$book <- as.character(austen_books_df$book)
Pride_Prejudice_chapters <- austen_books_df %>%
group_by(book) %>% filter(book == "Pride & Prejudice") %>%
mutate(chapter = cumsum(str_detect(text, regex("^chapter
    [\\divxlc]", ignore_case = TRUE)))) %>% ungroup() %>%
unnest_tokens(word, text)
```

   2. bing 어휘집의 positive, negative 단어 집합을 추출한다.

```
bingNEG <- get_sentiments("bing") %>%
        filter(sentiment == "negative")
bingPOS <- get_sentiments("bing") %>%
        filter(sentiment == "positive")
```

   3. 각 장의 단어 수를 얻는다.

```
wordcounts <- Pride_Prejudice_chapters %>%
group_by(book, chapter) %>%
dplyr::summarize(words = n())
```

   4. 긍정과 부정 단어 비율을 추출한다.

```
POS_NEG_chapter_distribution <- merge (
        Pride_Prejudice_chapters %>%
```

```
semi_join(bingNEG, by="word") %>%
group_by(book, chapter) %>%
dplyr::summarize(neg_words = n()) %>%
left_join(wordcounts, by = c("book", "chapter")) %>%
mutate(neg_ratio = round(neg_words*100/words,2)) %>%
filter(chapter != 0) %>%
ungroup(),
Pride_Prejudice_chapters %>%
semi_join(bingPOS, by="word") %>%
group_by(book, chapter) %>%
dplyr::summarize(pos_words = n()) %>%
left_join(wordcounts, by = c("book", "chapter")) %>%
mutate(pos_ratio = round(pos_words*100/words,2)) %>%
filter(chapter != 0) %>%
ungroup() )
```

5. 긍정과 부정 단어 비율에 따라 각 장의 감정 플래그를 생성한다.

```
POS_NEG_chapter_distribution$sentiment_flag <-
    ifelse(POS_NEG_chapter_distribution$neg_ratio >
POS_NEG_chapter_distribution$pos_ratio,"NEG","POS")
table(POS_NEG_chapter_distribution$sentiment_flag)
```

예제 분석

절 도입부에서 설명한 것처럼 이 절에서는 제인 오스틴의 유명 소설 『오만과 편견』을 사용했다. 소설의 텍스트를 통해 데이터를 정리하고 (공개적으로) 사용 가능한 어휘집을 이용해 감정을 추출하는 단계를 설명했다.

1, 2단계에서는 필요 cran 패키지와 필요 텍스트를 불러오는 과정을 다뤘다. 3, 4단계에서는 유니그램^{unigram}(1그램) 토큰화와 불용어 제거를 수행했다. 5, 6단계에서는 62개

장 전부의 최빈어 10개를 추출하고 시각화했다. **7**에서 **12**단계에서는 자주 사용되는 어휘집 bing과 nrc를 사용해 더 정교한 감정을 분석했다.

 두 어휘집 모두 감정 태그가 달린 자주 사용되는 영어 단어 리스트를 포함하고 있다. bing의 각 단어는 단순한 이항 감정(긍정/부정) 태그가 달려 있고, nrc의 각 단어는 정교한 다수 감정(긍정, 부정, 분노, 기대, 즐거움, 공포, 혐오, 믿음, 슬픔, 놀람) 중 하나의 태그가 달려 있다.

각 150 단어 문장에 태그를 달았고, '각 150 단어 단위의 긍정과 부정 단어 수 분포' 그림에서 해당 태그를 확인할 수 있다. **13**단계에서는 bing 어휘집의 긍정과 부정 단어 비율로 장 단위로 감정 태그를 달았다. 총 62개 장 중 52개 장에서 긍정 단어가 더 많이 출현했고, 10개 장에서는 부정 단어가 더 자주 나타났다.

▮ tf-idf를 사용한 문서 분석

이 절에서는 문서를 양적으로 분석하는 방법을 배운다. 간단히 문서 내의 유니그램 단어 분포와 출현 빈도를 파악해 분석할 수 있으며, 이 방법을 tf^term frequency(용어 빈도)라 부른다. 일반적으로 빈도가 높은 단어가 문서의 내용을 좌우하는 경향이 있다.

그러나 the, is, of 등 자주 나타나는 단어에 대해서는 tf가 효과적이지 않을 것이다. 따라서 불용어 사전을 사용해 내용과 무관히 자주 나타나는 단어를 제거한다. 불용어 이외에도 관련성이 낮지만 자주 나타나는 특정 단어가 있을 수 있다. 그런 종류의 단어에 idf^inverse document frequency(역문서 빈도)를 사용해 페널티를 준다. 예시에서는 빈도가 높은 단어에 페널티를 줄 것이다.

통계적 tf-idf는 tf와 idf의 두 양적 값을 합쳐(곱해서) 복수의 문서(혹은 말뭉치)상에서 주어진 문서 내 각 단어의 중요도 또는 관련성의 기준으로 삼는다.

이 절에서는 『오만과 편견』의 장 단위로 td-idf 행렬을 생성한다.

예제 구현

다음과 같이 tf-idf를 사용해 문서를 분석한다.

1. Pride and Prejudice의 전체 62개 장에서 텍스트를 추출한다. 다음으로 각 단어의 장 단위 출현 횟수를 리턴한다. 책의 전체 단어 수는 약 122만 개다.

```
Pride_Prejudice_chapters <- austen_books_df %>%
group_by(book) %>%
filter(book == "Pride & Prejudice") %>%
mutate(linenumber = row_number(),
        chapter = cumsum(str_detect(text, regex("^chapter [\\divxlc]",
        ignore_case = TRUE)))) %>%
ungroup() %>%
unnest_tokens(word, text) %>%
count(book, chapter, word, sort = TRUE) %>%
ungroup()
```

2. 최빈어가 낮은 순위(rank)를 갖게 단어 순위를 계산한다. 또한 다음 그림처럼 순위에 따라 용어 빈도를 시각화한다.

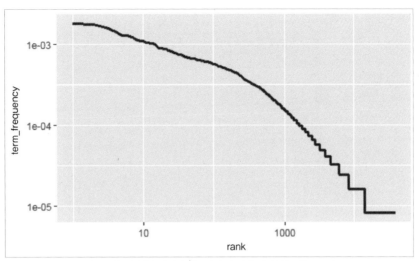

출현 빈도(비율) 값이 높은 단어가 낮은 순위를 갖는 그림

```
freq_vs_rank <- Pride_Prejudice_chapters %>%
mutate(rank = row_number(),
       term_frequency = n/totalwords)
freq_vs_rank %>%
ggplot(aes(rank, term_frequency)) +
      geom_line(size = 1.1, alpha = 0.8, show.legend = FALSE) +
      scale_x_log10() +
      scale_y_log10()
```

3. bind_tf-idf 함수를 사용해 각 단어의 tf-idf 값을 계산한다.

```
Pride_Prejudice_chapters <- Pride_Prejudice_chapters %>%
bind_tf_idf(word, chapter, n)
```

4. 다음 그림과 같이 tf-idf 값 상위 15개 단어를 추출하고 시각화한다.

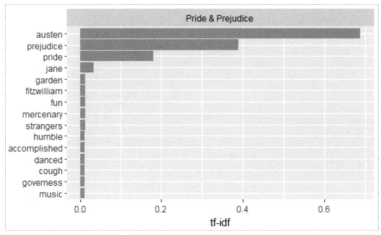

tf-idf 값 상위 15개 단어

```
Pride_Prejudice_chapters %>%
    select(-totalwords) %>%
    arrange(desc(tf_idf))

Pride_Prejudice_chapters %>%
    arrange(desc(tf_idf)) %>%
    mutate(word = factor(word, levels = rev(unique(word)))) %>%
    group_by(book) %>%
    top_n(15) %>%
    ungroup %>%
    ggplot(aes(word, tf_idf, fill = book)) +
        geom_col(show.legend = FALSE) +
        labs(x = NULL, y = "tf-idf") +
        facet_wrap(~book, ncol = 2, scales = "free") +
        coord_flip()
```

예제 분석

이전에 다뤘듯이 매우 흔한 단어인 the의 tf-idf 값이 0에 가까운 반면, 상대적으로 희귀한 단어인 고유명사 Austen의 if-idf 값은 1에 가까운 것을 볼 수 있다.

LSTM 망을 사용한 감정 예측

이 절에서는 LSTM 망을 사용해 감정 분석을 수행한다. LSTM은 순환^{recurrent} 연결을 사용해 단어 자체뿐만 아니라 단어 간 연속 배열도 고려할 수 있다. 따라서 전통적 피드포워드 신경망보다 더 정확하다.

예시에서는 cran 패키지인 **text2vec**과 **movie_review**(영화평) 데이터셋을 사용할 것이다. **movie_review** 데이터셋은 IMDB 영화평 5000개로 구성되며, 각 리뷰에는 이항 감정 플래그(긍정 혹은 부정)가 달려 있다.

예제 구현

다음과 같이 LSTM 감정 예측을 수행한다.

1. 필요 패키지와 영화평 데이터셋을 불러온다.

```
load_packages=c("text2vec","tidytext","tensorflow")
lapply(load_packages, require, character.only = TRUE)
data("movie_review")
```

2. 영화평과 라벨을 각각 데이터프레임과 행렬로 추출한다. 영화평에 평 번호를 나타내는 추가 특성 Sno를 덧붙인다. 라벨 행렬에는 negative_flag(부정 플래그)를 나타내는 추가 특성을 덧붙인다.

```
reviews <- data.frame("Sno" = 1:nrow(movie_review),
          "text"=movie_review$review,
          stringsAsFactors=F)

labels <- as.matrix(data.frame("Positive_flag" =
      movie_review$sentiment,"negative_flag" = (1
          movie_review$sentiment)))
```

3. 모든 평에서 고유한 단어를 추출하고, 출현 횟수(n)를 센다. 또한 각 단어에 고유 정수 번호(orderNo) 태그를 붙인다. 태깅 덕분에 각 단어를 고유한 정수로 나타낼 수 있으며, 지금 생성한 단어의 정수 표현형을 LSTM 신경망 학습에 사용한다.

```
reviews_sortedWords <- reviews %>% unnest_tokens(word,text) %>%
dplyr::count(word, sort = TRUE)
reviews_sortedWords$orderNo <- 1:nrow(reviews_sortedWords)
reviews_sortedWords <- as.data.frame(reviews_sortedWords)
```

4. 이제 출현 횟수로 태그된 단어를 평에 다시 할당한다.

```
reviews_words <- reviews %>% unnest_tokens(word,text)
reviews_words <-
        plyr::join(reviews_words,reviews_sortedWords,by="word")
```

5. 4단계의 실행 결과를 사용해서 각 평을 해당 평을 표현하는 번호 집합으로 변형한 평 리스트를 만든다.

```
reviews_words_sno <- list()
for(i in 1:length(reviews$text))
{
  reviews_words_sno[[i]] <- c(subset(reviews_words,Sno==i,orderNo))
}
```

6. LSTM 망에 동일 길이 단어 연속체를 주입하기 위해, 각 평 길이를 150개 단어로 제한한다. 다른 말로 150개 단어보다 긴 평은 첫 150개 단어로 줄이고, 짧은 평은 앞에 필요한 길이만큼 0을 더해 150개 단어로 만든다. 따라서 이제 새 단어 0을 추가해야 한다.

```
reviews_words_sno <- lapply(reviews_words_sno,function(x)
{
    x <- x$orderNo
    if(length(x)>150)
    {
        return (x[1:150])
    }
    else
    {
        return(c(rep(0,150-length(x)),x))
    }
})
```

7. 이제 5000개 평을 70:30 비율에 따라 훈련과 검증 평으로 나눈다. 또한 훈련과
   검증 평 리스트를 행 단위로 행렬 형식에 연결한다. 각 행은 평 하나를 나타내
   고, 열은 단어 위치를 나타낸다.

```
train_samples <-
    caret::createDataPartition(c(1:length(labels[1,1])),p =
    0.7)$Resample1

train_reviews <- reviews_words_sno[train_samples]
test_reviews <- reviews_words_sno[-train_samples]

train_reviews <- do.call(rbind,train_reviews)
test_reviews <- do.call(rbind,test_reviews)
```

8. 비슷하게 라벨도 데이터에 따라 훈련과 검증 집합으로 나눈다.

```
train_labels <- as.matrix(labels[train_samples,])
lest_labels <- as.matrix(labels[-train_samples,])
```

9. 그래프를 리셋하고, 인터랙티브 텐서플로 세션을 시작한다.

```
tf$reset_default_graph( )
sess<-tf$InteractiveSession( )
```

10. 모델 매개변수를 정의한다. 정의할 매개변수는 입력 픽셀 크기(n_input), 단계 크기(step_size), 은닉 계층 수(n.hidden), 결과 클래스 수(n.classes)다.

```
n_input<-15
step_size<-10
n.hidden<-2
n.class<-2
```

11. 훈련 매개변수를 정의한다. 정의할 매개변수는 학습률(lr), 배치당 입력 항목 수(batch), 반복 횟수(iteration)다.

```
lr<-0.01
batch<-200
iteration = 500
```

12. 6장의 '기본 RNN 설정' 절의 '예제 구현' **10**단계에서 정의한 RNN 함수와 'LSTM 기반 순차 모델 설정' 절의 '예제 구현'에서 정의한 LSTM 함수에 기반을 두고 훈련을 수행한다.

```
sess$run(tf$global_variables_initializer( ))
train_error <- c( )
for(i in 1:iteration){
   spls <- sample(1:dim(train_reviews)[1],batch)
   sample_data<-train_reviews[spls,]
   sample_y<-train_labels[spls,]
```

```
# 샘플을 10개 단위 연속체 15개로 변형
sample_data=tf$reshape(sample_data, shape(batch, step_size,
    n_input))
out<-optimizer$run(feed_dict = dict(x=sample_data$eval(session =
    sess), y=sample_y))
if (i %% 1 == 0){
    cat("iteration - ", i, "Training Loss - ",
        cost$eval(feed_dict = dict(x=sample_data$eval(),
        y=sample_y)), "\n")
}
train_error <- c(train_error,cost$eval(feed_dict =
        dict(x=sample_data$eval(), y=sample_y)))
}
```

13. 다음 그림처럼 반복 회차에 따른 훈련 오차 감소를 시각화한다.

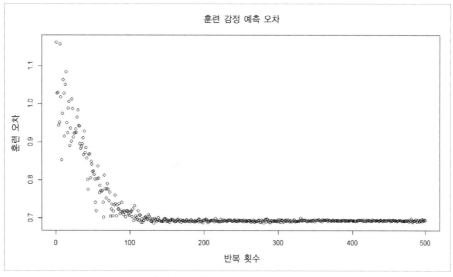

훈련 데이터셋 감정 예측 오차 분포

```
plot(train_error, main="훈련 감정 예측 오차",
    xlab="반복 횟수", ylab = "훈련 오차")
```

14. 검증 데이터의 오차를 얻는다.

```
test_data=tf$reshape(test_reviews, shape(-1, step_size, n_input))
cost$eval(feed_dict=dict(x= test_data$eval(), y=test_labels))
```

예제 분석

1단계부터 8단계에서는 영화평 데이터셋을 불러오고, 처리하고, 훈련과 검증 행렬 집합으로 변환해 LSTM 망 학습에 바로 사용할 수 있게 만들었다. 9단계부터 14단계에서는 6장에서 다룬 것처럼 텐서플로로 LSTM을 실행했다. '훈련 데이터셋 감정 예측 오차 분포' 그림은 500회 반복에 따른 훈련 오차 감소를 보여준다.

▌ text2vec를 사용한 응용

이 절에서는 text2vec의 다양한 예시를 이용해 로지스틱 회귀 성능을 분석한다.

예제 구현

다음과 같이 text2vec을 적용한다.

1. 필요 패키지와 데이터셋을 불러온다.

```
library(text2vec)
library(glmnet)
data("movie_review")
```

2. 다음은 라쏘 로지스틱 회귀^{Lasso logistic regression}를 수행하고, 훈련과 검증 데이터의 AUC 값을 리턴하는 함수다.

```
logistic_model <- function(Xtrain,Ytrain,Xtest,Ytest)
{
   classifier <- cv.glmnet(x=Xtrain, y=Ytrain,
   family="binomial", alpha=1, type.measure = "auc",
         nfolds = 5, maxit = 1000)
   plot(classifier)
   vocab_test_pred <- predict(classifier, Xtest, type = "response")
   return(cat("훈련 AUC : ", round(max(classifier$cvm), 4),
         "테스트 AUC : ",glmnet:::auc(Ytest, vocab_test_pred),"\n"))
}
```

3. 영화평 데이터를 80:20 비율에 따라 훈련과 검증 집합으로 나눈다.

```
train_samples <-
      caret::createDataPartition(c(1:length(labels[1,1])),p =
      0.8)$Resample1
train_movie <- movie_review[train_samples,]
test_movie <- movie_review[-train_samples,]
```

4. 모든 어휘(불용어 제거 없이)의 DTM을 생성한다. 그리고 라쏘 로지스틱 회귀로 성능을 평가한다.

```
train_tokens <- train_movie$review %>% tolower %>% word_tokenizer
test_tokens <- test_movie$review %>% tolower %>% word_tokenizer
vocab_train <- create_vocabulary(itoken(train_tokens,
      ids=train$id,progressbar = FALSE))

# 훈련과 검증 DTM 생성
vocab_train_dtm <- create_dtm(it =
```

```
        itoken(train_tokens,ids=train$id,progressbar = FALSE),
        vectorizer = vocab_vectorizer(vocab_train))
vocab_test_dtm <- create_dtm(it = itoken(test_tokens,
        ids=test$id,progressbar = FALSE),
        vectorizer = vocab_vectorizer(vocab_train))

dim(vocab_train_dtm)
dim(vocab_test_dtm)

# 라쏘(L1 놈) 로지스틱 회귀 실행
logistic_model(Xtrain = vocab_train_dtm,
        Ytrain = train_movie$sentiment,
        Xtest = vocab_test_dtm,
        Ytest = test_movie$sentiment)
```

5. 데이터에서 불용어 리스트를 잘라내고, 라쏘 로지스틱 회귀로 성능을 측정
한다.

```
data("stop_words")
vocab_train_prune <- create_vocabulary(itoken(train_tokens,
        ids=train$id,progressbar = FALSE),
        stopwords = stop_words$word)

vocab_train_prune <-
        prune_vocabulary(vocab_train_prune,term_count_min = 15,
                doc_proportion_min = 0.0005,
                doc_proportion_max = 0.5)

vocab_train_prune_dtm <- create_dtm(it =
        itoken(train_tokens,ids=train$id,progressbar = FALSE),
            vectorizer = vocab_vectorizer(vocab_train_prune))
vocab_test_prune_dtm <- create_dtm(it =
        itoken(test_tokens,ids=test$id,progressbar = FALSE),
        vectorizer = vocab_vectorizer(vocab_train_prune))
```

```
logistic_model(Xtrain = vocab_train_prune_dtm,
      Ytrain = train_movie$sentiment,
      Xtest = vocab_test_prune_dtm,
      Ytest = test_movie$sentiment)
```

6. n그램(유니그램 혹은 바이그램(2그램) 단어)을 사용해 DTM을 생성하고, 라쏘 로지스틱 회귀로 성능을 측정한다.

```
vocab_train_ngrams <- create_vocabulary(itoken(train_tokens,
      ids=train$id,progressbar = FALSE),
      ngram = c(1L, 2L))

vocab_train_ngrams <- prune_vocabulary(vocab_train_ngrams,
      term_count_min = 10,
      doc_proportion_min = 0.0005,
      doc_proportion_max = 0.5)

vocab_train_ngrams_dtm <- create_dtm(it =
      itoken(train_tokens,ids=train$id,progressbar = FALSE),
      vectorizer = vocab_vectorizer(vocab_train_ngrams))
vocab_test_ngrams_dtm <- create_dtm(it =
      itoken(test_tokens,ids=test$id,progressbar = FALSE),
      vectorizer = vocab_vectorizer(vocab_train_ngrams))

logistic_model(Xtrain = vocab_train_ngrams_dtm,
      Ytrain = train_movie$sentiment,
      Xtest = vocab_test_ngrams_dtm,
      Ytest = test_movie$sentiment)
```

7. 특징 해싱hashing을 수행한 후 라쏘 로지스틱 회귀로 성능을 평가한다.

```
vocab_train_hashing_dtm <- create_dtm(it =
      itoken(train_tokens,ids=train$id,progressbar = FALSE),
```

```
                    vectorizer = hash_vectorizer(hash_size = 2^14,
                    ngram = c(1L, 2L)))
        vocab_test_hashing_dtm <- create_dtm(it =
                    itoken(test_tokens,ids=test$id,progressbar = FALSE),
                    vectorizer = hash_vectorizer(hash_size = 2^14,
                    ngram = c(1L, 2L)))

        logistic_model(Xtrain = vocab_train_hashing_dtm,
                    Ytrain = train_movie$sentiment,
                    Xtest = vocab_test_hashing_dtm,
                    Ytest = test_movie$sentiment)
```

8. 전체 어휘 DTM의 tf-idf 변환을 사용해 라쏘 로지스틱 회귀 성능을 측정한다.

```
        vocab_train_tfidf <- fit_transform(vocab_train_dtm, TfIdf$new())
        vocab_test_tfidf <- fit_transform(vocab_test_dtm, TfIdf$new())

        logistic_model(Xtrain = vocab_train_tfidf,
                    Ytrain = train_movie$sentiment,
                    Xtest = vocab_test_tfidf,
                    Ytest = test_movie$sentiment)
```

예제 분석

1단계부터 3단계에서는 필요 패키지와 데이터셋, 그리고 text2vec의 다양한 예시 평가에 필요한 함수를 불러온다. 로지스틱 회귀는 glmnet 패키지를 사용해 L1 페널티(라쏘 정규화)로 구현했다. 4단계에서는 훈련 영화평에 나타나는 전체 어휘로 DTM를 생성했고, 그에 따른 검증 auc 값은 0.918이었다. 5단계에서는 불용어와 출현 빈도에 따라 훈련과 검증 DTM을 잘라냈다.

5단계의 수정에 따른 검증 auc 값은 그다지 감소하지 않은 0.916이었다. 6단계에서는 단일 단어(유니그램)에 더해 바이그램(2 단어 연속)도 고려했다. 그에 따른 auc 값은

0.928로 증가했다. 다음으로 7단계에서 특징 해싱을 수행했으며, auc 값은 0.895가 됐다. auc 값이 감소했으나, 해싱에 의해 더 큰 데이터셋에서는 실행 시간 성능이 증가할 것이다. 특징 해싱은 야후^{Yahoo}에 의해 대중화된 기법이다. 마지막으로 8단계에서는 tf-idf 변환을 수행해 검증 auc 값을 0.907로 만들었다.

09

신호 처리 딥러닝 응용

9장에서는 사례연구로 RBM 등의 생성 모델링 기법을 활용해 새 악보를 만들어본다. 9장에서 다루는 내용은 다음과 같다.

- 음악 MIDI 파일 소개와 전처리
- RBM 모델 개발
- 새 악보 생성

▌ 음악 MIDI 파일 소개와 전처리

이 절에서는 리포지토리에서 MIDI^{Musical Instrument Digital Interface} 파일을 불러온 후 RBM이
처리할 수 있는 형식으로 전처리한다. MIDI는 악보 저장 형식 중 하나며, 다른 형식인
.wav, .mp3, .mp4 등으로 변환할 수 있다. MIDI 파일 형식은 음 시작, 음 끝, 템포,
시간 표시, 음악 끝 등 다양한 이벤트를 저장한다. 그러나 이 절에서는 음 종류(언제
시작하고 끝나는지)에 집중할 것이다.

각 노래는 이진 행렬로 부호화된다. 행렬의 행은 시간을 나타내고, 열은 켜지거나 꺼
진 음을 나타낸다. 각 시간마다 음이 켜진 후 꺼진다. n개 음 중에서 음 i가 시간 j에
켜졌다 꺼지는 경우, M_{ji} = 1이며 $M_{j(n+i)}$ = 1이고, 나머지 음은 M_j = 0이다.

각 행을 합치면 노래가 된다. 9장에서는 파이썬 코드를 사용해 MIDI 노래를 이진
행렬로 부호화한다. 부호화한 데이터를 나중에 RBM에서 사용한다.

준비

MIDI 전처리의 필요 사항을 살펴보자.

1. MIDI 노래 리포지토리를 다운로드한다.

   https://github.com/dshieble/Music_RBM/tree/master/Pop_Music_Midi

2. MIDI 노래를 다룰 파이썬 코드를 다운로드한다.[1]

   https://github.com/dshieble/Music_RBM/blob/master/midi_manipulation.py

---

1. C:/Music_RBM〈/코드〉 경로에 저장하자. 다른 경로에 저장했다면 3단계의 midi_manipulation의 경로를
   알맞게 바꿔야 한다. - 옮긴이

3. 파이썬상에서 R 인터페이스를 사용하게 해주는 reticulate 패키지를 다운로드한다.

```
Install.packages("reticulate")
```

4. 파이썬 라이브러리를 불러온다.[2]

```
use_condaenv("python27")
midi <- import_from_path("midi",
        path="C:/ProgramData/Anaconda2/Lib/sitepackages")
np <- import("numpy")
msgpack <- import_from_path("msgpack",
        path="C:/ProgramData/Anaconda2/Lib/sitepackages")
psys <- import("sys")
tqdm <- import_from_path("tqdm",
        path="C:/ProgramData/Anaconda2/Lib/sitepackages")
midi_manipulation_updated <-
        import_from_path("midi_manipulation",path="C:/Music_RBM")
glob <- import("glob")
```

예제 구현

필요 설정을 완료했으니 MIDI 파일 정의 함수를 살펴보자.

1. MIDI 파일을 읽어 들여 이진 행렬로 부호화하는 함수를 정의한다.

```
get_input_songs <- function(path){
    files = glob$glob(paste0(path,"/*mid*"))
```

---

2. 이 코드는 1장에서 다룬 것처럼 Anaconda2를 사용해 파이썬을 설치한 경우를 가정한다. 다른 방법으로 파이썬을 설치한 경우 알맞게 경로를 바꿔야 한다. - 옮긴이

```
    songs <- list()
    count <- 1
    for(f in files){
        songs[[count]] <- np$array(midi_manipulation_
            updated$midiToNoteStateMatrix(f))
        count <- count+1
    }
    return(songs)
}
path <- 'Pop_Music_Midi'
input_songs <- get_input_songs(path)
```

▌ RBM 모델 개발

이 절에서는 5장에서 (9장보다 상세하게) 다룬 대로 RBM 모델을 개발할 것이다.

준비

모델 개발을 위해 시스템을 설정하자.

1. 피아노의 가장 낮은 음은 24고 가장 높은 음은 102다. 따라서 음 범위는 78이
   다. 결과적으로 부호화한 행렬의 열 수는 156(누른 음 78개와 뗀 음 78개)이다.

   ```
   lowest_note = 24L
   highest_note = 102L
   note_range = highest_note-lowest_note
   ```

2. 입력 계층 노드 2340개와 은닉 계층 노드 50개를 사용해 한 번에 15 단계씩
   음을 생성한다.

```
num_timesteps = 15L
num_input = 2L*note_range*num_timesteps
num_hidden = 50L
```

3. 학습률(alpha)은 0.1이다.

```
alpha<-0.1
```

예제 구현

RBM 모델 개발 단계를 살펴보자.

1. placeholder 변수를 정의한다.

```
vb <- tf$placeholder(tf$float32, shape = shape(num_input))
hb <- tf$placeholder(tf$float32, shape = shape(num_hidden))
W <- tf$placeholder(tf$float32, shape = shape(num_input, num_hidden))
```

2. 정방향 통로를 정의한다.

```
X = tf$placeholder(tf$float32, shape=shape(NULL, num_input))
prob_h0= tf$nn$sigmoid(tf$matmul(X, W) + hb)
h0 = tf$nn$relu(tf$sign(prob_h0 -
        tf$random_uniform(tf$shape(prob_h0))))
```

3. 역방향 통로를 정의한다.

```
prob_v1 = tf$matmul(h0, tf$transpose(W)) + vb
v1 = prob_v1 + tf$random_normal(tf$shape(prob_v1), mean=0.0,
```

```
                            stddev=1.0, dtype=tf$float32)
        h1 = tf$nn$sigmoid(tf$matmul(v1, W) + hb)
```

4. 정의한 변수에 따라 정경사와 역경사를 계산한다.

```
w_pos_grad = tf$matmul(tf$transpose(X), h0)
w_neg_grad = tf$matmul(tf$transpose(v1), h1)
CD = (w_pos_grad - w_neg_grad) / tf$to_float(tf$shape(X)[0])
update_w = W + alpha * CD
update_vb = vb + alpha * tf$reduce_mean(X - v1)
update_hb = hb + alpha * tf$reduce_mean(h0 - h1)
```

5. 목적 함수를 정의한다.

```
err = tf$reduce_mean(tf$square(X - v1))
```

6. 현재와 과거 변수를 초기화한다.

```
cur_w = tf$Variable(tf$zeros(shape = shape(num_input, num_hidden),
        dtype=tf$float32))
cur_vb = tf$Variable(tf$zeros(shape = shape(num_input),
        dtype=tf$float32))
cur_hb = tf$Variable(tf$zeros(shape = shape(num_hidden),
        dtype=tf$float32))
prv_w = tf$Variable(tf$random_normal(shape=shape(num_input,
        num_hidden), stddev=0.01, dtype=tf$float32))
prv_vb = tf$Variable(tf$zeros(shape = shape(num_input),
        dtype=tf$float32))
prv_hb = tf$Variable(tf$zeros(shape = shape(num_hidden),
        dtype=tf$float32))
```

7. 텐서플로 세션을 시작한다.

```
sess$run(tf$global_variables_initializer())
song = np$array(trainX)
song =
        song[1:(np$floor(dim(song)[1]/num_timesteps)*num_timesteps),]
song = np$reshape(song, newshape=shape(dim(song)[1]/num_timesteps,
        dim(song)[2]*num_timesteps))
output <- sess$run(list(update_w, update_vb, update_hb),
        feed_dict = dict(X=song,
        W = prv_w$eval(),
        vb = prv_vb$eval(),
        hb = prv_hb$eval()))
prv_w <- output[[1]]
prv_vb <- output[[2]]
prv_hb <- output[[3]]
sess$run(err, feed_dict=dict(X= song, W= prv_w, vb= prv_vb,
        hb= prv_hb))
```

8. 200회 반복 실행한다.

```
epochs=200
errors <- list()
weights <- list()
u=1
for(ep in 1:epochs){
   for(i in seq(0,(dim(song)[1]-100),100)){
        batchX <- song[(i+1):(i+100),]
        output <- sess$run(list(update_w, update_vb, update_hb),
                feed_dict = dict(X=batchX,
                W = prv_w,
                vb = prv_vb,
                hb = prv_hb))
            prv_w <- output[[1]]
```

```
        prv_vb <- output[[2]]
        prv_hb <- output[[3]]
        if(i%%500 == 0){
            errors[[u]] <- sess$run(err, feed_dict=dict(X= song,
                    W= prv_w, vb= prv_vb, hb= prv_hb))
            weights[[u]] <- output[[1]]
            u <- u+1
            cat(i , " : ")
        }
    }
    cat("반복회차 :", ep, " : 재구성 오차 : ",
            errors[length(errors)][[1]],"\n")
}
```

▌ 새 악보 생성

이 절에서는 샘플 악보를 새로 생성한다. `run_timesteps` 매개변수를 조정해서 새 악보를 생성할 수 있다. 하지만 현재 설정의 RBM에서는 시간 단위(timestep)를 증가시킬수록 더 큰 벡터 차원을 다룰 때 계산 효율이 감소한다는 사실을 기억해둬야 한다. RBM을 적층해서(DBN이 된다) 학습 효율을 증가시킬 수 있다. 5장에서 다룬 DBN 코드를 이용해 새 악보를 생성해도 좋다.

예제 구현

1. 새 샘플 음악을 만든다.

```
hh0 = tf$nn$sigmoid(tf$matmul(X, W) + hb)
vv1 = tf$nn$sigmoid(tf$matmul(hh0, tf$transpose(W)) + vb)
feed = sess$run(hh0, feed_dict=dict( X= sample_image, W= prv_w,
```

```
        hb= prv_hb))
rec = sess$run(vv1, feed_dict=dict( hh0= feed, W= prv_w,
        vb= prv_vb))
S = np$reshape(rec[1,],newshape=shape(num_timesteps,2*note_range))
```

2. MIDI 파일을 재생성한다.

```
midi_manipulation$noteStateMatrixToMidi(S,
        name=paste0("generated_chord_1"))
generated_chord_1
```

10

전이 학습

10장에서는 전이 학습^{Transfer Learning}의 개념을 설명한다. 10장에서 다루는 내용은 다음과 같다.

- 사전 훈련 모델 사용법 설명
- 전이 학습 모델 설정
- 이미지 분류 모델 개발
- GPU 딥러닝 모델 학습
- CPU와 GPU 성능 비교

▌소개

최근 딥러닝 영역에서의 텍스트, 이미지, 오디오, 비디오 등 서로 다른 영역 데이터 간의 알고리즘 효과와 계산 효율 개선에 관해 많은 발전이 이뤄졌다. 그러나 머신 러닝은 전통적 데이터 공학 문제 해결법을 답습해서 새 데이터셋 학습 때마다 처음부터 모델을 다시 만드는 경향이 있다. 훈련해야 할 새 데이터셋이 큰 경우 모델을 처음부터 새로 학습하려면 대부분 원하는 모델 효과에 도달하기까지 매우 높은 계산력이 필요하다.

전이 학습^{Transfer Learning}은 기존 모델로 새 데이터를 학습하는 기법이다. 전이 학습의 접근법은 큰 데이터셋 학습에 매우 유용하며, 학습 데이터셋이 서로 유사한 영역이나 문제에 속할 필요도 없다. 연구에 따르면 완전히 다른 문제의 경우를 전이 학습으로 훈련한 사례도 있다. 예를 들어 개와 고양이 분류 목적으로 개발한 모델을 비행기와 자동차 등의 객체 분류에 사용하기도 한다.

전이 학습은 비유하자면 학습된 관계를 새 구조에 넘겨 가중치를 조정하는 것에 가깝다. 전이 학습 사용법의 예를 다음 그림에서 볼 수 있다.

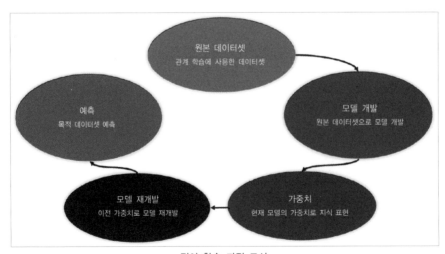

전이 학습 과정 묘사

이 그림은 전이 학습 단계를 보여준다. 사전 개발한 딥러닝 모델의 가중치와 구조를 새로 설정된 문제 예측에 재사용하는 것이다. 전이 학습은 딥러닝 구조 개발에 좋은 시작점을 제공해준다. 전이 학습을 쉽게 만드는 오픈소스 프로젝트가 다양한 영역에서 진행 중이다. 예를 들어 이미지넷^{ImageNet}(http://image-net.org/index) 오픈소스 프로젝트에서는 Alexnet, VGG16, VGG19 등 다양한 구조를 개발했다. 유사하게 텍스트 마이닝 영역에서는 30억 개 단어로 학습한 구글 뉴스^{Google News}의 Word2Vec 표현형이 있다.

 https://code.google.com/archive/p/word2vec/에서 word2vec에 관한 자세한 설명을 볼 수 있다.

■ 사전 훈련 모델 사용법 설명

이 절에서는 사전 훈련^{pretrained} 모델 사용에 필요한 설정을 다룬다. 텐서플로를 사용해 설정 과정을 설명할 것이다. 예시에서는 이미지넷으로 개발한 VGG16 구조를 데이터셋으로 사용한다. 이미지넷은 이미지 인식 알고리즘 개발 용도로 사용하는 오픈소스 이미지 리포지토리다. 이미지넷 데이터베이스에는 천만 개 이상의 태그된 이미지가 있으며, 그중 백만 개 이상의 이미지에 객체 포착 용도의 테두리 상자가 있다.

이미지넷 데이터셋을 사용해 많은 딥러닝 구조가 개발됐다. 유명한 구조 중 하나인 VGG 망은 Zisserman과 Simonyan이 2014년 제안한 CNN 구조며, 이미지넷의 클래스 1000개 이상으로 학습했다. 예시에서는 VGG 구조 중 단순함 덕에 널리 알려진 VGG16 변형을 사용할 것이다. VGG16 망은 224×224 픽셀 RGB 이미지를 입력으로 사용한다. 또한 각자 다른 너비 × 높이 × 깊이 크기의 콘볼루션 계층 13개를 사용한다. 게다가 최댓값 풀링 계층을 사용해 데이터 크기를 줄인다. VGG16 망은 최댓값 풀링 계층 5개를 사용한다. 콘볼루션 계층의 결과 값은 차례로 완전 연결 계층 3개를 통과한다. 완전 연결 계층의 결과 값을 소프트맥스 함수에 통과시켜 클래스 1000개의 확률을 평가한다.

다음 그림에서 VGG16 구조를 자세히 볼 수 있다.

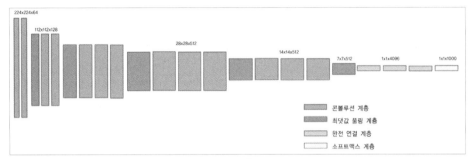

VGG16 구조

준비

VGG16 사전 훈련 모델을 분류에 사용하기 위한 필요 사항은 다음과 같다.

1. http://download.tensorflow.org/models/vg 링크에서 VGG16 가중치를 다운로드한다. 다음 스크립트로 파일을 다운로드할 수 있다.

```
require(RCurl)
URL <-
     'http://download.tensorflow.org/models/
     vgg_16_2016_08_28.tar.gz'
download.file(URL,destfile="vgg_16_2016_08_28.tar.gz",
     method="libcurl")
```

2. 파이썬에 텐서플로를 설치한다.
3. R을 설치하고 R에 tensorflow 패키지를 설치한다.

4. http://image-net.org/download-imageurls 링크에서 샘플 이미지를 다운로드한다.

예제 구현

이 절에서는 사전 훈련 모델의 사용 과정을 다룬다.

1. R에서 tensorflow를 불러온다.

```
require(tensorflow)
```

2. 텐서플로의 slim 라이브러리를 변수로 불러온다.

```
slimobj = tf$contrib$slim
```

텐서플로 slim 라이브러리를 사용하면 복잡한 신경망 모델을 다룰 수 있다. 정의, 훈련, 평가를 좀 더 간편하게 수행할 수 있다.

3. 텐서플로 그래프를 리셋한다.

```
tf$reset_default_graph()
```

4. 입력 이미지를 정의한다.

```
# 이미지 크기 변경
input.img= tf$placeholder(tf$float32, shape(NULL, NULL, NULL, 3))
scaled.img = tf$image$resize_images(input.img, shape(224,224))
```

5. VGG16 망을 재정의한다.

```
# VGG16 망 정의
library(magrittr)
VGG16.model<-function(slim, input.image){
    vgg16.network = slim$conv2d(input.image, 64, shape(3,3),
            scope='vgg_16/conv1/conv1_1') %>%
    slim$conv2d(64, shape(3,3), scope='vgg_16/conv1/conv1_2') %>%
    slim$max_pool2d( shape(2, 2), scope='vgg_16/pool1') %>%
    slim$conv2d(128, shape(3,3), scope='vgg_16/conv2/conv2_1') %>%
    slim$conv2d(128, shape(3,3), scope='vgg_16/conv2/conv2_2') %>%
    slim$max_pool2d( shape(2, 2), scope='vgg_16/pool2') %>%
    slim$conv2d(256, shape(3,3), scope='vgg_16/conv3/conv3_1') %>%
    slim$conv2d(256, shape(3,3), scope='vgg_16/conv3/conv3_2') %>%
    slim$conv2d(256, shape(3,3), scope='vgg_16/conv3/conv3_3') %>%
    slim$max_pool2d(shape(2, 2), scope='vgg_16/pool3') %>%
    slim$conv2d(512, shape(3,3), scope='vgg_16/conv4/conv4_1') %>%
    slim$conv2d(512, shape(3,3), scope='vgg_16/conv4/conv4_2') %>%
    slim$conv2d(512, shape(3,3), scope='vgg_16/conv4/conv4_3') %>%
    slim$max_pool2d(shape(2, 2), scope='vgg_16/pool4') %>%
    slim$conv2d(512, shape(3,3), scope='vgg_16/conv5/conv5_1') %>%
    slim$conv2d(512, shape(3,3), scope='vgg_16/conv5/conv5_2') %>%
    slim$conv2d(512, shape(3,3), scope='vgg_16/conv5/conv5_3') %>%
    slim$max_pool2d(shape(2, 2), scope='vgg_16/pool5') %>%
    slim$conv2d(4096, shape(7, 7), padding='VALID',
            scope='vgg_16/fc6') %>%
    slim$conv2d(4096, shape(1, 1), scope='vgg_16/fc7') %>%
    slim$conv2d(1000, shape(1, 1), scope='vgg_16/fc8') %>%
    tf$squeeze(shape(1, 2), name='vgg_16/fc8/squeezed')
    return(vgg16.network)
}
```

6. 위 함수는 VGG16 망에 사용할 신경망 구조를 정의한다. 다음 스크립트로 망을 할당할 수 있다.

```
vgg16.network<-VGG16.model(slim, input.image = scaled.img)
```

7. '준비' 절에서 다운로드한 VGG16 가중치(vgg_16_2016_08_28.tar.gz)를 불러 온다.

```
# 가중치 불러오기
restorer = tf$train$Saver()
sess = tf$Session()
restorer$restore(sess, 'vgg_16.ckpt')
```

8. 샘플 검증 이미지를 다운로드한다. 다음 스크립트처럼 testImgURL 위치의 예 시 이미지를 다운로드한다.

```
# VGG16 망을 사용한 평가
testImgURL<-
        "http://farm4.static.flickr.com/3155/
        2591264041_273abea408.jpg"
img.test<-tempfile()
download.file(testImgURL,img.test, mode="wb")
read.image <- readJPEG(img.test)

# 임시 파일 삭제
file.remove(img.test)
```

위 스크립트는 testImgURL 변수가 가리키는 URL의 다음 이미지를 다운로드 한다. 다음은 다운로드한 이미지다.

이미지넷 평가에 사용할 샘플 이미지

9. VGG16 사전 훈련 모델로 이미지의 클래스를 결정한다.

```
## 평가
size = dim(read.image)
imgs = array(255*read.image, dim = c(1, size[1], size[2], size[3]))
VGG16_eval = sess$run(vgg16.network, dict(images = imgs))
probs = exp(VGG16_eval)/sum(exp(VGG16_eval))
```

가장 높은 확률은 클래스 672의 0.62였다. VGG16 훈련 데이터셋에서 672번 클래스
는 산악 자전거, 범용 자전거, 오프로드 차량을 나타낸다.

전이 학습 모델 설정

이 절에서는 CIFAR-10 데이터셋을 사용해 전이 학습을 다룬다. '사전 훈련 모델 사용
법 설명' 절에서 사전 훈련 모델 사용법을 설명했다. 이 절에서는 사전 훈련 모델을
다른 문제 해결에 이용하는 방법을 보여준다.

또 다른 구조인 인셉션^{Inception}의 개념을 보이기 위해 뛰어난 딥러닝 패키지인 **MXNET**을 사용할 것이다. 계산을 단순화하기 위해 문제 복잡도를 클래스 10개에서 2개(비행기와 자동차)로 줄일 것이다. 이 절에서는 안셉션BN을 사용해 전이 학습 데이터를 준비하는 데 집중한다.

준비

전이 학습 모델 설정의 필요 사항은 다음과 같다.

1. http://www.cs.toronto.edu/~kriz/cifar.html 링크에서 CIFAR-10 데이터셋을 다운로드한다. 3장에서 다룬 download.cifar.data 함수로 데이터셋을 다운로드할 수 있다.
2. imager 패키지를 설치한다.

```
install.packages("imager")
```

예제 구현

이 절에서는 안셉션BN 사전 훈련 모델에 사용하기 위해 데이터셋을 준비하는 방법을 단계별로 다룬다.

1. 디펜던시 패키지를 불러온다.

```
# 패키지 불러오기
require(imager)
source("download_cifar_data.R")
```

download_cifar_data 함수는 CIFAR10 데이터셋을 다운로드하고 읽어 들이는 함수로 구성돼 있다.

2. 다운로드한 CIFAR-10 데이터셋을 읽어 들인다.

```
# 데이터셋과 라벨 읽기
DATA_PATH<-paste(SOURCE_PATH, "/Chapter 4/data/cifar-10-batchesbin/",
        sep="")
labels <- read.table(paste(DATA_PATH, "batches.meta.txt",
        sep=""))
cifar_train <- read.cifar.data(filenames =
c("data_batch_1.bin","data_batch_2.bin","data_batch_3.bin",
        "data_batch_4.bin"))
```

3. 데이터셋에서 비행기와 자동차 정보만 남긴다. 이 단계는 선택적이며, 이후의 복잡도 감소에 이용한다.

```
# 각각 라벨 1, 2의 비행기, 자동차 정보만 남김
Classes = c(1, 2)
images.rgb.train <- cifar_train$images.rgb
images.lab.train <- cifar_train$images.lab
ix<-images.lab.train%in%Classes
images.rgb.train<-images.rgb.train[ix]
images.lab.train<-images.lab.train[ix]
rm(cifar_train)
```

4. 이미지를 변환한다. CIFAR-10 데이터셋은 32×32×3 크기의 이미지로 구성돼 있기 때문에 1024×3 크기의 형식으로 평탄화해야 한다.

```
# 이미지 변환 함수
transform.Image <- function(index, images.rgb) {
    # 각 색 계층을 행렬로 변환 후
```

```
# rgb 객체로 합친 후 그림으로 시각화
img <- images.rgb[[index]]
img.r.mat <- as.cimg(matrix(img$r, ncol=32, byrow = FALSE))
img.g.mat <- as.cimg(matrix(img$g, ncol=32, byrow = FALSE))
img.b.mat <- as.cimg(matrix(img$b, ncol=32, byrow = FALSE))

# 색 채널 셋을 이미지 하나로 병합
img.col.mat <- imappend(list(img.r.mat,img.g.mat,img.b.mat),"c")
return(img.col.mat)
}
```

5. 다음 단계로 이미지의 가장자리에 0을 덧붙인다.

```
# 이미지 패딩 함수
image.padding <- function(x) {
    img_width <- max(dim(x)[1:2])
    img_height <- min(dim(x)[1:2])
    pad.img <- pad(x, nPix = img_width - img_height,
            axes = ifelse(dim(x)[1] < dim(x)[2], "x", "y"))
    return(pad.img)
}
```

6. 결과 이미지를 정의한 폴더에 저장한다.

```
# 훈련 이미지 저장
MAX_IMAGE<-length(images.rgb.train)

# 비행기 이미지를 aero 폴더에 저장
sapply(1:MAX_IMAGE, FUN=function(x, images.rgb.train,
        images.lab.train){
    if(images.lab.train[[x]]==1){
        img<-transform.Image(x, images.rgb.train)
        pad_img <- image.padding(img)
        res_img <- resize(pad_img, size_x = 224, size_y = 224)
```

```
        imager::save.image(res_img, paste("train/aero/aero", x,
            ".jpeg", sep=""))
    }
}, images.rgb.train=images.rgb.train,
    images.lab.train=images.lab.train)

# 자동차 이미지를 auto 폴더에 저장
sapply(1:MAX_IMAGE, FUN=function(x, images.rgb.train,
    images.lab.train){
  if(images.lab.train[[x]]==2){
    img<-transform.Image(x, images.rgb.train)
    pad_img <- image.padding(img)
    res_img <- resize(pad_img, size_x = 224, size_y = 224)
    imager::save.image(res_img, paste("train/auto/auto", x,
        ".jpeg", sep=""))
  }
}, images.rgb.train=images.rgb.train,
    images.lab.train=images.lab.train)
```

위 스크립트는 비행기 이미지를 aero 폴더에 저장하고, 자동차 이미지를 auto 폴더에 저장한다.

7. 기록 형식을 MXNet이 지원하는 .rec으로 변환한다. R에서는 변환을 지원하지 않으므로, 파이썬 MXnet의 **im2rec.py** 모듈이 필요하다. 그러나 시스템 명령으로 MXNet을 파이썬에 설치한 후 R에 해당 모듈을 불러올 수 있다. 다음 파일을 사용해 데이터셋을 훈련과 검증 데이터 집합으로 나눌 수 있다.

```
System("python ~/mxnet/tools/im2rec.py --list True --recursive True
    --train-ratio 0.90 cifar_224/pks.lst cifar_224/trainf/")
```

위 스크립트는 pks.lst_train.lst와 pks.lst_val.lst 파일을 생성한다. 스크립트의 **train-ratio** 매개변수로 훈련과 검증 데이터 분리를 조절할 수 있다. 클래스

수는 trainf 디렉터리의 폴더 수에 따른다. 예시에서는 클래스 2개(비행기와 자동차)를 선택했다.

8. *.rec 파일을 훈련과 검증 데이터셋으로 변환한다.

```
# 훈련 샘플 리스트 .rec 파일 생성
System("python ~/mxnet/tools/im2rec.py
        --num-thread=4 --passthrough=1
        /home/prakash/deep\ learning/cifar_224/pks.lst_train.lst
        /home/prakash/deep\ learning/cifar_224/trainf/")

# 검증 샘플 리스트 .rec 파일 생성
System("python ~/mxnet/tools/im2rec.py
        --num-thread=4 --passthrough=1
        /home/prakash/deep\ learning/cifar_224/pks.lst_val.lst
        /home/prakash/deep\ learning/cifar_224/trainf/")
```

위 스크립트는 다음 절에서 사전 훈련 모델을 사용한 모델 학습에 이용할 pks.lst_train.rec과 pks.lst_val.rec 파일을 생성한다.

▌이미지 분류 모델 개발

이 절에서는 전이 학습으로 이미지 분류 모델을 개발하는 데 초점을 둔다. 이전 절에서 준비한 데이터셋과 안셉션BN 구조를 사용할 것이다. 안셉션BN의 BN은 배치 정규화Batch Normalization를 의미한다. 컴퓨터비전에서의 인셉션 모델에 관한 자세한 설명은 Szegedy et al.(2015) 논문에서 볼 수 있다.

준비

인셉션BN 사전 훈련 모델로 분류 모델을 설정하는 데 필요한 사항은 다음과 같다.

1. 훈련 이미지와 검증 이미지를 .rec 파일로 변환한다.

2. http://data.dmlc.ml/models/imagenet/inception-bn/ 링크에서 인셉션BN 구조를 다운로드한다.

3. R을 설치한 후 R에서 mxnet 패키지를 설치한다.

예제 구현

1. .rec 파일을 이터레이터^{iterator}로 불러온다. 다음은 .rec 데이터를 이터레이터로 불러오는 함수다.

```
# 데이터를 이터레이터로 불러오는 함수
data.iterator <- function(data.shape, train.data, val.data,
    BATCHSIZE = 128) {
  # 훈련 데이터를 이터레이터로 불러오기
  train <- mx.io.ImageRecordIter(
      path.imgrec = train.data,
      batch.size = BATCHSIZE,
      data.shape = data.shape,
      rand.crop = TRUE,
      rand.mirror = TRUE)

  # 검증 데이터를 이터레이터로 불러오기
      val <- mx.io.ImageRecordIter(
      path.imgrec = val.data,
      batch.size = BATCHSIZE,
      data.shape = data.shape,
      rand.crop = FALSE,
      rand.mirror = FALSE
  )
  return(list(train = train, val = val))
}
```

이 함수에서 mx.io.ImageRecordIter 함수는 RecordIO(.rec) 파일에서 이미지 배치를 읽어 들인다.

2. data.iterator 함수로 데이터를 불러온다.

```
# 데이터셋 불러오기
data <- data.iterator(data.shape = c(224, 224, 3),
                        train.data = "pks.lst_train.rec",
                        val.data = "pks.lst_val.rec",
                        BATCHSIZE = 8)
train <- data$train
val <- data$val
```

3. Inception-BN 폴더에서 인셉션BN 모델을 불러온다.

```
# 인셉션BN 모델 불러오기
inception_bn <- mx.model.load("Inception-BN", iteration = 126)
symbol <- inception_bn$symbol
```

모델의 여러 계층은 symbol$arguments 함수를 사용해 보여줄 수 있다.

4. 인셉션BN 모델의 계층 정보를 얻는다.

```
# 모델 정보 불러오기
internals <- symbol$get.internals()
outputs <- internals$outputs
flatten <- internals$get.output(which(
        outputs == "flatten_output"))
```

5. flatten_output 계층을 대체할 새 계층을 정의한다.

```
# 새 계층 정의
```

```
new_fc <- mx.symbol.FullyConnected(data = flatten,
                                   num_hidden = 2,
                                   name = "fc1")
new_soft <- mx.symbol.SoftmaxOutput(data = new_fc,
                                    name = "softmax")
```

6. 새로 정의한 계층의 가중치를 초기화한다. 최종 계층 재훈련을 위해 다음 스크립트로 가중치 초기화를 수행한다.

```
# 새 계층 가중치 재초기화
arg_params_new <- mxnet:::mx.model.init.params(
        symbol = new_soft,
        input.shape = c(224, 224, 3, 8),
        output.shape = NULL,
        initializer = mxnet:::mx.init.uniform(0.2),
        ctx = mx.cpu(0)
)$arg.params
fc1_weights_new <- arg_params_new[["fc1_weight"]]
fc1_bias_new <- arg_params_new[["fc1_bias"]]
```

새로 정의한 계층의 가중치는 [-0.2, 0.2] 사이의 정규 분포로 초기화했다. ctc 변수는 훈련을 실행할 장치를 정의한다.

7. 모델을 재훈련시킨다.

```
# 모델 재훈련
model <- mx.model.FeedForward.create(
    symbol            = new_soft,
    X                 = train,
    eval.data         = val,
    ctx               = mx.cpu(0),
    eval.metric       = mx.metric.accuracy,
    num.round         = 5,
```

```
learning.rate        = 0.05,
momentum             = 0.85,
wd                   = 0.00001,
kvstore              = "local",
array.batch.size     = 128,
epoch.end.callback = mx.callback.save.checkpoint("inception_bn"),
batch.end.callback = mx.callback.log.train.metric(150),
initializer = mx.init.Xavier(factor_type = "in", magnitude
        = 2.34),
optimizer            = "sgd",
arg.params           = arg_params_new,
aux.params           = inception_bn$aux.params
)
```

위 모델은 CPU를 사용해 5회 반복해서 훈련하며, 정확도를 평가 기준으로 사용한다. 앞에서 설명한 모델의 실행 과정은 다음 스크린샷에서 볼 수 있다.

CIFAR-10 데이터셋으로 훈련한 인셉션BN 모델 결과

훈련한 모델의 훈련 정확도는 0.97이었고, 검증 정확도는 0.95였다.

GPU 딥러닝 모델 학습

그래픽 처리 장치^{GPU, Graphical Processing Unit}는 많은 코어를 사용한 이미지 렌더링에 이용되는 하드웨어다. 엔비디아^{NVIDIA}가 출시한 최신 마이크로 아키텍처는 파스칼^{Pascal}이다. CPU의 수백 개 코어를 사용해 계산 속도를 증가시킬 수 있다. 이 절에서는 GPU로 딥러닝 모델을 실행하는 방법을 다룬다.

준비

GPU와 CPU를 실행하기 위한 디펜던시는 다음과 같다.

1. 예시의 실험 내용은 GTX1070 등의 GPU 하드웨어를 사용한다.
2. GPU용 mxnet을 설치한다. 특정 기계에 따른 GPU용 mxnet을 설치하려면 mxnet.io 사이트의 설치 방법을 따른다. 다음 스크린샷과 같이 필요 사항을 선택한 후 설치법을 따라한다.

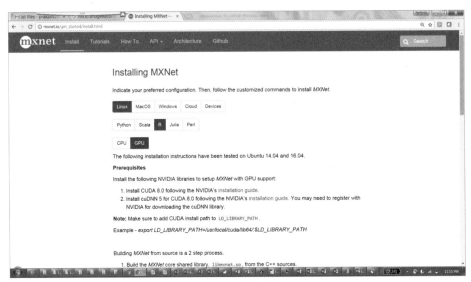

MXNet 설치법 단계

예제 구현

다음과 같이 GPU상에서 딥러닝 모델을 훈련한다.

1. 다음 스크립트처럼 장치 설정을 변경함으로써 이미 설치하고 설정한 기계의
   GPU에서 앞 절의 인셉션BN 전이 학습법을 실행할 수 있다.

```
# 모델 재훈련
model <- mx.model.FeedForward.create(
    symbol = new_soft,
    X = train,
    eval.data = val,
    ctx = mx.gpu(0),
    eval.metric = mx.metric.accuracy,
    num.round = 5,
    learning.rate = 0.05,
    momentum = 0.85,
    wd = 0.00001,
    kvstore = "local",
    array.batch.size = 128,
    epoch.end.callback = mx.callback.save.checkpoint("inception_bn"),
    batch.end.callback = mx.callback.log.train.metric(150),
    initializer = mx.init.Xavier(factor_type = "in", magnitude
            = 2.34),
    optimizer = "sgd",
    arg.params = arg_params_new,
    aux.params = inception_bn$aux.params
)
```

위 모델에서는 장치 설정을 mx.cpu에서 mx.gpu로 변경했다. CPU에서는 모델 훈련을
5번 반복하는 데 2시간까지 소요되는 반면, GPU로는 15분이면 훈련이 끝난다.

▌ CPU와 GPU 성능 비교

CPU에서 GPU로 장치를 바꿀 때 성능이 비약적으로 상승하는 이유가 궁금할 수 있다. 딥러닝 구조에는 행렬 계산^{matrix operation}이 매우 많이 필요하므로, 평소에는 이미지 렌더링에 사용하던 많은 GPU 병렬 코어를 이용해 행렬 계산을 가속시킬 수 있다.

GPU의 계산력을 이용해 많은 알고리즘의 실행을 가속할 수 있다. 이 절에서는 **gpuR** 패키지를 사용해 행렬 계산의 벤치마크를 살펴본다. **gpuR** 패키지는 R에서 GPU 연산을 활용하기 위해 제작된 범용 패키지다.

준비

CPU와 GPU의 성능 비교에 필요한 사항은 다음과 같다.

1. GTX1070 등의 설치된 GPU 하드웨어를 사용한다.
2. https://developer.nvidia.com/cuda-do URL을 사용해 CUDA 툴킷을 설치한다.
3. **gpuR** 패키지를 설치한다.

   ```
   install.packages("gpuR")
   ```

4. **gpuR**을 테스트한다.

   ```
   library(gpuR)
   # 사용 가능한 GPU가 있는지 확인
   detectGPUs()
   ```

예제 구현

먼저 패키지를 불러온다.

1. 패키지를 불러오고, 정밀도를 float으로 설정한다(기본 설정에 따르면 GPU 정밀도는 단일 숫자^{digit}로 설정돼 있다).

```
library("gpuR")
options(gpuR.default.type = "float")
```

2. GPU에 행렬을 할당한다.

```
# GPU에 행렬 할당
A<-matrix(rnorm(1000), nrow=10)

vcl1 = vclMatrix(A)
```

위 명령의 결과로 객체 정보[1]를 알 수 있다. 다음 스크립트에서 예시 정보를 볼 수 있다.

```
> vcl1
An object of class "fvclMatrix"
Slot "address":
<pointer: 0x000000001822e180>

Slot ".context_index":
[1] 1

Slot ".platform_index":
[1] 1
```

---

1. 객체 정보는 실행 환경마다 다르다. - 옮긴이

```
Slot ".platform":
[1] "Intel(R) OpenCL"

Slot ".device_index":
[1] 1

Slot ".device":
[1] "Intel(R) HD Graphics 530"
```

3. CPU와 GPU의 성능을 평가해본다. 딥러닝에서는 대부분 행렬 계산 목적으로 GPU를 사용하므로, 다음 스크립트를 사용해 행렬 곱셈으로 성능을 평가한다.

```
# CPU와 GPU 성능 비교
DF <- data.frame()
evalSeq<-seq(1,2501,500)
for (dimpower in evalSeq){
    print(dimpower)
    Mat1 = matrix(rnorm(dimpower^2), nrow=dimpower)
    Mat2 = matrix(rnorm(dimpower^2), nrow=dimpower)
    now <- Sys.time()
    Matfin = Mat1%*%Mat2
    cpu <- Sys.time()-now
    now <- Sys.time()
    vcl1 = vclMatrix(Mat1)
    vcl2 = vclMatrix(Mat2)
    vclC = vcl1 %*% vcl2
    gpu <- Sys.time()-now
    DF <- rbind(DF,c(nrow(Mat1), cpu, gpu))
}
DF<-data.frame(DF)
colnames(DF) <- c("nrow", "CPU_time", "gpu_time")
```

위 스크립트는 CPU와 GPU를 사용해 행렬 곱셈을 수행한다. 행렬의 차원에 따라 실행 시간을 저장했다. 다음 그림에서 위 스크립트의 실행 결과를 볼 수 있다.

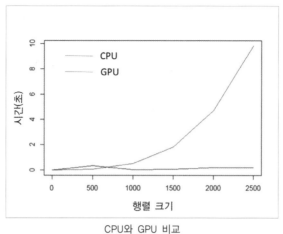

CPU와 GPU 비교

위 그래프에서 CPU의 경우 행렬 크기에 따라 필요한 계산력이 기하급수적으로 증가하는 것을 볼 수 있다. 따라서 GPU를 사용해 행렬 연산을 비약적으로 가속시킬 수 있다.

예제 분석

GPU는 머신 러닝 계산의 새로운 영역이다. 익숙한 R 환경에서 GPU에 접속하기 위해 gputools, gmatrix, gpuR 등의 다양한 R 패키지가 개발됐다. GPU에 접속하는 동안 계산력을 개선하기 위한 알고리즘도 개발, 구현됐다. 예를 들어 GPU상의 SVM 구현에 사용하는 RPUSVM이 있다. 따라서 딥러닝에 GPU를 사용하기 위해서는 하드웨어의 역량을 최대한으로 활용해 알고리즘을 실행하기 위해 많은 창조성과 탐구가 필요하다.

참고 사항

R을 사용한 병렬 연산에 대해 더 알고 싶다면 Simon R.Chapple et al.의 『Mastering Parallel Programming with R』(2016)을 참고하자.

| 찾아보기 |

에이콘출판의 기틀을 마련하신 故 정완재 선생님 (1935-2004)

R 딥러닝 쿡북

텐서플로, H2O, MxNet으로 구현하는

발 행 | 2018년 6월 11일

지은이 | PKS 프라카시 · 아슈튜니 스리 크리슈나 라오
옮긴이 | 정 지 완

펴낸이 | 권 성 준
편집장 | 황 영 주
편 집 | 조 유 나
디자인 | 박 주 란

에이콘출판주식회사
서울특별시 양천구 국회대로 287 (목동)
전화 02-2653-7600, 팩스 02-2653-0433
www.acornpub.co.kr / editor@acornpub.co.kr

한국어판 ⓒ 에이콘출판주식회사, 2018, Printed in Korea.
ISBN 979-11-6175-168-9
ISBN 978-89-6077-210-6 (세트)
http://www.acornpub.co.kr/book/r-deep-learning-cookbook

이 도서의 국립중앙도서관 출판시도서목록(CIP)은 서지정보유통지원시스템 홈페이지(http://seoji.nl.go.kr)와
국가자료공동목록시스템(http://www.nl.go.kr/kolisnet)에서 이용하실 수 있습니다.(CIP제어번호: CIP2018016586)

책값은 뒤표지에 있습니다.